한국의 빈곤과 노동시장

한국의 빈곤과 노동시장

김철희 著

한국학술정보㈜

머리말

지금 우리 사회는 신자유주의적 세계화와 지식정보화의 거대한 물결 속에서 안팎으로 거센 도전에 직면해 있다. 내부적으로는 사회 양극화, 저출산·고령화, 고학력 청년실업, 비정규직 문제 등 복잡다단한 많은 현상들이 우리 경제사회의 안정적 발전을 저해하는 요소로 자리 잡고 있다.

우리 경제가 수출주도의 압축 성장을 구가하며 국가 에너지가 경제적 자본축적에 집중하는 동안 도덕적, 정신적 가치는 유보되고, 소득분배 불균형의 심화와 황금만능주의가 더욱 고착화되고 있다. 특히, 외환위기 이후 고실업과 구조조정, 장기적인 경기침체로 인한 부익부 빈익빈 현상은 미흡한 사회안전망과 더불어 계층 간 경제적 편중현상을 더욱 가속화 시키고 있다.

빈곤은 시장구조의 문제, 경기 순환적 요인, 자본과 기술의 부족, 자원의 유무 등 사회경제적 원인과 가족적, 신체적, 교육적, 문화적 요인 등 개인적 원인이 결부되어 나타나는 현상으로 이해될 수 있다. 개인의 빈곤 탈출 의지와 노력이 아무리 강해도 벗어나지 못하는 절대 빈곤은 물론 급격한 소득 차이에 따른 빈부격차 등으로 인한 상대적 빈곤의 완화와 해결 없이는 우리 사회의 삶의 질 향상과 선진화 사회로의 진입은 어려울 것이다.

최근 정부는 다양한 빈곤대책을 추진하고 있다. 빈곤대책은 빈곤계층의 특성 즉, 근로능력과 자활의지가 없는 빈곤층과 근로능력이 있고, 취업의지가 강하며, 또 실제 취업하고 있으나 빈곤층에 머물고 있는 계층별 등으로 구분하여 달리 적용되어야 할 것이다. 나아가 산업구조와 노동시장의 양극화에 따라 일을 해도 빈곤에서 벗어나기 어려운 근로빈곤층에 대한 관심과 지원을 통한 사회안전망 확충이 더욱 필요하다.

이 책은 1990년대 중반 이후 외환위기와 더불어 우리 사회의 커다란 주목을 받고 있는 빈곤문제에 대한 근본적인 원인 분석을 통하여 빈곤층이 노동시장에서 겪고 있는 다양한 현상에 대한 물음에 답하기 위하여 출발하였다. 저자의 학위논문을 기초로 관련 학회, 학술대회 등에서 발표한 논문들을 일정한 체계에 맞추어 구성하였다. 빈곤층 및 취약계층의 경제활동, 고용보험효과, 노동시장 성과, 빈곤이행 등 빈곤층에 대한 경제학적 동학을 면밀하게 분석한 본서가 향후 빈곤문제 연구에 밑거름이 되기를 기대한다.

이 책이 나오기까지 여러 사람들의 헌신적인 관심과 격려가 있었다. 엄격함과 자상함으로 큰 가르침을 주신 성균관대학교 안종범 교수님과 「실사구시경제연구회」 회원들에게 깊은 감사드린다. 또 삶의 정신적 지주이신 어머니 김병와 여사와 가족 모두에게 고마움을 전하며, 책이 발간될 수 있도록 노력을 아끼지 않은 한국학술정보 관계자 여러분의 노고에도 감사드린다.

2006. 10
청담동 연구실에서

목 차

표 목차

그림 목차

제1부 빈곤층의 노동이동과 고용보험

우리 경제는 외환 위기 이후 근래 경험해 보지 못한 고실업 사태에 직면했으며, 경제 전반에 걸친 과감하고 지속적인 구조조정이 진행되었음은 물론 이에 따른 공공, 금융, 기업, 노사관계 등 경제 각 부문의 근본적인 개혁작업이 이루어졌고, 상당기간이 흐른 지금도 그 영향과 노력은 계속되고 있다.

특히, 노동시장 지표 중 실업률은 1997년 이전의 완전고용 수준인 2%대에서 외환 위기가 도래한 1998년 7.0%로 급등한 이래 1999년 2월에는 8.8%(실업자 181만 명)로 기록적인 실업률을 보인 후 2000년 4.1%, 2001년 3.8%, 2002년 3.1% 등 지속적으로 하락하였으나 여전히 실업은 중요한 경제문제 중의 하나로 인식되고 있다. 또한, 현 실업통계[1]에서 실업자로 분류되지 않는 실망실업자나 무급가족종사자 그리고 불완전취업자까지 포함하게 되면 통계치 이상으로 많은 인구가 실업의 고통을 겪고 있다고 할 수 있다.

외환 위기 이후 소득분배의 악화에 따라 빈곤 문제가 새로운 사회문제로 대두되었으며, 외환 위기 이전에는 급속한 경제성장에 따른 상대적 소득분배가 문제였음에 비하여 외환 위기 이후에는 급격한 소득상실로 인한 절대적 빈곤문제도 심각하게 부각되었다.

이러한 급격한 경제 상황의 변화는 국민 경제 전반에 큰 영향을 미쳤으나 그중 가장 큰 영향을 받은 계층은 소외계층이라 할 수 있는 저소득 미취업자를 포함하는 빈곤층이며, 이들 계층의 노동시장에서의 경제활동 여부 및 그 변화는 노동시장 정책은 물론 복지정책을 포함하는 경제정책 수

---

1) 현재 우리나라에서는 '지난 1주일간 소득을 목적으로 1시간 이하의 일을 하고 있으면서, 구직활동을 하고 있는 사람'으로 정의하여 실업자의 범위가 매우 협소하고, 실제 실업자인 실망실업자(Discouraged workers)가 통계에서 제외되는 문제가 있다. 그러나 고용보험법 상에서는 피보험자가 이직하여 근로의 의사 및 능력을 가지고 있음에도 불구하고 취업하지 못한 상태에 있는 것으로 규정하고 (고용보험법 제2조 제3호) 있으나 비록 1주일에 1시간 이상 취업하였다 하여도 개개인의 지식·기능·경력 등에 비추어 불완전한 취업(월 소정근로시간이 80시간(1주간의 소정근로시간이 18시간 미만인 자를 포함) 미만의 근로)이라고 판단되면 실업으로 인정하여 실업급여가 지급되도록 하고 있다.

립 및 집행의 주요 지표가 된다.

실업의 증가는 바로 빈곤의 증가로 이어지며, 빈곤의 주된 원인이 종전의 질병, 노령 등에서 실업 혹은 불완전취업으로 인한 소득감소로 바뀌면서, 특히 장기실업자의 빈곤화 문제는 당분간 지속될 것으로 보인다.

경기가 회복되더라도 실업기간의 장기화 등에 따라 빈곤층이 증가할 수 있는 개연성은 항상 존재하기 때문에 이들에 대한 생계보호 및 취업을 촉진하기 위하여 사회안전망의 제도화 등에 대한 다양한 정책적 논의가 이루어지고 있다. 따라서 효율적인 실업대책의 수행과 국가 경제의 안정을 위해서는 실업대책의 주요 목표그룹 중의 하나인 빈곤층의 빈곤 결정요인과 경제활동상태 변화에 대한 면밀한 분석을 토대로 이들의 변화 정도 및 형태가 시사하는 바를 정책으로 연결시키는 노력이 필요하다. 또한 빈곤층의 경제활동과 관련한 의사결정과 밀접한 관련을 맺고 있으며, 이들 계층에 대한 노동시장정책 수단으로 중요한 역할을 하고 있는 고용보험제도에 대한 이해와 고용보험 사업 중의 실업자재취직훈련(이하 직업훈련) 및 실업급여가 빈곤층에 미치는 영향 정도를 분석하는 것은 중요한 일이라 할 수 있다.

이는 이들 계층에게 실질적으로 혜택이 돌아갈 수 있도록 시행하고 있는 제도 중 경제활동과 관련하여 가장 밀접한 관계가 있는 고용보험제도가 사회안전망으로서 어떠한 역할을 하고 있고, 그 수혜 정도와 효과는 어떠한지에 대한 분석이 필요하다는 점과 맥락을 같이 하고 있다.

지금까지 빈곤층에 대한 연구는 사회복지, 사회보장 등 관련 분야와 관련 학계, 연구기관을 중심으로 많은 연구들이 이루어져 왔으며, 이들 계층의 노동시장 관련 연구도 빈곤과 근로복지, 생산적 복지 등의 분야를 중심으로 지속적으로 이루어져 왔다. 그러나 그동안 상대적으로 빈곤층의 노동시장에서의 지위 및 행태와 경제활동상태 변화에 대한 논의는 활발하지 않았다. 더구나 고용보험제도가 정착되고 있는 단계인 지금 당초의 취지대로 취약계층 등 목표집단(target group)에 보다 많은 혜택이 돌아가고 있는지에 대한 문제제기가 계속되는 점을 고려하여 본 연구에서는 이러한 현상에 대한 구체적인 분석에 초점을 두고자 한다.

실업은 사회적 자원분배의 효율성을 저하시키고 실업자의 인적자본의 감소(Depreciation)를 통하여 잠재적 성장률에도 악영향을 미친다. 또한, 실업은 사회 구성원 간의 구조적 갈등을 초래 할 수 있으며, 그 영향은 사회적 취약계층인 빈곤층, 노년층, 여성, 저학력자, 미숙련자들에게 가장 크게 나타나고, 이는 이들의 소득분배상의 상대적, 절대적 위치를 약화시킨다는 점에서 사회 형평에 있어서도 큰 문제를 야기 시킨다.

본 연구는 우리나라 빈곤층에서 빈곤이 어떠한 요인들에 의하여 결정되는지에 대한 분석과 빈곤층이 노동시장에서 어떠한 경제활동상태의 변화를 보이는지에 대한 분석이 필요하며, 경제 위기 이후 이들 계층에 가장 큰 영향을 미친 제도적 변화 중의 하나인 고용보험과의 관계를 살펴보고, 고용보험 사업 중 직업훈련과 실업급여 사업이 빈곤층에 대하여 어느 정도 효과를 거두고 있는지를 분석하는 것이 필요하다는 인식에서 출발하였다.

이를 토대로 본 연구의 목적을 제시하면, 빈곤층의 특성분석과 더불어 어떠한 요인들이 빈곤을 결정하는가, 이들 계층의 각 경제활동상태로의 진입과 탈출에 어떠한 요인들이 영향을 미치며, 현재 경제활동상태에서 다른 범주로의 이동 시 어떠한 요인들이 유의한 영향을 미치는지를 분석하여 빈곤층이 노동시장에서 겪게 되는 변화를 살펴보는 것이다. 또한 고용보험의 직업훈련과 실업급여가 빈곤층에게 어떠한 영향을 미치는지, 고용보험 프로그램에 참여하기 전과 참여한 후에는 어떠한 차이가 있는지를 목표효율성의 관점에서 그 효과성을 분석하는 것이다.

따라서 본 연구에서 다음과 같은 내용을 분석하고자 한다. 첫째, 기존 연구에서는 빈곤층에 대한 지표의 추정방법이나 개별 지표의 장단점, 그리고 실태조사에 따라 상이한 조사대상이나 포함내역 등 자료에 대한 기초적인 분석이 부족했으며, 특히, 개별지표에 대한 국제비교를 위하여 자료의 특성에 대한 구체적인 분석이 선행되어야 한다는 점에 착안하여 이러한 관련지표를 살펴보고, 빈곤을 결정하는 요인 즉, 인적속성 및 사회·경제적

속성이 빈곤결정에 미치는 영향을 분석한다.

둘째, 기존 연구들에서는 자료의 제약 상 이들 계층이 노동시장에서 어떠한 행태를 보이는지에 대한 구체적인 분석이 사실상 많이 이루어지지 않은 상황임을 고려하여 빈곤층의 경제활동상태 결정에 어떠한 변수들이 영향을 미치는 지와 빈곤층의 경제활동상태 변화에 어떤 변수들이 영향을 주는지에 대한 분석할 것이다.

셋째, 빈곤층을 위한 사회안전망 중의 하나인 고용보험제도가 운영취지에 부합하는 역할을 하고 있는지, 이들 계층에 어느 정도의 영향을 미치는지를 구체적으로 분석할 것이다. 즉, 고용보험의 직업능력개발사업 중 직업훈련과 실업급여 사업이 빈곤층의 재취업확률에 어느 정도 효과를 미치고 있는지를 분석한다.

넷째, 고용보험의 이들 두 사업이 당초 수혜 대상자들에게 어느 정도의 효과성을 보이는지를 분석한다. 즉, 목표효율성 분석을 통하여 이들 프로그램에 참여한 사람들이 어느 정도 효과가 있는지를 분석하여 향후 정책의 지속성과 효율성을 판단하는 데 기초로 활용할 수 있도록 하고자 한다.

먼저, 빈곤층에 대한 개념, 지표 등을 중심으로 빈곤층에 대한 정의와 판별 방법을 살펴보는데 본 연구에 모두 적용된 상대적 빈곤과 절대적 빈곤 등 빈곤선에 대한 논의를 비교 검토해 본다. 여기에는 각 연구자 별로 제시하고 연구에 적용한 기준을 기존의 문헌을 중심으로 비교 분석한다.

다음으로 빈곤층의 경제활동 중에서 빈곤결정요인을 우선 분석하게 되는데 여기서는 빈곤이 어떠한 요인들에 영향을 받는지 그 결정요인을 분석하고, 특히 실업과 빈곤과의 관계를 초점을 두고 분석한다. 또한 빈곤층의 경제활동과 관련하여 분석대상 빈곤층을 항상 빈곤층과 경험 빈곤층으로 구분하여 빈곤층의 미취업 결정요인을 분석하고, 이를 다시 가구주와 가구원으로 구분하여 경제활동상태 변화에 미치는 결정요인을 분석하게 된다. 분석방법으로는 빈곤층의 각 경제활동상태별 진입 및 탈출 결정요인 분석에는 로짓모형(Logit Model)을, 경제활동상태 변화 분석에는 다항로짓모형

(Multinomial Logit Model)을 적용한다.

빈곤층의 고용보험 효과에서는 빈곤층 중에서 직업훈련 참여자와 실업급여 수급자가 재취업으로 이행할 가능성을 해자드 모형 추정을 통하여 분석하고, 이들 두 가지 사업을 복지프로그램으로 설정하여 목표효율성 개념을 적용하여 그 효과성을 측정한다.

본 연구는 다음과 같이 구성된다. 2장에서는 빈곤층에 관한 지표를 다양하게 살펴보고, 이들 지표들이 어떠한 방법과 절차 등을 거쳐서 추정되고, 활용되며, 또한 각각의 지표 간에는 어떠한 관계가 있는지에 대하여 분석할 것이다. 빈곤의 결정요인과 실업 후 빈곤으로의 이행확률을 구하여 빈곤의 실질적인 원인을 분석한다. 특히, 여러 가지 사회보험제도와 혜택이 이들 빈곤층에게 긍정적으로 영향을 미치고 빈곤탈출에 도움을 주는지를 분석한다. 또 빈곤층의 경제활동상태와 고용보험의 다양한 제도를 설명하는 기존의 이론 및 실증결과를 분석한다. 또한 빈곤층의 경제활동상태 변화를 분석하여 어떠한 요인들이 영향을 미치는지 살펴본다.

3장에서는 빈곤층을 위한 국가 정책 중의 하나인 고용보험제도의 직업훈련과 실업급여가 이들 계층에 어떻게 작용하고 있는지, 그리고 그 효과는 어떠한지를 살펴본다. 즉, 재취업에 어느 정도 효과가 있는지와 프로그램에 참여하기 전과 후의 비교를 통하여 그 효과성을 측정해 보는 것이다. IMF 경제 위기 이후 고용보험은 고실업 시기에 큰 사회안전망 구실을 통하여 실업급여 지급, 직업능력개발 및 고용안정 등 노동시장 전반에 걸쳐 많은 역할을 수행했다고 평가받고 있다는 점에서 그 구체적인 성과를 살펴봄으로써 정책적인 시사점을 얻을 수 있다. 4장에서는 연구의 분석 결과를 요약하고, 연구의 의의와 향후 과제를 제시한다.

제1장 빈곤층의 경제활동

제1절 빈곤층의 개념 및 지표

일반적으로 빈곤층은 행정용어로, 빈곤층은 학술용어로 많이 사용되는 경향이 있다. 학술적으로 확립된 개념으로 빈곤선(poverty line), 빈곤률(poverty ratio), 빈곤격차(poverty gap), 빈곤도(depth of poverty), 빈곤의 심각도(severity of poverty), 센 빈곤지수(Sen poverty index), 절대빈곤, 상대빈곤, 절대빈곤률, 상대빈곤률, 극빈, 일과성 빈곤, 만성빈곤 등이 있다.

빈곤층 정의에 나오는 최저생계비(Minimim Living Standard)는 건강하고 문화적인 삶을 유지하기 위한 최소한의 비용이며, 최저생계비는 절대빈곤여부를 판단하는 선으로 일반적으로 사용되고 있다. 그러므로 최저생계비는 빈곤선(poverty line)과 동일한 개념으로 사용된다.

빈곤층은 소득계층구조에서 하위를 점하는 계층으로 실용적 또는 이데올로기적 목적에 따라 영세민층, 빈곤층, 또는 빈민층 등으로 불리기도 하며, 그 범위획정도 다양한 목적과 학문적, 행정적 필요성에 의하여 상이하게 나타날 수도 있다. 빈곤층의 식별을 위하여 사용되는 빈곤선에는 절대적, 상대적, 그리고 법적, 행정적 기준 등이 적용될 수 있다.

절대적 빈곤이란 최저생존수준의 식품, 주거, 피복 등의 용도에 필요한 자원의 결여, 즉 한 가구의 소득이 최저생활을 하는데 필요한 생계비에 미달한 상태로 정의되고, 이는 생존문제와 관계되기 때문에 최저생존수준의 유지에 필요한 최저생계비 산출에 근거하여 빈곤선을 결정하게 된다. 일반적으로 절대적 빈곤층은 경제가 성장함에 따라 감소하는 경향을 보이고 있으며, 우리나라 또한 예외는 아니다. 다시 말하면, 생계를 유지하기 위하여 필요한 재화와 서비스의 절대적인 양에 못 미치는 경우를 의미한다.

반면, 상대적 빈곤은 그 사회의 평균소득 수준과 비교하여 상대적으로 소득이 낮은 계층을 빈곤층으로 정의한다. 즉, 상대적인 기준을 이용하는 것으로 EU 등에서 적용하는 방법으로 평균소득의 50%를 기준으로 하여 그 이하인 경우를 빈곤층으로 판정한다(Atkinson, 1998; 정진호 외, 2002).

빈곤을 궁핍과 불평등의 측면으로 구분하면, 전자는 절대적 빈곤을 후자는 상대적 빈곤에 해당된다고 할 수 있다. 절대빈곤의 추계가 쉽지 않고, 임의성을 많이 내포하고 있기 때문에 상대적 빈곤이 최근 공적부조사업 등 각종 사업의 기준으로 사용되는 추세에 있다. 이외에도 본인의 주관적인 판단을 기준으로 빈곤층의 판단하는 주관적 빈곤이 있다.

또한, 법적, 행정적 빈곤층은 빈곤층의 생활보호를 위하여 사회정책적인 목적으로 규정한 것으로 행정적인 필요에 따라 빈곤계층의 범위를 법으로 규정한다. 이는 실제 빈곤층을 파악할 수 있는 구체적인 범례가 되고, 사회보장 및 사회복지정책의 직접적 대상을 규정한다는 점에서 매우 중요하다(권순원 외, 1993).

이와 관련하여 도시근로자 가구의 소득변화를 〈표 Ⅱ-1〉에서 살펴보면, 경제 위기를 전후하여 저소득계층일수록 소득 감소폭이 크게 나타나고 있다. 1998년의 경우, 소득이 가장 낮은 20% 1분위는 17.2%가 소득이 감소하였으며, 반면, 소득이 가장 높은 상위 20% 5분위는 소득감소가 0.3%에 불과한 것으로 나타나고 있다. 즉, 소득분배구조가 매우 열악해 짐을 알 수 있다. 또한, 세계은행의 빈곤 비교 방법을 이용하여 빈곤율의 증가요인을 분석해 본 결과, 외환 위기의 영향이 가장 컸던 1997년과 1998년 사이에 증가한 빈곤비율은 경기침체와 소득분배 악화에 주로 기인하여 발생한 것으로 나타났다. 1998년과 1999년에 사이에는 소득이 증가했음에도 빈곤율이 증가한 것으로 나타났는데 이는 소득분배의 급격한 악화에 기인하는 것으로 나타나 빈곤 증가에 소득분배 악화가 큰 영향을 미치고 있음을 알 수 있다(문형표·유경준, 1999).

〈표 Ⅱ-1〉 도시근로자 가구의 소득 5분위별 소득변화

(단위: 명, 천원), %)

구분	평균	1분위	2분위	3분위	4분위	5분위
가구원 수	3.6	3.2	3.5	3.7	3.8	4.0
취업자 수	1.5	1.2	1.3	1.5	1.6	1.8
월평균소득	2,133	784	1,368	1,827	2,440	4,244
소득증감률	-6.7	-17.2	-11.8	-9.9	-3.1	-0.3
1분위기준 소비지출	1.7	1.0	1.3	1.6	1.9	2.7

자료: 통계청(1999). 1998 4/4분기 및 연간 도시근로자 가구의 가계수지 동향. 문진영
(1999)의 자료에서 인용, 재구성

저소득(low income)층과 유사한 의미로 차상위계층,[2] 근로빈민(working poor), 취약계층(disadvantage group) 등의 개념들이 사용되고 있다. 특히, 차상위계층이라는 용어는 다소 생소한 개념으로 빈곤에 관한 외국의 연구에서도 쉽게 찾을 수 없는 개념이다.

차상위계층의 상한선으로 대체로 상대적 빈곤선을 사용하는 것이 고려될 수 있다. 상대적 빈곤선은 연구자에 따라 다소 차이를 보이고 있지만 대체로 소득을 기준으로 사용하고 있다. 대부분의 경우 소득을 기준으로 상대적 빈곤선은 평균소득의 50%를 전후하여 설정되고 있다.

〈표 Ⅱ-2〉 상대적 빈곤선 기준 비교

기관	상대적 빈곤선
OECD	중위가구소득의 40%
World Bank	개발도상국은 평균가구 소득의 1/3, 선진국은 평균가구소득의 1/2
European Union	평균소득의 50%
V. Fuchs	중위가구소득의 50%
P. Townsend	빈곤층은 평균가구소득의 80% 이하, 극빈층은 50% 이하
Lee Rainwater	가구당 평균소득의 46~58%
일본	근로자가구 소비지출의 68%

자료: 김미곤(1997), 최저생계비 계측현황과 정책과제
　　　Atkinson, A. B.(1998), "We must measure poverty", New Statesman, Vol. 127, No.4390, London, New Stateman Ltd., p.31

---

2) 차상위계층이란 특정 기준시점에서 소득인정액이 최저생계비 이상인 계층으로 공공부조에서 배제되는 집단이며, 상황이 변화되면 언제라도 쉽게 절대빈곤으로 떨어져서 급여의 대상이 될 가능성이 높은 계층을 말한다.

또한 이와 관련하여 중산층의 개념에 대한 이해가 필요한데, 중산층에 대한 합의된 개념규정은 존재하지 않는다. 사회학에서는 중간계급(middle class)[3]이라는 용어를 사용하고, 경제학에서는 가구별 소득분배를 기준으로 중위소득계층이라는 용어로 기술하기도 한다. 〈표 Ⅱ-3〉과 같이 소득이나 자산 등의 경제적 지수를 중심으로 하는 객관적 분류와 귀속의식이나 상대적 박탈감 등 정치사회적 변수를 포함한 주관적 분류가 있을 수 있다.

〈표 Ⅱ-3〉 중산층에 대한 다양한 개념 분류

분류주체 및 기준		중산층에 대한 개념 규정
경제기획원(1985)		최저생계비 2.5배 이상의 가구소득, 독채 전세 이상, 상용고나 자영업 이상의 직업안정, 고졸 이상의 학력
한상진(1985)		가구원 수별 연평균소득의 75% 이상인 가구 (당시 중산층 비율은 59.7%), 연령 대별 교육, 직업, 주택 변수 차별 적용
서울대 사회과학연구소(1987)		삶의 기회(사람답게 살고 있다는 의식과 이에 필요한 경제적 여건구비), 경제적 안정세력, 정치적 비판세력
현대경제연구원(1998)		월평균 250만 원 이상의 가구소득, 아파트기준 30평 전세 이상, 자가용보유, 안정된 직장, 고학력, 외식 등 문화여가생활
소득분배	소득분위 분류	소득 10분위나 5분위 분배의 상위 20%와 하위 40%를 제외한 계층
	최저생계비 기준	소득수준이 최저생계비의 2~2.5배에 달하는 계층
	일정 소득규모별	조사기관의 판단에 따라 빈곤층과 상위층을 제외한 계층 (예: 1989년 미달러기준 15,000~50,000달러 사이의 계층)
	중간값 소득 기준	소득수준이 중간값 소득을 기준으로 50~150%에 해당하는 계층

자료: 중산층의 변화실태와 정책방향

또한, 빈곤층의 소득분배 형태는 크게 다음의 세 가지 요인에 의하여 영향을 받는다(Danziger and Gottschalk, 1993; Levy and Murnane, 1992, 김태성, 1996). 첫째는 노동시장과 관련된 요인인데 여기에는 숙련 및 인적속

---

3) 사회학의 계급(층)론에서는 구중간계급(쁘띠부르조아)과 신중간계급(화이트칼라)을 합하여 중간계급으로 분류하기도 한다.

성별 노동자의 상대적 규모, 세대별 노동력 공급 규모 등과 산업 및 직업 구조의 변화 등 수요측면의 변화, 임금이 결정되는 사회적 제도 등이 해당된다.

둘째, 인구학적인 측면이다. 일반적으로 경제발전 단계가 높아지면 가족구조 측면에서 노인 가구, 여성세대주 가구, 청년 세대주 가구 등 비노동인구 가구, 즉 빈곤층 가구 수 증가 혹은 가족 수의 감소 등으로 인하여 한 나라의 분배형태에 큰 영향을 준다.

셋째, 정부의 조세와 이전소득(transfer income)을 포함한 이전정책도 소득분배형태에 중요한 영향을 준다.

이와 관련하여 불평등의 개념에 대하여 살펴볼 필요가 있다.4) 불평등은 빈곤(poverty) 또는 복지(welfare) 등의 개념과 연계되어 있지만 개념은 상이한데 불평등은 빈곤보다는 포괄적인 개념이다. 불평등은 주어진 빈곤선 이하의 가구(또는 개인)에 대한 단절된 분포뿐만 아니라 전체 분포에 대하여 규정되기 때문이다. 따라서 불평등을 측정하는 데 특정한 변수의 상위값(top) 또는 중위값(middle)은 하위값(bottom)만큼 중요하다.

이들 개념은 상호 밀접하게 관련되어 있기 때문에 종종 결합되기도 하는데 실제 빈곤에 대한 일부 지표(예를 들어 Sen 지수)에는 불평등도에 대한 지표를 포함하고 있으며, 소득불평등에 대한 지표 $I(y)$는 평균값 $\mu(y)$와 더불어 사회후생함수 $W = W[\mu(y), I(y)]$에 대한 독립변수로 포함되기도 한다(정진호 외, 2002).

이 밖에 빈곤에 대한 주요 지표로는 빈곤율, 빈곤갭 비율, Sen 지수,

---

4) 소득불평등도에 대한 지표로는 로렌츠곡선(Lorentz curve)과 45°선의 면적을 45° 선 이하의 면적으로 나눈 수치로 측정되며, 소득분배가 완전하게 평등하면 0, 불평등하면 1로 나타나는 지니계수(Gini Coefficient: GINI), 소득의 측정단위와 무관하며, 불평등도의 요인분해에 적합한 변이계수자승(Squared Coefficient of Variation: SCV), 가구(혹은 개인)의 자연대수로 전환된 소득에 대하여 그 편차를 평균한 대수편차평균(Mean Log Deviation: MLD), 사회후생함수와 관련이 있고, 파라미터가 소득불평등도에 대한 거부감의 정도를 나타내는 지표인 아트킨슨지수(Atkinson Index: ATK) 등이 있다(정진호 외, 2002; 박찬용 외, 1999).

FGT 지수 등이 있다. 먼저 빈곤율(Head-count Ratio: HR)은 소득수준이 주어진 빈곤선 이하인 가구(또는 개인)가 전체 가구(또는 개인)에서 차지하는 비율로 다음과 같이 나타낼 수 있다.

$$HR(y_i, \ \pi) \ = \ \frac{q}{n}$$

여기서 q는 소득수준이 특정한 빈곤선 π 이하인 가구 수(또는 개인 수), n은 전체 가구 수(또는 개인 수), y_i는 소득을 나타낸다. 비록 빈곤율은 빈곤에 대한 가장 대표적인 지표이지만, 빈곤의 심도(depth)를 제대로 반영하지 못하는 한계를 지니고 있다.

빈곤갭 비율(Poverty Gap Ratio: PGR)은 빈곤층에 포함된 특정한 가구(또는 개인) i의 빈곤갭은 주어진 빈곤선 π와 소득수준이 빈곤선 이하인 가구(또는 개인)의 소득수준 y_i 간의 소득격차로 정의되며, 총빈곤갭은 빈곤층 전체 q에 대하여 빈곤갭을 합산한다. 따라서 총빈곤갭은 소득수준이 주어진 빈곤선 이하인 가구(또는 개인)의 소득을 빈곤선까지 증가시키는 데 소요되는 금액을 의미하게 된다. 총빈곤갭을 소득수준이 주어진 빈곤선 이하인 가구 수(또는 개인 수)에 빈곤선을 곱한 금액으로 나누면 다음과 같은 빈곤갭 비율이 도출된다.

$$PGR \ = \ \frac{\sum_{i=1}^{q} (\pi - y_i)}{\pi \times q}$$

비록 빈곤갭 비율은 빈곤의 심도는 반영하고 있지만, 빈곤의 규모를 제대로 반영하지 못한다는 한계를 지닌다.

Sen 지수는 빈곤율과 빈곤갭 비율의 한계를 보완하도록 고안되었으며, 실제 빈곤층 규모(extent) 빈곤의 심도(depth), 빈곤층의 소득불평등 상태를 반영하고 있다. 즉, Sen 지수는 빈곤율, 빈곤갭 비율, 빈곤층이 지니계수가 서로 결합되어 있다.

$$SEN = HR\,[\,PGR + (1 - PGR) \times GINI_q\,]$$

여기서 $GINI_q$는 빈곤층의 지니계수(Gini coefficient)이다. 특히, SEN 지수는 빈곤선 이하 가구(또는 개인)의 소득이 모두 0일 경우 1이 되며, 빈곤선 이하에 있는 가구(또는 개인)의 소득이 모두 빈곤선에 근접할 경우에는 0으로 도출된다. 일반적으로 SEN 지수는 OECD의 빈곤에 관한 연구에 주로 사용된다.

FGT 지수(FGT Index)는 Foster, Greer, Thorbecke 등에 의하여 개발된 지표이며, 이 지표는 다른 지표와 달리 빈곤에 대한 혐오감을 반영하는 파라미터 a의 값에 따라 다르게 도출된다. 일반적으로 a값이 커질수록 이 지표는 빈곤에 대하여 보다 민감하게 될 뿐만 아니라 빈곤층의 규모와 빈곤에 대한 심도에 대한 유의성을 동시에 설명할 수 있다는 장점을 가지고 있다.

$$FGT_a = \frac{1}{n} \sum_{i=1}^{q} \left(\frac{\pi - x_i}{\pi}\right)^a$$

특히, FGT 지수에서는 a값에 따라 빈곤의 규모, 빈곤의 심도, 빈곤층의 소득불평등도가 고려되는데, $a = 0$이면 빈곤율과 동일하여 빈곤의 규모, $a = 1$이면 빈곤율과 빈곤갭 비율을 곱한 형태이기 때문에 빈곤의 규모와 심도를 반영한다.

제2절 이론 및 실증분석 개관

가. 이론 개관

1) 인적자본이론(Human Capital theory)

인적자본이론은 1960년대 베커(Becker), 민서(Mincer), 슐츠(Schultz) 등에 의하여 정립되었는데 인간의 생산능력을 자본으로 파악함으로써 보다 새로운 관점에서 분석수단을 제공하였다. 인적자본이론에 의하면, 개인의 인적자본 투자행위, 즉, 학교교육, 현장훈련, 건강유지, 이사, 구직행위 등이 소득결정의 기본요인이므로 소득분배의 결정요인은 결국 인적자본 투자량의 차이에 의한 것으로 설명하고 있다(Schultz, 1963; Becker, 1965; Mincer, 1974; 정진호, 1999).

Becker(1964)에 의하여 체계화된 인적자본이론은 경제학의 여러 분야에 커다란 영향을 미치고 있다. 인적자본이란 인간 체내에 내재되어 있는 기능이나 숙련을 지칭한다. 물적자본과 마찬가지로 인적자본도 투자비용과 투자수익을 비교하여 투자 여부가 결정된다는 점에서 물적자본에 대한 투자이론이 원용될 수 있다. 인적자본에 대한 투자형태는 학교교육, 직업훈련 등이 있으며, 인적자본은 그 성격에 따라 일반적 숙련과 기업특수적 숙련으로 대별된다. 일반적 숙련은 학교교육 및 직장의 일반적 훈련을 통하여 형성되지만 기업특수적 훈련은 직장의 기업특수적 훈련을 통하여 형성된다.

이러한 인적자본 투자량을 결정짓는 것은 기본적으로 생애소득의 현재가치를 극대화하기 위한 개인의 선택행위이기 때문에, 소득의 차이는 학력, 직업훈련, 건강 등과 같은 인적자본의 불균등한 배분으로 설명될 수 있다는 것이다. 이러한 입장은 소득불평등을 궁극적으로 개인의 선택행위의 결과로 파악하고 있다. 그러므로 인적자본이론은 개인선택이론과 그 맥락을 같이한다고 할 수 있다.

다시 말하면, 소득은 개인의 생산성에 의하여 결정되고, 이러한 생산성은 숙련된 기술 보유 여부에 따라 결정되며, 훈련 또한 공식, 비공식 훈련 등과 같은 인적자본투자에 의하여 이루어진다는 것이 인적자본이론의 핵심이라고 할 수 있다. 따라서 소득분배의 불평등은 저생산성의 결과이며, 이것은 인적자본에 대한 낮은 투자에 기인한다고 보고 있다. 즉, 인적자본 투자량의 차이가 노동생산성의 차이로 이어지고, 결국은 소득의 차이로 나타난다는 논리에 의하여 소득불평등을 설명하고 있다. 만약 인적자본 투자량이 같고, 생산성이 동일한 노동에 대해서는 동일한 소득이 주어진다는 것을 원칙으로 하고 있다. 따라서 소득결정은 생산력 상승에 기인하는 개인의 인적자본의 함수라고 할 수 있는 것이다. 이러한 인적자본이론은 1960년대 이래 미국에서 활발하게 연구, 발전되어 임금결정요인, 빈곤 그리고 소득불평등과 같은 현상을 이해하는 데 크게 기여하였다.

한편, 인적자본이론은 교육과 소득 간의 직접적인 상관관계를 주요 근거로 하고 있지만 인적자본, 특히 교육과 생산성 사이의 직접적인 상관관계를 측정하기 곤란하다는 것이 문제점으로 지적되고 있다. 교육수준이 다른 각 개인들이 상이한 직무에서 일하게 되는데 이들 사이의 노동생산성이 얼마나 차이가 나는지 직접적으로 비교할 수단이 없기 때문이다. 그리고 인적자본이론은 소득결정에 미치는 노동시장의 제도적 구조를 고정된 상수로 파악하는 결정론적 모델을 취하고 있는 것이 특징이다.

2) 분단노동시장이론(Segmented labor market theory)

분단노동시장이론은 인적자본이론의 이러한 가정에 대하여 독점, 과점 등 불완전한 시장의 존재로 완전경쟁의 시장원리가 기능할 수 없다고 보고, 노동시장은 분단되어 있다고 보며, 분단노동시장에서의 소득결정과정은 서로 다르며, 이러한 분단노동시장에 속한 근로자들 사이에는 매우 제한된 이동이 이루어진다고 파악하고 있다. 반면, 인적자본이론은 완전경쟁하에서 완전정보, 임금경쟁, 단일노동시장구조 등을 가정하고 있다. 즉, 노동시장은 본질적으로 하나의 동질적인 시장으로 이루어져 있으며, 자유경쟁의 힘에 의하여 일시적인 노동시장 분리현상은 곧 사라져 한계생산성의 논리가 보편적으로 적용된다고 보고 있다는 점에서 차이가 있음을 알 수 있다.

나. 실증분석 개관

본 연구와 관련하여 선행연구는 크게 두 가지 방향에서 찾아볼 수 있다. 하나는 빈곤층에 대한 제도적, 정책적 방안 마련을 위한 연구를 비롯하여 빈곤 결정요인에 대한 분석이며, 다른 하나는 이들 계층이 노동시장에서 경험하게 되는 경제활동상태의 변화 특히, 실업상태 및 실업탈출과 그에 영향을 미치는 요인분석에 관한 것이다.

먼저 빈곤층에 대한 연구는 2000년 10월 시행된 국민기초생활보장제도와 생산적 복지시책 추진에 맞추어 많은 연구들이 있었다. 한국노동연구원(2000)은 생산적 복지 증진을 위한 노동부문의 정책 대안 연구에서 노동부문 생산적 복지의 이념, 환경, 제도적 배경과 정책의 주요과제, 우선순위 및 주요 과제별 현황과 문제점, 개선방안을 제시하였다. 특히, 저소득 취약계층의 보호방안에는 적극적 노동시장정책 및 일자리 제공, 취약계층 훈련 활성화를 위한 지식격차의 축소, 최저임금제도 개선, EITC[5] 제도 도입, 비정규근로자에 대한 적정규제 및 보호, 사회보험 및 실업급여의 적용 수혜 범위 확대 등의 방안을 제시하고 있다.

문진영(1999)은 국민기초생활보장법 제정의 쟁점과 운영방안에 관한 연

---

5) 근로소득보조세제(Earned Income Tax Credit)는 복지수혜 대신 저임금을 받더라도 근로를 하는 것이 유리하도록 낮은 소득수준에서 높은 부의 소득세 (negative income tax)를 얻을 수 있도록 설계한 것이다. 즉, 근로소득에 대한 환급가능한(refundable) 세액공제를 적용하는 제도이다.

구에서 정부 종합실업대책사업의 내용에 대한 평가와 국민기초생활보장법의 주요골자와 쟁점사항을 비교 분석하였으며, 이 법의 운영방안에 대한 관련 부처 및 연구기관의 안을 비교하여 개선방안을 제시하였다.

1990년대 들어 우리나라는 소득분배 구조가 개선되고, 빈곤이 감소하는 추세를 보였다(이정우·황성현: 1998). 하지만 외환위기 이후 우리나라의 실업과 빈곤이 급격히 증가하는 과정을 거침과 동시에 소득분배 구조가 다시 악화되었다. 즉, 외환위기 이후 경기침체와 구조조정의 여파가 상대적으로 저소득층에 더욱 큰 영향을 미치면서 소득분배구조의 악화가 빈곤의 증가로 이어졌다는 분석 결과가 제시되기도 하였다(정건화·남기곤: 2000, 이정우·이성림: 2001)[6].

외환위기 이후 소득분배구조 악화에 커다란 영향을 미친 것으로 보이는 경제적 현상은 실업이다. 급격한 경기위축과 경제 전 부문에 걸친 구조조정의 여파로 노동시장에서의 고실업이 심각한 사회문제로 대두되었으며, 최근 다소 낮아지기는 했지만, 1997년 이전 자연실업률에 가까웠던 것과 비교할 때 상대적으로 높은 실업률이 현재까지도 지속되고 있다. 실업으로 인한 근로소득의 상실 혹은 감소는 전체 소득에서 근로소득이 차지하는 비중이 높은 저소득층이 빈곤층으로 편입될 가능성을 높게 한다.

본 절에서는 외환위기 이후 급격히 증대했다가 감소하는 과정을 거친 바 있는 빈곤과 실업의 원인과 상호관계를 분석하는 데 그 목적이 있다. 이를 위해 빈곤가구와 실업가구를 추출하여 이들 가구의 특성과 가구주의 경제활동상태 변화를 분석해 봄으로써, 가구의 빈곤과 가구주의 실업의 결정요인을 분석한다. 특히, 빈곤에 영향을 미치는 여러 요인 중에서 실업이 미치는 영향에 대해 분석하고 나아가 이러한 빈곤과 실업의 상호관계가 사회보험 급여의 수급 여부에 어떠한 영향을 받는지도 살펴본다.

---

6) Feldstein(1999)은 저소득층의 소득이 줄지 않고, 고소득층의 소득이 증가하여 발생하는 소득불균형은 그리 큰 문제가 아니라고 지적하였다. 즉, 소득불균형 자체가 문제라기보다는 소득불균형이 심화되는 과정에서 저소득층의 소득감소로 인해 발생하는 빈곤이 커다란 사회적 문제라고 주장하였다.

먼저, 빈곤의 구분 및 경제활동상태 변화에 대한 국내외의 선행연구를 개관하고, 빈곤에 대한 개념 정의 및 이에 입각한 빈곤실태 및 빈곤의 결정요인에 대하여 살펴본다. 다음으로 실업과 빈곤의 상호작용에 대하여 검토하는데 특히, 실업에 주목하는 이유는 저소득층의 경우, 소득에서 근로소득이 차지하는 비중이 아주 높아 실업이 빈곤에 미치는 영향이 매우 클 것이기 때문이다. 또한 실업과 사회보험수급 유무가 빈곤에 미치는 영향을 추정한다. 마지막으로 본 절의 분석 결과를 요약하고, 향후 정책수립 및 집행에서 고려해야 할 함의를 정리한다.

일반적으로 빈곤연구의 범위는 빈곤의 정의와 범위에 대한 논의, 현황과 원인, 추세에 대한 분석, 추세와 관련된 빈곤의 동학(poverty dynamics), 복지제도 및 빈곤 관련 정책과의 연관관계 등 다양한 분야에 걸쳐 있다. 그러나 그동안 우리나라의 빈곤에 관한 경제학적 연구는 소득분배와 소득불평등에 집중되는 경향을 보이고 있다.

소득 불평등도 측정문제와 더불어 빈곤의 현상과 원인에 대한 연구가 활기를 띠기 시작한 것은 외환위기 이후의 일이다(금재호·김승택, 2001). 문형표·유경준(1999)은 「도시가계조사」를 이용하여 소득분배와 함께 빈곤율을 추정하였는데 1997년 4/4분기 3.0%였던 빈곤율이 1998년에는 8.5%까지 증가하였음을 보여주었다.

〈표 Ⅱ-4〉 빈곤 관련 연구 비교

연구자	자료	방법	결과
박찬용·김진욱(2000)	도시가계조사	빈곤수준계측 (빈곤율 등)	고연령층, 저학력, 여성의 빈곤 확률 높음
이혜경·김진욱(2001)	대우패널 (KHPS)	소득불평등도 (GINI 계수 등)	소득분배 악화에 기인한 빈곤인구 증가
박순일·최현수·강성호 (2000)	도시가계조사	Multinomial logit, Tobit model	절대빈곤으로의 하향 이동 증가
금재호·김승택(2001)	한국노동패널	Logit	일시적 빈곤가구 비중 높고, 빈곤으로의 진입 탈출 활발
원종욱(2001)	대우패널 (KHPS)	Multinomial logit	저소득층 기혼여성은 음의 소득효과를 보임
구인회(2001)	한국노동패널	Logit	빈곤층의 특성과 원인 중 빈곤의 주된 원인으로 저임금을 제시
김대일(2000)	경제활동 인구조사	경기변동 및 경제활동유형별 이동확률	한계근로자는 여성, 저학력, 고연령 비중이 높고, 실업률이 이들 계층에 국한된 현상일 수도 있음

박찬용·김진욱(2000)은 「도시가계조사」를 이용하여 외환위기 전후 가구
주 특성별 빈곤수준의 변화를 계측하였다. 이들은 근로자 소득을 이용하여
비근로자 가구의 소득을 간접적으로 추정한 후, 이들 자료를 이용하여 전
가구의 소득자료를 만들어 빈곤율, 빈곤갭 비율, Sen 지수를 구하고, 가구
주 특성별 빈곤수준을 계측하였다. 그 결과, 가구 특성별로는 60대 이상,
저학력자, 여성이 가구주인 가구의 빈곤상태가 심각한 것으로 나타났으며,
외환위기에 따른 파급효과는 중학교를 졸업한 50대 남성 가구주 가구에게
가장 크게 나타난 것을 밝혀냈다.

이혜경·김진욱(2001)은 대우패널 자료를 이용하여 1992년부터 1998년
사이의 우리나라 소득분배 현실을 실증적으로 분석하였다. 연구결과, IMF
관리체제를 거치면서 부익부빈익빈 현상이 심화되었고, 소득분배의 악화는
빈곤인구의 급증으로 이어진 것으로 나타났으며, 정부의 생활보호 선정기

준과 보수적인 동등화 지수를 사용하였음에도 불구하고, 외환위기 이후 한국의 빈곤인구는 전체 인구의 19.7%, GDP 대비 빈곤갭은 2.6%에 달하는 것으로 나타났다. 이러한 연구결과를 토대로 빈곤 퇴치를 위한 단기적인 빈곤정책뿐만 아니라 시장배분의 불공정성을 근본적으로 교정할 수 있는 방안이 필요하다고 주장하고 있다.

다른 한편, 빈곤의 현상과 원인에 대한 연구가 비교적 활기를 띄기 시작하였음에도 불구하고 빈곤문제에 관한 동태적 연구, 즉 빈곤으로의 진입과 탈출 행태와 원인에 관한 연구는 찾아보기 어려운 실정이다. 박순일·최현수·강성호(2000)은 1998년과 1999년을 비교한 결과 절대빈곤으로의 유입은 46.2%인 데 비해 탈출은 42.2%로 하향 이동한 가구가 더 많았음을 지적하였다. 또한 그 원인으로 가구주의 종사 직종을 중심으로 한 경제변수와 별거 가구 여부, 거주 형태 등의 가구특성을 제시하였는데 취약한 직업 및 고용형태가 빈곤으로의 진입에 깊은 연관관계가 있음을 지적하였다.

금재호·김승택(2001)은 「한국노동패널」 조사 1~3차 연도 자료를 이용하여 OECD가 정의한 상대적 빈곤 개념에 기초하여 우리나라 빈곤의 유형, 행태 및 요인, 빈곤으로부터 유입 및 탈출 양태 등을 연구하였다. 이들은 연구를 통해 경제위기 이후 매년 20% 정도의 가구들이 빈곤상태에 놓여 있으며, 경기적 요인에 의한 일시적 빈곤가구의 비중이 높고, 빈곤으로의 진입과 탈출이 매우 활발하다는 것을 확인하였다. 또한 이들은 빈곤의 동태적 이행과정을 파악하기 위하여 logit 모형을 설정하여 추정한 결과, 빈곤으로의 진입과 탈출에 '주평균가구근로소득'의 증가가 매우 중요한 역할을 한다는 것을 밝혀냈다. 이는 단순한 소득지원 정책보다는 고용연계형 복지정책이 빈곤해결에 핵심적이라는 사실을 의미한다고 해석할 수 있다.

원종욱(1998)은 1993년 한국가구패널조사(KHPS) 자료를 이용하여 기혼여성의 경제활동에 영향을 미치는 요인을 분석하고, 이를 가구소득계층별로 비교하여 각 계층별 기혼여성의 경제활동에 있어 소득효과가 어떻게 영향을 미치는지를 분석하였다. 분석 결과, 가구주가 아닌 저소득층 기혼여성의 경제활동 정도와 타가구원 소득에 의한 소득효과는 음의 관계를 보이며, 중산층은 양의 소득효과를 그리고 고소득층은 양의 소득효과가 있는 것으로 나타났다.

구인회(2001)는 가구주의 근로능력에 따라 가구유형별로 빈곤층의 구성과 사회경제적 특성을 분석함으로써 경제 위기 이후 빈곤의 특성과 원인을 분석하였으며, 그 결과 빈곤의 주된 원인으로 저임금(저소득) 등 고용조건 악화를 제시하였다.

김대일(2000)은 우리나라에서 경제활동과 비경제활동을 자주 왕래하는 한계적 참가자가 15세 이상 전체 인구의 14%를 차지하고 있으며, 이 가운데 여성, 저학력 및 장년층 근로자의 비중이 높게 나타나고 있음을 주장한 후 노동시장에서 실업률이 의미하는 바에 대하여 상대적으로 경제활동성이 매우 높은 계층에 국한된 현상이라는 설명과 함께 시장적 요인과 관계없이 상승할 가능성도 존재함을 제시했다. 즉, 노동시장에 참여하고 있는 근로자의 특성 및 성향에 대한 이해가 반드시 선행되어야 함을 시사해 주고 있는데 이는 저소득층 근로자가 이러한 한계근로자에 포함될 가능성이 매우 높다는 점에서 큰 의미를 지닌다.

다음으로 실업상태변화에 대한 연구는 실업탈출에 관한 분석이 주를 이루는데 장지연·호정화(2000)는 경기가 회복되고 실업률이 떨어지는 과정에서 여성이 노동시장에서 경험한 변화를 한국노동패널 1차, 2차 자료를 사용하여 분석하였는데 경기회복기에도 여성의 구직활동은 취업으로 이어질 가능성이 남성보다 낮았고, 구직활동을 포기할 가능성도 높았으며, 미취업상태를 탈출하여 재취업할 가능성이 성공적이지 못한 것은 여성의 경제활동참가율이 증가하고 실업률이 감소하는 시점에서도 마찬가지임을 보여주었다.

권혜자(1997)는 대우패널자료(1994, 1995)를 통하여 노동력 간의 이행확률을 살펴보았는데 특히 정규직에서 비정규직으로 혹은 비정규직에서 정규직으로 이동하는 확률에 초점을 맞추어 분석하였으며, 김장호(1998)는 경제활동인구조사 자료를 이용하여 월별 이행확률을 계산하여 여성실업문제의 중요성과 여성실업의 구조와 형태를 분석하였다.

<표 Ⅱ-5> 실업자 이행과정 관련 연구 비교

연구자	자료	방법	결과
장지연·호정화(2000)	한국노동패널	로짓, 다항로짓	여성의 취업가능성 남자보다 낮음
권혜자(1997)	대우패널 (1994~1995)	이행확률 (Conditional probability)	실업자가 다른 노동력 상태로 이행할 확률은 취업자, 비경, 취업자 순으로 나타남
김장호(1998)	경제활동 인구조사	월별 이행확률	여성이 남성보다 비경으로 이행확률 높고, 기대취업기간이 짧은 것으로 나타남
신동균(1998)	경제활동 인구조사	탈출률, 실업기간	실업탈출률이 전반적으로 높으며, 실업대책의 효과성이 있었던 것으로 나타남
남성일·이화영(1998)	경제활동 인구조사	탈출률, 실업기간	실망실업자의 감소와 남자의 장기 실업비중이 증가하고 있음을 밝힘

신동균(1998)은 경제활동인구월보를 이용하여 1998년 1월부터 7월까지의 월별 노동력이동상태를 분석하였는데 특히, 실업자의 탈출률, 실업기간, 인적속성별 분포 등을 계산하였으며, 남성일·이화영(1998)은 신동균과 같이 경제활동인구조사를 기초로 실업자의 실업기간, 탈출률 등을 분석하였는데 분석기간은 짧으나 실업자의 인적속성, 실업급여 수급 여부 등을 통제하고 있는 특징이 있다.

노동시장 이행과 관련하여 살펴보면, 계층을 구분하지는 않았지만 Evans and Leighton(1989)과 Bogenhold and Staber(1991)는 임금근로자가 자영업자가 되는 확률보다 실업자가 자영업자가 되는 경우 확률이 더 높아 자영업과 실업과는 정의 관계가 있음을 밝혔으며, Taylor(1996)는 그 반대로 임금근로자가 자영업자가 되는 확률이 더 높다고 밝히고 있다.

또한, Evans and Jovanovic(1989)은 자산(family assets)이 많을수록 자영업으로 전환할 확률이 높으며, Blanchflower and Oswald(1998)은 유산이 많은 사람일수록 자영업자가 될 확률이 높음을 보여주고 있다.

이상의 선행연구는 실업자 전체를 분석대상으로 하고 있으므로 이를 실

업정책의 목표그룹 중의 하나인 저소득 미취업자를 대상으로 적용할 필요
가 있으며, 이들의 경제활동상태 변화를 동일한 대상으로 분석함으로써 정
책적인 시사점을 도출할 수 있을 것이다.

제3절 빈곤층의 노동시장과 경제활동

노동의 거래는 노동시장을 통하여 이루어지며, 노동자는 소득을 얻기 위
하여 노동을 제공하고, 기업은 노동시장에서 노동을 고용하여 상품을 생산
하고 이를 상품시장에서 판매하여 이윤을 얻는다. 여기에서 노동을 사고팔
고자 하여 서로 접촉하는 수많은 기업과 개인들의 모임을 노동시장이라고
정의한다. 노동시장은 여러 가지 기준에 의하여 구분될 수 있는데 소득계
층과 연계하여 볼 수 있는 것은 외부 및 내부노동시장, 1차 노동시장 및 2
차 노동시장 등이다.

최근 급격히 증가하고 있는 노동시장의 유연화[7]에 따라 빈곤층 노동시
장은 더욱 위축되고, 빈곤층 노동자들의 경제활동에 큰 제약요인으로 작용
한다. 이와 관련하여 노동시장을 외부노동시장과 내부노동시장, 그리고 1차
노동시장과 2차 노동시장 등으로 구분할 수 있다.

먼저 외부 및 내부노동시장에서 내부노동시장은 임금, 상여금, 퇴직금 등
부가급여로 구성되는 노동의 가격결정과 직무배치 및 승진 등 노동거래의
주요 항목들이 기업 내부의 명문화된 관리규칙과 절차에 의거하여 결정되
는 것을 말한다. 민간대기업이나 공기업의 경우 입직구는 노동시장과 연결

---

7) 노동시장의 유연성은 외부 환경변화에 따라 인적자원을 신속하고 효율적으로
  배분 및 재배분되는 노동시장의 능력을 지칭하며(조우현, 1998), Bernard
  Brunhes(1989)는 노동시장의 유연성 유형을 외부적 수량적 유연성(external
  numerical flexibility), 외부화(externalization), 내부적 수량적 유연성(internal
  numerical flexibility), 기능적 유연성(functional flexibility), 임금유연성(wage
  flexibility) 등 다섯 가지로 구분하였다.

되어 노동시장(외부노동시장)에서 신규채용이 이루어진다. 그러나 기업 내부의 상위직급인 대리, 과장, 부장, 이사 등에 있어서 필요한 인력은 내부승진에 의하여 충원되는데 이 경우 내부노동시장이 존재한다고 할 수 있다.

외부노동시장은 기업 내부의 명문화된 규칙과 절차와 무관한 노동시장 거래에 의하여 임금과 고용이 결정되는 곳이 외부노동시장이며, 일반적으로 외부노동시장을 협의의 노동시장이라고 한다. 신규 학교 졸업자의 노동시장은 기업 내부의 명문화된 규칙과 절차에 따른 노동거래와 무관하므로 외부노동시장이다. 또한 소기업의 경우도 기업 내부의 명문화된 규칙과 절차에 따른 승진이 거의 없고, 경력자가 필요할 때 수시로 외부노동시장에서 직접 채용한다.

다음으로 1차 노동시장과 2차 노동시장에서 1차 노동시장은 높은 임금, 좋은 근로조건과 직장 안정성, 양질의 교육훈련, 승진가능성을 제공하는 기업들이 구인행위를 하는 노동시장이며, 2차 노동시장은 저임금, 열악한 근로조건과 직장의 불안정성, 교육훈련과 승진기회의 부재에 의하여 특징지어지는 기업들이 구인행위를 하는 노동시장이다.

내부노동시장을 가진 기업들은 신참노동자를 외부노동시장에서 선발한 후, 교육훈련을 시키고 승진에 따른 높은 임금과 양호한 근로조건 및 직장 안정성을 보장하므로, 1차 노동시장은 내부노동시장을 가진 기업군이 작용하는 곳이며, 2차 노동시장은 내부노동시장을 갖지 않는 기업군이 작용하는 곳이다.

빈곤층 노동시장은 외부 노동시장과 2차 노동시장 요건을 갖추고 있다고 볼 수 있다. 일단 내부노동시장으로의 진입이 상대적으로 어려워 내부노동시장의 각종 혜택을 입을 수 있는 기회가 상대적으로 박탈될 수 있으며, 빈곤층의 환경 및 인적속성 또한 열악하기 때문에 1차 노동시장으로의 진입이 매우 어려운 것이 현실이다.

노동시장 이중구조의 심화 등으로 소득, 근로조건 등에서 근로자 간 격차 확대 및 고용불안이 가속화 될 위험성이 증가하고 있다. 특히, 우리나라의 노동시장은 복합적이고 다중구조의 양상을 보이고 있으며, 이러한 현상은 앞으로 더욱 심화될 가능성이 제기되고 있다.

노동시장을 1차와 2차 시장으로 단순화 시켜 볼 때, 외환 위기 이후 1차 노동시장이 축소되고, 2차 노동시장이 확대되는 현상이 나타났으며, 이는 중산층의 붕괴, 빈부격차의 확대 등을 통하여 빈곤이 확산되고 있음을 알 수 있다. 또한 1차 노동시장에 속하던 계층이 2차 노동시장으로 이동함에 따라 중산층 심리가 약화되었으며, 2차 노동시장의 상층부에 속하면서 사회 경제적 신분상승을 도모하던 계층의 경제활동 및 심리적인 위축 현상이 일어났다. 〈표 Ⅱ-6〉에서 보듯이 특히, 우리나라의 경우, 2차 노동시장에서 대부분이 중소기업에 종사하며, 비임금근로자의 비중이 높은 것이 특징으로 나타나고 있다.

사실, 외환 위기 이후의 일자리 창출은 실업률 감소에 초점을 두고 이루어져 고용, 일자리의 질과는 관계가 먼 일자리 창출이 이루어졌으나 이제부터는 고용 측면에서 1차 노동시장에서 괜찮은 일자리 창출(2차 노동시장의 취업자 및 신규노동시장 진입자의 1차 노동시장 진출(2차 노동시장 공급 감소) → 2차 노동시장의 임금상승 → 1차, 2차 노동시장 간의 임금(소득)격차 완화 및 빈곤감소)이 지속적으로 이루어져 비정규직 감소 등 보다 안정된 고용환경이 만들어져야 할 것이다. 이러한 노력은 결국 고용의 질을 향상시키고, 근로자 간의 소득격차를 완화하여 중산층의 증가와 빈곤층의 감소 효과를 가져올 것이다.

이러한 현상은 향후 고용불안정성의 증대, 빈부격차의 확대, 사회보장제도의 미비 및 소비수요의 증대 등으로 경제활동참가율의 증가로 나타날 가능성이 있으며, 특히 여성 및 고령자 계층의 경제활동참가율은 뚜렷하게 증가할 것으로 전망된다. 이를 위해서는 청년층, 빈곤층, 여성, 중고령층, 비정규직, 자영업자 등 계층별(Target Specific) 고용정책의 수립 및 추진이 필요하다.

〈표 Ⅱ-6〉1차 노동시장과 2차 노동시장의 특징

1차 노동시장	2차 노동시장
고학력	저학력
고기능	저기능
고소득	저소득
정규직	비정규직
고용안정	고용불안
대기업	중소기업
임금근로자	비임금근로자(자영업자 등)

저부가가치, 저성장기업에서는 시장균형임금을 지급하는 데 반하여 고부가가치, 고성장기업에서는 이직과 직무태만을 방지하고, 근로의욕을 높여 생산성 향상을 도모하기 위하여 균형임금보다 높은 효율성임금(efficiency wage)을 지급하기 때문에 이중노동시장에서의 빈곤층 근로자들은 상대적으로 저임금층에 속할 수밖에 없는 구조적인 특성을 보인다.

노동이동(Labor mobility)이란 노동자의 지역 간, 산업 간, 직종 간, 직업 간 및 기업 간 이동 등을 말한다. 직업 간 이동과 직종 간 이동은 노동자가 생애경력을 추구하는 과정에서의 동일기업 직업상의 상향이동 및 전직에 의한 직업상의 상향이동을 포함한다. 또한 노동이동은 노동자의 자발적인 의사에 의하여 일어나는 자발적 노동이동과 사용자의 강제에 의하여 일어나는 비자발적 이동으로 나눌 수 있다.

직장이동이란 하나의 기업을 중심으로 노동자가 기업으로 들어오는 입직과 기업에서 떠나는 이직을 말한다. 노동이동은 노동자의 지역 간, 산업 간, 직종 간, 기업 간 이동을 지칭하며, 직장이동은 기업을 중심으로 노동력 유입과 퇴장을 말한다. 즉, 직장이동은 기업의 관점에서 본 노동이동이다. 따라서 노동이동이라고 하는 용어는 직장이동을 포괄하는 광의의 개념이 된다(조우현, 1998).

고용과 관련된 개념으로 생산가능인구, 취업자와 실업자를 포함하는 경제활동인구, 비경제활동인구 등이 있는데 이 개념은 국제노동기구(ILO)의

기준에 의하여 정의된다.[8]

생산가능인구는 경제적으로 생산적인 활동이 가능한 일정 연령 이상의 인구를 말하는데 흔히, 만 15세 이상의 인구에서 현역군인, 방위병, 전투경찰, 교도소 수감자, 외국인을 제외한 인구를 말한다.

경제활동인구는 생산가능인구 중에서 노동할 의사와 능력을 가진 사람 구체적으로 취업자와 실업자는 경제활동인구로 분류되고 그렇지 않은 사람은 비경제활동인구로 분류된다.

경제활동인구는 다시 취업자와 실업자로 구분되는데 취업자는 ① 조사대상기간 1주일 동안 수입이 있는 일에 1시간 이상 일한 자(이윤을 목적으로 타인을 고용하였으면 고용주, 또는 타인을 고용하지 않고 이윤을 목적으로 일하였으며 자영업자이며, 임금을 목적으로 일하였으면 피고용자 즉, 임금근로자이다) ② 가족이 경영하는 기업이나 농장에서 수입을 높이는 데 도움을 준 무급가족종사자로서 18시간 이상 일한 자 ③ 일시적인 질병, 일기불순, 휴가 또는 연가, 노동쟁의 등의 이유로 일하지 않고 있는 일시적인 휴직자로 정의된다. 또한 실업자는 ① 무직자로서 ② 최근의 지정된 조사대상기간 1주일 동안 일거리를 찾는 구직활동을 하였으며 ③ 즉시 취업이 가능한 자로 정의된다.

비경제활동인구는 생산가능인구 중 경제활동인구가 아닌 사람은 비경제활동인구로 분류되는데 조사대상기간 1주일 동안 무직자로서, 구직활동을 하지 않은 자 및 즉시 취업할 수 없었던 자가 비경제활동인구이다. 특히, 비경제활동인구 중에서 주목을 받는 범주는 서론에서도 언급한 실망실업자(discouraged worker)[9]들이다. 실망실업자는 불경기에 크게 증가할 것으로 예상되며, 실업자 수에 관한 잘못된 통계를 낳은 교란요인으로 작용하기도 한다.

---

8) 세부용어설명은 통계청(1999) 경제활동인구 용어 및 조우현(1998) 참조.
9) 이와 더불어 부가노동자(additional worker)가 있는데 이는 비경제활동인구가 불경기에 가구주의 가구소득 감소분을 보충하기 위하여 구직활동을 하는 경우를 말하는데 불경기에는 실망노동자와 부가노동자의 크기가 실업률에 큰 영향을 미친다.

노동력상태 간의 이동에 관한 개념10)으로 생산가능인구 중 경제활동인구의 비중인 경제활동참가율, 경제활동인구 중 실업자의 비중인 실업률, 생산활도인구 중 노동시장에서 활용되고 있지 않은 사람의 비중인 비고용률, 취업자 중 임금근로자의 비중인 피고용률 등이 있다.

노동력상태 간 플로우와 이행확률을 살펴보면,11) 금기의 노동시장에서 취업자수, 실업자 수 및 경제활동인구수를 각각 E_t, U_t, N_t라 하고, 일정 시간이 경과한 후의 노동력 상태인 취업자수, 실업자 수 및 비경제활동인구수를 각각 E_{t+1}, U_{t+1}, N_{t+1}의 스톡변수로 하자.

〈표 Ⅱ-7〉 노동시장의 플로우 및 플로우율

구분		(T_{+1})기의 노동력 상태		
		E_{t+1}	U_{t+1}	N_{t+1}
t기의 노동력 상태	E_t	EE(ee)	EU(eu)	EN(en)
	U_t	UE(ue)	UU(uu)	UN(un)
	N_t	NE(ne)	NU(nu)	NN(nn)

t 시점에서 ($t+1$) 시점으로의 노동력 상태 변화를 9개의 서로 다른 경제활동상태 간의 흐름으로 예상해 볼 수 있다. 즉, EE는 t기에 취업자가 ($t+1$)기에도 취업자인 사람 수를, EU는 t기에는 취업자였으나 ($t+1$)기에는 실업자로 이동한 사람의 수를 나타낸다.

또한 〈표 Ⅱ-7〉을 기준으로 이행확률(transition probability)을 볼 수 있는데 t 시점에서 취업자수는 E_t인데 이들 중 ($t+1$)기에는 EE만큼의 사람은 여전히 취업자이며, EU만큼의 사람은 실업자로 이동하고, EN만

10) 경제활동과 관련된 개념으로 경제활동참가율, 실업률, 피고용률 등이 있으며, 다음과 같이 수식으로 쓸 수 있다. 경제활동참가율 = $\frac{B}{A} \times 100$, 실업률 = $\frac{U}{B} \times 100 = \frac{U}{E+U} \times 100$, 피고용률 = $\frac{WE}{E} \times 100$ 단, 여기서 A는 생산가능인구, B는 경제활동인구, C는 비경제활동인구, E는 취업자, U는 실업자, WE는 임금근로자(상용, 임시, 일용근로자)이다.
11) Marston(1976), 조우현(1998) 참조

큼의 사람은 비경제활동인구로 이동하였다. 여기서 $\frac{EE}{E_t}$, $\frac{EU}{E_t}$, $\frac{EN}{E_t}$ 은 각각 t 시점의 취업자가 계속 취업하고 있을 확률, 실업으로 이행할 확률, 비경제활동인구로 이행할 확률을 나타내며, 이를 플로우율(flow rate)이라고 한다.

$\frac{EE}{E_t}$, $\frac{EU}{E_t}$, $\frac{EN}{E_t}$ 의 이행확률을 각각 ee, eu, en으로 표시하면, $ee + eu + en = 1$이 된다. 즉, t 시점에서 실업자 수는 U_t 인데 이들이 각각 E_{t+1}, U_{t+1}, N_{t+1}로 이행할 확률은 각각 ue, un, un으로 나타낼 수 있으며, $ue + uu + un = 1$이 된다.

실업률은 실업이행확률 (eu, en, nu)이 높아질수록 커지므로 eu, en, nu의 증가함수이며, 실업탈출확률 (ue, un, ne)이 높을수록 낮아지기 때문에 ue, un, ne의 감소함수가 됨을 볼 수 있다.

일반적으로 빈곤층과 실업 측면에서 보면 저소득계층 특히, 빈곤층에 속하는 개인은 빈번한 실업을 경험하거나, 비경제활동인구화하여 직업세계에서 필요한 인적자본축적이 저해되어, 그 결과 장래의 임금상승이 억제당함으로써 저임금, 빈곤의 악순환에 빠질 확률이 매우 높다. 그리고 실제로 저소득가구일수록 개인의 경제활동참가율은 낮아지고, 개인의 실업률은 높아지는 것으로 나타나고 있다.

제4절 빈곤 결정요인 분석

본 절에서는 빈곤과 실업의 결정요인과 상호관계를 살펴보고, 복지정책의 효과를 분석해 본다. 특히, 빈곤가구와 가구주의 특성, 가구주의 경제활동상태 변화 및 이들 변수에 영향을 미치는 결정요인을 분석해 본다.

가. 빈곤의 결정요인

1) 분석자료

본 절에서 활용하는 한국노동패널조사(Korea Labor and Income Panel Study: KLIPS)는 비농촌지역에 거주하는 가구와 가구원을 대표하는 패널 표본구성원(5,000 가구에 거주하는 가구원)을 대상으로 1년에 1회 경제활동 및 노동시장, 노동이동, 소득 및 소비활동, 교육 및 직업훈련, 사회생활 등에 관하여 추적 조사하는 종단면(longitudinal survey)조사이다. 본 연구에서 활용하는 부분은 4개연도(1998년의 1차 조사~2001년의 4차 조사)에 걸친 반복적인 조사를 통하여 15세 이상 가구원 개인들의 생애과정에 걸친 변화와 이동, 특히 학교교육, 취업 혹은 노동시장, 노동이동 과정에 해당되는 부분이다.

분석에 사용되는 자료는 한국노동패널조사의 1차 연도(1998), 2차 연도(1999), 3차 연도(2000), 4차 연도(2001)의 4개 연도별 자료이다. 신규 조사자, 탈락자 등의 존재로 인하여 조사에 응답한 가구의 수는 매 조사 시기마다 차이가 발생하며, 이에 따라 각 연도의 자료를 전체로 사용할 경우 표본상의 불일치로 인한 문제가 발생하게 된다. 따라서 이러한 문제점을 해결하기 위하여 1, 2, 3, 4차 연도에 걸쳐 모두 조사에 응답한 가구를 분석대상으로 하였다. 또한 이들 가구 중 소득이 정확히 파악되지 않은 가구(소득항목이 0 혹은 모름/무응답으로 응답한 가구)를 제외한 결과 3,089가구의 자료가 분석에 이용되었다.

2) 분석모형

먼저 빈곤 및 실업의 결정요인은 프로빗모형(Probit Model)을 이용한다. 즉,

$$p \;=\; Pr(Y=0) \;=\; C+(1-C)\,F(x'b)$$

로 쓸 수 있는데 여기서 b는 추정된 모수의 벡터, F는 누적분포함수 (normal, logistic, gompertz), x는 독립변수들의 벡터, p는 반응(response) 의 확률값, C는 자연반응률(natural threshold response rate)이다(SAS Institute, 1994). 여기서 다른 사건의 확률값은 $1-p$이다.

다음으로 실업과 빈곤 결정요인 분석에 기초하여 실업과 빈곤의 상호관계를 구조적 모형(Structural Model)을 이용하여 분석한다. 즉, 실업이라는 위험이 발생하는 것과 빈곤이라는 위험이 발생하는 것이 상호연계성을 갖는다는 모형을 설정하여 실업과 빈곤의 상호관계를 추정하고자 하는 것이다. 특히, 빈곤결정요인에서 실업이 빈곤의 주요 원인으로 작용하고 있는지 여부를 확인하고, 실업에 이은 빈곤의 발생가능성을 이변량 프로빗 모형 (Bivariate Probit Model)을 설정하여 추정한다. 이 모형은 빈곤에 영향을 미치는 다양한 결정요인 중에서 실업의 영향을 구별할 수 있다는 장점이 있다. 분석을 위한 모형은 아래와 같이 설정한다.

실업: $I_1^* = Z_1\gamma_1 + K\delta_1 + \varepsilon_1$

빈곤: $I_2^* = Z_2\gamma_2 + K\delta_2 + \varepsilon_2$

여기에서 I_1^*은 실업을 나타내고, I_2^*는 실업에 이어 빈곤상태에 이른 경우를 나타낸다.

$$I_1 = \begin{cases} 1, \ \text{만약 } I_1^* > 0 \quad \text{(실업)} \\[2ex] 0, \ \text{그렇지 않으면} \quad \text{(비실업)} \end{cases}$$

$$I_2 = \begin{cases} 1, & \text{만약 } I_2^* > 0 \text{ 그리고 } I_1 = 1 \quad (\text{실업이면서 빈곤}) \\ \\ 0, & \text{만약 } I_2^* \leq 0 \text{ 그리고 } I_1 = 1 \quad (\text{실업이면서 비빈곤}) \end{cases}$$

표준화에 의하여, $V(\varepsilon_1) = V(\varepsilon_2) = 1$이 되며, 위의 빈곤식과 실업식의 공분산 행렬은 아래와 같이 주어진다.

$$\Sigma = \begin{bmatrix} 1 & \rho \\ \rho & 1 \end{bmatrix}$$

외생변수로 구성된 Z 벡터는 I_1과 I_2에 영향을 미치는 별도의 변수 벡터를 의미하며, 변수 K는 두 방정식에서 공통으로 포함되는 설명변수이다. P_j의 확률은 비실업, 실업이면서 비빈곤을 표현한 식에 따라, 개별 확률과 함께 아래와 같이 구성된다.

$$P_1 = \Pr(I_1 = 0) = \Pr(I_1^* \leq 0)$$
$$= \Pr(\varepsilon_1 \leq -Z_1\gamma_1 - K\delta_1)$$
$$= 1 - F(Z_1\gamma_1 + K\delta_1)$$
$$P_2 = \Pr(I_2 = 0) = \Pr(I_1^* > 0, \ I_2^* \leq 0)$$
$$= \Pr(\varepsilon_1 > -Z_1\gamma_1 - K\delta_1, \ \varepsilon_2 \leq -Z_2\gamma_2 - K\delta_2)$$
$$= G(Z_1\gamma_1 + K\delta_1, \ -Z_2\gamma_2 - K\delta_2; \rho)$$
$$P_3 = \Pr(I_2 = 1) = \Pr(I_1^* > 0, \ I_2^* > 0)$$
$$= \Pr(\varepsilon_1 > -Z_1\gamma_1 - K\delta_1, \ \varepsilon_2 > -Z_2\gamma_2 - K\delta_2)$$
$$= G(Z_1\gamma_1 + K\delta_1, \ Z_2\gamma_2 + K\delta_2; \rho)$$

여기에서 $F(\,\cdot\,)$과 $G(\,\cdot\,)$는 표준화된 단일변량(univariate)와 이변량 (bivariate) 정규분포함수(normal distribution function)이다. 분석에서 사용될 표본은 아래와 같이 독립적인 세 가지의 부표본(subsample)[12]으로 구성된다.

S_1: 비실업

S_2: 실업이면서 비빈곤

S_3: 실업이면서 빈곤

전체 표본에 대한 우도함수(likelihood function)는 아래와 같은 형식을 취한다.

$$L = \prod_{s1} [1 - F(Z_1\gamma_1 + K\delta_1)]$$
$$\cdot \prod_{s2} G(Z_1\gamma_1 + K\delta_1, \ -Z_2\gamma_2 - K\delta_1; \rho)$$
$$\cdot \prod_{s3} G(Z_1\gamma_1 + K\delta_1, \ Z_2\gamma_2 + K\delta_2; \rho)$$

이 모형의 추정 가능한 모수(parameters)는 γ_1, γ_2, δ_1, δ_2, ρ인데, 위 식의 극대화 문제를 풀면 $\widehat{\gamma_1}$, $\widehat{\gamma_2}$, $\widehat{\delta_1}$, $\widehat{\delta_2}$, $\widehat{\rho}$과 일치하는 추정치를 구할 수 있다.[13]

---

12) 부표본은 S_1(비실업, 비빈곤), S_2(비실업, 빈곤), S_3(실업, 비빈곤), S_4(실업, 빈곤) 등 네 가지로 구성될 수 있으나, 분석의 초점이 실업의 경험 여부와 빈곤과의 연관 관계에 맞추어져 있으므로 비실업의 부표본은 분석 대상 표본에서 하나의 범주로 묶어서 제시하였다.

13) 즉, 이변량 프로빗 순차적 모형(bivariate probit sequential model)을 기초로 한 우도함수이다.

3) 빈곤의 정의 및 실태

가) 빈곤의 정의

본 연구에서 사용된 빈곤의 개념[14]은 중위소득의 1/2 이하를 빈곤으로 정의하는 유사상대 빈곤이다. 이유는 유사상대빈곤 개념은 절대적 빈곤의 개념과 상대적 빈곤의 개념이 일정정도 통합되어 있기 때문이다. 유사상대빈곤의 개념에는 '평균적인 생활수준을 유지하기 위해 필요한 기본적인 필요의 충족'이라는 개념이 포함되어 상대성과 함께 기본필요 충족이라는 개념이 동시에 포함되어 있다. 또한 중위소득의 1/2 이하를 빈곤으로 정의할 경우 최근 이루어진 많은 연구들[15]과 비교가 가능하다는 이점을 가질 수 있다.

상이한 가구의 인구 및 경제사회적 특성을 반영하여 각 가구가 동일한 후생을 누리는 동일소득으로 환산하는 것이 필요한데 이를 위한 환산지수를 동등화지수(또는 균등화지수, equivalent scale)라고 한다(현진권·강석훈, 1998). 가구 규모에 따른 편차를 조정하는 방법으로 사용되는 가구균등화지수(equivalence scale)는 최저생계비 계측 시 이용하는 방법과 가구 규모별 소비지출의 차이를 반영하는 모수값 S^E ($0 \leq E \leq 1$, 여기서 S

---

14) 빈곤의 개념에 대한 논의는 주로 빈곤의 절대성과 상대성을 중심으로 진행되어 왔으며, Rowntree(1901)는 절대적 빈곤에 대한 개념을, Veit-Wilson(1986)은 절대적 빈곤개념의 상대적 측면을 강조하였다. 빈곤을 측정하는 방법으로는 Ghez & Becker(1975), Orshansky(1965) 등이 소비수준을 빈곤측정 기준으로 주장했다. 소득기준 측정방법 중 순수상대빈곤 개념에 입각한 방법은 소득 분배상의 하위 일정비율을 빈곤으로 정의하는데 대표적으로 소득분배 상 하위 10%를 빈곤으로 정의하는 Miller & Roby(1970), 20%를 빈곤으로 정의하는 Blinder(1980), 40%를 빈곤으로 정의하는 Chenery(1974) 등이 있다. 유사상대빈곤 개념에 입각한 방법은 평균소득 혹은 중위소득을 이용하여 지표의 특정 비율 이하를 빈곤선으로 정의하며, 이 개념에 입각하여 Townsend는 평균소득의 80% 이하를, Fuchs(1967)는 중위소득의 1/2 이하를, World Bank는 평균소득의 1/3 이하를 빈곤층이라고 각각 정의하였다.

15) 최근 금재호·김승택(2001), OECD(2001) 결과를 토대로 본 연구에서도 이러한 기준을 적용하였다.

는 가구원 수)을 이용해서 조정하는 방법 등이 있다(이혜경·김진욱, 2001: 정진호 외, 2002). 이러한 가구균등화지수는 한 사회의 표준적인 가구형태와 소비형태를 감안하여 산출되는 것이므로 대상이 되는 국가나 연구 시점 등의 조건에 따라서 상이하게 나타날 수 있다.

본 연구에서는 전체 가구의 소득을 기준으로 빈곤층을 결정하기 때문에 OECD 가구균등화지수 즉, 가구원 수의 제곱근을 사용하였다. 이러한 빈곤에 대한 정의를 기초로 하여 본 연구에서는 빈곤을 가구단위로 발생하는 사회현상으로 보고, 빈곤가구의 판단기준으로 전체 가구소득을 사용하였다. 가구는 가구원의 수, 연령, 장애유무 등 인구학적 특성에 따라 다양한 형태를 보이며, 이러한 가구의 특성에 따라 동일한 소득을 갖는 경우라도 가구에 속해 있는 개인들이 누리게 되는 경제적 후생의 수준이 달라지기 때문이다.

분석대상 가구의 소득분포를 〈표 Ⅱ-8〉에서 볼 수 있다. 가구 평균소득은 1998년 153만 원에서 1999년 159만 원, 2000년에는 170만 원, 2001년에는 182만 원으로 나타나 지속적으로 증가하는 것으로 관찰되었다. 또한 가구원 1인당 평균소득도 1998년에는 45만 원에서 1999년 46만 원, 2000년에는 51만 원, 2001년에는 54만 원으로 꾸준히 증가하고 있으며, 가구 평균소득과 유사한 증가세를 보이고 있다.

〈표 Ⅱ-8〉 가구소득 분포

(단위: 만 원)

구 분	1998년	1999년	2000년	2001년
가구 평균소득	153.3 (145.3)	159.3 (149.6)	169.7 (220.3)	182.4 (172.0)
가구원 1인당 평균소득	45.0 (44.7)	46.1 (42.8)	51.3 (61.2)	54.2 (49.3)

주: ( )은 표준편차임
자료: 한국노동연구원(1998~2001), 한국노동패널 원자료

가구의 전체 소득을 파악할 때 주의해야 할 점은 가구원 수가 고려되지 않고 있다는 것이다. 가구원 수가 적을 경우, 가구원 1인당 소득은 높음에

도 불구하고 소득이 있는 가구원 수가 작음으로 인해 가구소득이 낮게 나타날 수 있다. 이런 현상은 특히 20대 가구주 가구에 나타날 가능성이 높으며, 이에 따라 빈곤층에 20대 가구주 가구가 부당하게 편입될 가능성이 높다. 우리는 이러한 문제점을 해결하기 위해 OECD가 제시한 가구균등화지수(equivalence scale)[16] 즉, 가구원 수의 제곱근 ($\sqrt{n}$)을 가중치로 부여하였으며, 가중치가 부여된 소득을 빈곤가구를 결정하는 기준으로 사용하였다.

가구균등화지수를 반영한 가구 평균소득은 〈표 Ⅱ-9〉와 같다. 1998년에 81만 원에서 1999년 84만 원, 2000년 91만 원, 2001년 97만 원으로 증가세를 보이고 있으며, 가구균등화지수를 반영하지 않은 가구 평균소득보다 각각 72만 원, 75만 원, 79만 원, 85만 원의 차이가 있음을 알 수 있다. 가구원 1인당 평균소득 역시 1998년에는 27만 원, 1999년 27만 원, 2000년 31만 원, 2001년 32만 원으로 가구균등화지수를 반영하지 않은 소득과 각각 18만 원, 19만 원, 20만 원, 22만 원의 차이가 있는 것으로 나타났다. 가구 평균소득 및 가구원 1인당 평균소득이 점진적으로 증가하는 추세는 가구균등화지수 반영 여부와 무관하게 발견할 수 있다.

〈표 Ⅱ-9〉 가구균등화지수를 반영한 소득 분포

(단위: 만 원, 명)

구 분	1998년	1999년	2000년	2001년
가구 평균소득	81.0 (74.5)	83.7 (74.5)	90.9 (111.4)	97.0 (86.0)
가구원 1인당 평균소득	26.7 (33.1)	27.1 (31.3)	30.9 (39.8)	32.3 (35.6)
중간값 (median)	67.5	70.0	75.0	83.3
평균 가구원 수	3.6 (1.4)	3.6 (1.4)	3.5 (1.4)	3.5 (1.4)

주: ( )은 표준편차임
자료: 한국노동연구원(1998~2001), 한국노동패널 원자료

---

16) 가구균등화지수는 서로 다른 가구규모 및 가구구성원을 가진 가구원들 사이의 생활수준을 비교하기 위한 기술적 지수를 의미한다.

〈표 Ⅱ-10〉에서 빈곤가구 수 및 빈곤가구[17]의 비중을 볼 수 있다. 빈곤
가구 수는 1998년에는 567가구(18.6%)에서 1999년에는 585가구(18.9%)로
2000년에는 541가구(17.5%)로, 2001년에는 572가구(18.5%)로 나타나 전체
가구에서 차지하는 규모는 큰 변화가 없는 것으로 나타나고 있다. 이를 통
하여 분석대상 기간 동안 빈곤계층이 줄어들지 않고 있음을 알 수 있다.

〈표 Ⅱ-10〉 빈곤 가구 수

(단위: 가구, %)

구 분	1998년	1999년	2000년	2001년
전 체	3,089 (100.0)	3,089 (100.0)	3,089 (100.0)	3,089 (100.0)
빈곤 가구	567 (18.4)	585 (18.9)	541 (17.5)	572 (18.5)
비빈곤 가구	2,522 (81.6)	2,504 (81.1)	2,548 (82.5)	2,517 (81.5)

주: ( )은 표준편차임
자료: 한국노동연구원(1998~2001), 한국노동패널 원자료

빈곤가구의 소득 분포를 〈표 Ⅱ-11〉에서 살펴보면, 가구 평균소득은
1998년 19만 원에서 1999년 21만 원, 2000년에는 22만 원, 2001년에는 22만
원으로 꾸준하게 증가하고 있다. 또한, 가구원 1인당 평균소득 및 빈곤선은
지속적으로 증가하고 있으며, 평균가구원 수는 보합세를 보이다가 2000년
이후 들어서는 감소하는 것으로 나타나고 있다.

---

17) 「한국노동패널」 조사에서의 이전소득은 연금 등 사회보험에서 받은 소득을 제
외한 기타 소득으로 정의되어 있고, 이전소득 또한 정부보조금, 사회단체보조
금, 친척/친지보조금, 기타 보조금 등으로 세분화, 혼재되어 있으며, 특히, 1차
조사(1998)에는 이 또한 구분이 되어 있지 않아 일관성유지에 문제가 있어 본
분석에서는 이를 반영하지 않았다.

〈표 Ⅱ-11〉 빈곤 가구의 소득분포

(단위: 만 원, 명)

구 분	1998년	1999년	2000년	2001년
가구 평균소득	19.3 (8.7)	21.1 (9.5)	22.5 (10.4)	21.8 (11.2)
가구원 1인당 평균소득	8.5 (6.5)	8.9 (6.7)	10.7 (7.5)	10.6 (8.2)
빈곤선 (median의 50%)	20.4	22.4	24.8	23.0
평균 가구원 수	3.0 (1.5)	3.1 (1.6)	2.7 (1.4)	2.7 (1.5)

주: ( )은 표준편차임
자료: 한국노동연구원(1998~2001), 한국노동패널 원자료

나) 빈곤실태

한 나라의 빈곤상태를 측정하기 위하여 빈곤선의 설정 이후 고려해야
할 것은 빈곤의 정도를 측정하는 지수를 선택하는 것이다. 일반적으로 가
장 많이 사용되는 빈곤측정 지수는 빈곤율(Head-Count Ratio: HR)이다.
빈곤율은 소득 수준이나 지출 수준이 빈곤선 이하인 가구 수가 전체 가구
에서 차지하는 비율이며, 다음과 같이 표현할 수 있다.

$$HR(x, \pi) = \frac{q}{n}$$

여기서, n은 전체가구 수, q는 빈곤가구 수, x는 가구소득, π는 빈곤선
을 의미한다. 이 방법은 계산의 용이함으로 인하여 많이 사용하지만 빈곤의
규모(extend), 얼마나 많은 가구가 빈곤상태에 빠져 있는가를 설명할 수 있
는 데 반하여 빈곤의 깊이(death), 빈곤의 정도가 얼마나 심각한가를 설명하
지 못하는 한계가 있다. 이러한 한계로 인해 빈곤율과 함께 사용되는 지수로
는 빈곤갭(Poverty Gap)이 있다. 개인 혹은 가구로 구성된 경제에서 빈곤층
에 속한 i의 빈곤갭은 빈곤선과 i의 소득 격차 ($\pi - x_i$)로 정의되며, 사회
전체의 빈곤갭 비율(Poverty Gap Ratio: PGR)은 다음과 같이 정의된다.

$$PGR = \frac{1}{q} \cdot \frac{\sum_{x=1}^{q}(\pi - x_i)}{\pi}$$

즉, 총 빈곤갭/(빈곤선 이하에 있는 가구×빈곤선)이 빈곤갭 비율이 된다. 〈표 Ⅱ-12〉는 빈곤율과 빈곤갭 비율을 이용하여 3개년 동안의 빈곤실태를 측정한 결과이다.

〈표 Ⅱ-12〉 연도별 빈곤율 및 빈곤갭 비율

(단위: %)

구 분	1998년	1999년	2000년	2001년
빈곤율	18.4	18.9	17.5	18.5
빈곤갭 비율	42.8	39.9	40.5	41.3

자료: 한국노동연구원(1998~2001), 한국노동패널 원자료

측정결과, 빈곤율[18]은 1998년 18.4%에서 1999년 18.9%로 증가한 후 2000년에는 17.5%로 감소했다가 다시 2001년에는 18.5%로 증가했으며, 빈곤갭 비율은 1998년에 42.8%에서 1999년 39.9%로 감소하였다가 2000년에는 40.5%, 2001년에는 41.3%로 다시 증가하였다. 하지만 전체적으로는 3개 연도 모두 유사한 수준과 변화정도를 유지하고 있음을 볼 수 있다.

〈표 Ⅱ-13〉은 각 연도별로 가구주 특성별 빈곤가구의 비중을 보여주고 있다. 표에서 알 수 있듯이 여성가구주 가구 중 빈곤가구의 비중은 각각 39.5%, 40.2%, 41.3%로 남성가구주 비중보다 3배 가까이 높게 나타났다. 연령별로는 60세 이상 가구주 가구 중 빈곤가구의 비중이 40% 이상인 것으로 나타났으며, 그 비중은 점차 줄어들고 있음을 볼 수 있다.

---

18) 일반적으로 빈곤율을 계산할 때 빈곤선으로 많이 사용되는 것은 최저생계비이다. 따라서 이러한 방식으로 제시된 빈곤율은 절대적 빈곤율이라고 할 수 있다. 하지만, 본 연구에서 사용하는 빈곤의 개념은 유사상대 빈곤이며, 빈곤율 계산에 사용된 빈곤선 역시 중위소득의 50%이다. 즉 본 연구의 빈곤율은 유사상대 빈곤율이라고 할 수 있다.

<표 Ⅱ-13> 가구주 특성별 빈곤가구의 비중

(단위: 명, %)

구분		1998			1999			2000			2001		
		전체가구(A)	빈곤가구(B)	(B/A)	전체가구(A)	빈곤가구(B)	(B/A)	전체가구(A)	빈곤가구(B)	(B/A)	전체가구(A)	빈곤가구(B)	(B/A)
총계		3,089	567	18.4	3,089	585	18.9	3,089	541	17.5	3,089	572	18.5
성별	남자	2,661	391	14.7	2,639	399	15.1	2,626	352	13.4	2,616	361	13.8
	여자	428	176	41.1	450	186	41.3	463	189	40.8	473	211	44.6
연령	19세 이하	2	0	0.0	3	1	33.3	1	1	100.0	1	1	100.0
	20~29	179	10	5.6	149	10	6.7	72	4	5.6	48	9	18.8
	30~39	799	69	8.6	772	73	9.5	727	49	6.7	641	48	7.5
	40~49	833	100	12.0	852	107	12.6	869	88	10.1	911	109	12.0
	50~59	652	96	14.7	649	98	15.1	677	92	13.6	695	85	12.2
	60세 이상	624	292	46.8	664	296	44.6	743	307	41.3	793	320	40.4
학력	초졸 이하	786	314	39.9	768	327	42.6	790	305	38.6	799	313	39.2
	중졸	496	99	20.0	492	98	19.9	492	91	18.5	522	105	20.1
	고졸	1,142	113	9.9	1,153	126	10.9	1,144	118	10.3	1,099	121	11.0
	전문 대졸	145	9	6.2	150	11	7.3	147	6	4.1	149	9	6.0
	대졸 이상	520	32	6.2	526	23	4.4	516	21	4.1	520	24	4.6
가구원 수	2인 이하	677	260	38.4	658	240	36.5	766	280	36.6	738	298	40.4
	3인	590	97	16.4	560	108	19.3	579	106	18.3	563	100	17.8
	4인	1,148	124	10.8	1,159	125	10.8	1,148	90	7.8	1,183	95	8.0
	5인	472	48	10.2	505	74	14.7	441	51	11.6	445	55	12.4
	6인 이상	202	38	18.8	207	38	18.4	155	14	9.0	160	24	15.0
사회보험 수혜여부	있음	108	31	28.7	120	11	9.2	122	22	18.0	154	39	25.3
	없음	2,981	536	18.0	2,969	574	19.3	2,967	519	17.5	2,935	533	18.2
입주형태	자가	1,853	374	20.2	166	13	7.8	104	6	5.8	1,861	359	19.3
	전세	871	115	13.2	252	27	10.7	206	18	8.7	875	122	13.9
	월세	254	52	20.5	75	17	22.7	47	12	25.5	221	55	24.9
	기타	111	26	23.4	19	5	26.3	23	4	17.4	132	36	27.3

자료: 한국노동연구원(1998~2001), 한국노동패널 원자료

학력별로는 초졸 이하, 중졸 가구주 가구 중 빈곤가구의 비중이 높았다. 가구원 수를 중심으로 볼 때에는 2인 이하 가구의 빈곤비중이 높은 것으로 나타났으며, 입주형태[19]로 보면 월세 및 기타가구의 빈곤비율이 높은 것으로 나타났다.

빈곤의 결정요인을 분석하기 위해 종속변수에 빈곤인 경우 1, 비빈곤의 경우 0의 값을 주고 Probit 분석[20]을 실시하였다.

설명변수로 사용된 가구 또는 가구주의 특성은 일반적인 특성, 고용관련 특성, 사회보험관련 특성으로 분류될 수 있다. 먼저, 가구의 일반적인 특성으로 가구주의 성, 연령, 학력과 가구원 수를 포함하였으며, 빈곤과 고용상태 변화를 알아보기 위하여 종사상지위를 설정하여 분석하였다. 또한, 실업과 사회보험수급*실업 등을 사회보험관련 변수로 포함하였다. 연령을 제외한 각각의 변수들은 더미변수인데, 성은 여성을 기준으로 남성변수가, 학력은 고졸을 기준으로 초졸 이하, 중졸, 전문대졸, 대졸 이상 변수가, 고용상태는 상용직을 기준으로 임시직/일용직변수가 각각 사용되었다. 그리고 실업의 경우 비실업을 기준으로 실업변수가 사회보험수급의 경우 사회보험미수급을 기준으로 사회보험 수급변수가 사용되었다.

〈표 Ⅱ-14〉는 빈곤의 결정요인에 대한 분석 결과를 제시한 것이다. 성별로는 남성의 경우, 빈곤 가능성이 여성보다 낮게 나타났다. 이는 앞서 빈곤가구의 특성에서 여성가구주 가구의 빈곤비중이 높게 나온 것과 일치하는 것이다. 한편, 연령은 음의 부호, 연령제곱은 양의 부호를 가지는 것으로 유의하게 나타났는데, 이는 연령이 높아질수록 빈곤가능성이 낮아지다가 어느 정도 연령층이 지나서 고령층으로 갈수록 빈곤가능성이 다시 높아지는 이른바 연령별 빈곤확률이 U자형을 가질 가능성이 높아진다는 것을 의미한다. 고졸을 기준으로 한 학력을 보면, 학력이 초졸 이하와 중졸일 경우 빈곤가능성이 높은 것으로 나타났으며, 전문대졸이거나 대졸 이상일 경우에는 빈곤가능성이 낮은 것으로 나타났다. 따라서 고학력일수록 상대적으로 빈곤에 빠질 확률이 적은 것으로 해석할 수 있다. 가구원 수는 많을수록 빈곤가능성이 낮으나 이는 유의하지 않게 나타났다.

---

19) 입주형태 항목은 조사 첫 해와 4차 연도에는 모두 응답하였으나, 2차 연도에는 512가구, 3차 연도에는 380가구만이 응답하였다.

20) 빈곤결정요인에 대한 logit 분석을 한 기존 연구(김승택·금재호, 2001)에 따라 본 연구에서는 logit 분석도 시도하였지만 probit 분석 결과와 다르지 않았다.

〈표 Ⅱ-14〉 빈곤 결정요인 분석(Probit analysis)

변 수 명		계수	표준오차
상수항		2.074***	0.686
가구주 성별(남자)		-0.853***	0.133
가구주 연령		-0.148***	0.028
가구주 연령제곱		0.002***	0.001
가구주 학력(고졸)	초졸 이하	0.863***	0.126
	중졸	0.549***	0.123
	전문대졸	-0.522**	0.261
	대졸 이상	-0.608***	0.151
가구원 수		-0.011	0.037
주택소유(보유)		-0.033	0.096
가구주 종사상지위(상용직) 임시직		0.025	0.243
	일용직	0.856***	0.174
	고용주/자영업자	-0.256***	0.103
	가족종사자	-0.416	0.459
미취업		1.141***	0.120
사회보험수급*미취업		-0.176***	0.405
-2 Log L		4022.162	
N		3,089	

주: 1) 가구주 종사상지위에서는 자료의 제약 상 취업자만을 더미 처리하였음
2) ***, **, *는 각각 1%, 5%, 10% 유의수준임
자료: 한국노동연구원(1998~2001), 한국노동패널 원자료

가구원 수가 많을수록, 주택을 소유의 경우에 빈곤가능성이 낮으나 유의하지 않게 나타났다. 또한, 빈곤과 고용상태와의 관계에서 종사상지위가 임시직 및 일용직일 경우에는 빈곤가능성이 높고, 고용주 혹은 자영업자, 가족종사자일 경우에는 낮아 노동시장에서의 종사상지위에 따라 빈곤에 큰 영향을 미침을 발견할 수 있다.

실업변수의 경우에도 실업과 비경제활동을 포함하는 미취업상태 일수록 빈곤가능성이 높게 나타났으며, 실업이 빈곤을 유도하는 계수변화를 보기 위하여 도입한 사회보험수급*미취업에서는 실업이 빈곤에 미치는 영향을 낮추는 것으로 나타났다. 이는 실업급여수급이 빈곤에 미치는 확률을 줄여

주고, 빈곤의 위험도를 감소시켜 준다는 것을 의미하며, 또한 실업이 빈곤에 직접적인 영향을 미치고 있음을 확인시켜 주는 것이라 하겠다.[21]

나. 빈곤과 실업의 관계

1) 실업과 빈곤의 상호관계

〈표 Ⅱ-15〉는 가구주의 실업경험 유무와 가구의 빈곤 경험 유무를 표로 그린 것이다. 가구주가 4개연도 중 한 번이라도 실업상태에 놓여 있었다면 U, 그렇지 않은 경우는 $\overline{U}$로 표시하였다. 또한 가구가 한 번이라도 빈곤에 놓여 있었다면 P, 한 번도 빈곤에 놓여 있지 않았다면 $\overline{P}$로 표시하였다. 조사 결과, 가구주가 한 번이라도 실업 상태에 놓여 있었던 경험이 있는 가구의 수는 475가구이고, 가구가 한 번이라도 빈곤상태를 경험했던 가구의 수는 1,106가구이다.

〈표 Ⅱ-15〉 실업 및 빈곤 경험 유무

구 분	P (빈곤)	$\overline{P}$ (비빈곤)	계
U (실업)	263 (8.5)	212 (6.9)	475 (15.4)
$\overline{U}$ (비실업)	843 (27.3)	1,771 (57.3)	2,614 (84.6)
계	1,106 (35.8)	1,983 (64.2)	3,089 (100.0)

자료: 한국노동연구원(1998~2001), 한국노동패널 원자료

표에서 보면 [$\overline{U}$, $\overline{P}$]에 속한 1,771가구가 실업이나 빈곤을 한 번도 경

---

21) 빈곤결정요인분석에 활용한 변수를 그대로 실업결정요인분석에 적용하여 본 결과, 여성일수록, 연령이 높을수록 실업가능성이 높게 나타났으며, 연령자승의 경우에는 나이가 들수록 실업가능성이 높고, 나이가 많으면 줄어드는 역U자형을 보였다. 학력에서도 중졸에서는 실업가능성이 높으며, 대졸 이상에서는 낮을수록 실업가능성이 낮고, 사회보험수급을 받을수록 실업가능성이 높게 나타났다.

험하지 않았음을 알 수 있다. 이는 전체 가구 수의 약 2/3에 해당하는 가구가 사회안전망의 도움 없이 평균적인 생활수준을 유지할 수 있음을 보여준다. [U, $\overline{P}$]에 속한 212가구는 실업은 경험하였지만, 빈곤은 경험하지 않은 가구로 주로 중산층 이상 가구로 생각할 수 있다. 이들의 경우 외환위기 이후 한시적으로 실직을 경험한 가구와 항상 실직상태에 놓여있는 가구로 구분할 수 있을 것인데, 어떠한 경우이든 일정 정도 이상의 자산소득으로 평균적인 생활수준 유지가 가능한 가구이다. [$\overline{U}$, P]는 조사 연도에 실업을 경험하지 않았지만 빈곤을 경험한 가구이다. 분석 결과 약 27%의 가구가 실업 경험과 상관없이 빈곤상태에 놓여 있으며, 사회안전망 혜택이 필요한 가구인 것으로 밝혀졌다. 마지막으로 [U, P]에 속해 있는 263가구는 실업 및 빈곤을 한 번 이상 경험한 가구로 본 연구에서 가장 주목하는 가구이다. 이들 가구는 빈곤을 경험한 가구이지만 실업경험 여부가 빈곤에 영향을 미쳤을 가능성이 높다는 점에서 [$\overline{U}$, P]에 속한 843가구와 차이가 있다. 따라서 이들 가구에는 빈곤대책으로 집중적인 재취업 훈련 등이 유용할 수 있다. 우리는 다음 장에서 이들 가구를 대상으로 실업이 빈곤에 중요한 영향을 미치는가 여부를 분석할 것이다.

〈표 Ⅱ-16〉은 4개년 동안 한 번이라도 빈곤 혹은 실업을 경험한 가구의 가구주 특성별 비중을 보여준다. 빈곤을 경험한 가구의 특징은 앞서 각 연도별로 살펴본 것과 유사하다.

여성가구주 가구 중 한 번이라도 빈곤을 경험한 가구의 비중은 66.8%로 남성가구주 가구보다 2배 이상 높게 나타났으며, 연령별로는 60세 이상 가구주 가구 중 한 번이라도 빈곤을 경험한 가구의 비중은 65.2%나 되었다. 학력별로는 가구주학력이 초등학교 졸업 이하인 경우 64.8%가 넘는 가구가 한 번 이상 빈곤을 경험했으며, 입주형태별로 보면 월세 혹은 기타 가구의 빈곤경험 비중이 높았다.

실업과 관련해서 보면 가구주가 남성인 경우 실업을 경험한 가구의 비중이 15.5%인 데 비해 가구주가 여성인 경우에는 14.8%로 남성보다 오히려 낮은 것으로 나타났다. 이는 여성의 실업가능성이 높기 때문이기보다는 우리나라의 낮은 여성 취업률을 고려할 때 여성가구주 중 취업인구의 비중이 낮기 때문인 것으로 보인다. 즉, 대다수의 여성가구주의 경우 임금근로자가 아닌 자영업자로 분류되기 때문으로 보인다. 연령별로는 가구주가 20~29세인 경우와 60세 이상인 경우의 비중이 높게 나타나, 청년실업 및 고령인구 실업이 심각한 것으로 나타났다.

〈표 Ⅱ-16〉 빈곤 및 실업경험가구의 특성(1998~2001)

(단위: 명, %)

구분		전체가구 (A)	빈곤		실업	
			빈곤경험 가구(B)	B/A	실업경험 가구(C)	C/A
총계		3,089	1,106	35.8	475	15.4
성별	남자	2,616	790	30.2	405	15.5
	여자	473	316	66.8	70	14.8
연령	19세 이하	1	1	100.0		0.0
	20~29	48	15	31.3	16	33.3
	30~39	641	117	18.3	68	10.6
	40~49	911	234	25.7	132	14.5
	50~59	695	222	31.9	127	18.3
	60세 이상	793	517	65.2	132	16.6
학력	초졸 이하	799	518	64.8	130	16.3
	중졸	522	218	41.8	104	19.9
	고졸	1,099	276	25.1	170	15.5
	전문대졸	149	20	13.4	14	9.4
	대졸 이상	520	74	14.2	57	11.0
가구원 수	2인 이하	738	435	58.9	118	16.0
	3인	563	210	37.3	117	20.8
	4인	1,183	274	23.2	162	13.7
	5인	445	122	27.4	60	13.5
	6인 이상	160	65	40.6	18	11.3
사회보험 수혜여부	있음	154	71	46.1	32	20.8
	없음	2,935	1,035	35.3	443	15.1
입주형태	자가	1,861	680	36.5	254	13.6
	전세	875	260	29.7	155	17.7
	월세	221	106	48.0	46	20.8
	기타	132	60	45.5	20	15.2

자료: 한국노동연구원(1998~2001), 한국노동패널 원자료

또한 학력별로는 고졸 이하인 경우 실업경험 비중이 높게 나타나 전문 대졸 이상의 전문직·관리직보다는 고졸 이하의 미숙련자의 실업이 심각함을 보여주고 있다. 따라서 청년층에 대한 직업교육훈련이 유의한 실업대책이 될 수 있음을 시사하고 있는 것으로 볼 수 있다.

본 연구에서는 실업과 빈곤의 상호관계를 살펴보기 위해서 가구주가 한 번이라도 실업을 경험하였고, 또한 동시에 한 번이라도 빈곤상태를 경험하였던 263가구 [U, P]가 최초로 실업을 경험한 시기, 최초로 빈곤을 경험한 시기를 기준으로 재분류하였다. 즉, 각 조사 연도별로 실업과 빈곤을 동시에 경험한 경우와 당해연도 조사와 익연도 조사에서의 실업 혹은 빈곤의 교차 경험 여부를 조사하여 상호관계를 파악하였다. 이러한 과정을 통하여 〈표 Ⅱ-17〉에 제시된 결과를 보면, 조사기간 동안 각 조사 연도별로 실업이 발생한 시기에, 동시에 빈곤이 나타난 가구는 170가구로 전체 가구의 64.6%에 달하였다. 실업이 빈곤에 선행한 가구는 29가구로 11.1%를 차지하였고, 빈곤이 실업에 선행한 가구는 64가구로 24.3%였다.

빈곤이 실업과 동시에 나타나거나 실업 발생 후 나타나는 비중은 대상 가구의 75.7%에 달하는 것으로 나타났다. 따라서 빈곤과 실업을 동시에 경험한 가구의 경우, 실업이 빈곤을 유발하는 중요한 원인이라고 볼 수 있다.

〈표 Ⅱ-17〉 빈곤과 실업의 상호관계

(단위: 가구, %)

가구 유형	가구 수	비중
실업과 빈곤이 동시에 나타난 가구	170	64.6
실업이 빈곤에 선행한 가구	29	11.1
빈곤이 실업에 선행한 가구	64	24.3
계	263	100.0

자료: 한국노동연구원(1998~2001), 한국노동패널 원자료

2) 실업과 빈곤의 정책 효과

실업과 빈곤의 상호 분석 모형에 사용된 변수는 실업과 빈곤 각각의 분석에 사용된 변수와 동일하며, 분석대상 표본은 전체 3,089가구와 전체 가구 중 실업을 경험한 475가구이다. 순차적 결정모형은 실업이 먼저 발생한 다음 빈곤으로 이행한 가구의 결정요인을 살펴보는 것이며, 실업에 대한 결정요인은 전체 표본에서 추정된다. 두 가지 결정과정의 순차적 특성과 선택(빈곤으로의 이행)과정은 이 모형에서 밀접한 관계를 가지며, 큰 영향을 미친다.

〈표 Ⅱ-18〉은 Bivariate Probit 모형으로 추정된 실업과 실업의 뒤를 이어 나타나는 빈곤 현상을 분석한 결과를 보여주고 있는 데 앞서 분석한 빈곤 결정요인 분석과 유사한 결과를 보여준다. 실업의 경우, 남자일수록, 연령이 높을수록 실업가능성이 높게 나타나고 있으며, 중졸에서 실업가능성이 높고, 대졸 이상에 낮게 나타나 학력이 실업에 큰 영향을 미침을 볼 수 있다. 또한 사회보험수급이 실업가능성이 높아져 현재의 사회보험제도가 실업과 밀접한 연관관계를 가짐을 알 수 있다.

이러한 실업이라는 변수가 뒤를 이어 나타나는 빈곤에 어떠한 영향을 미치는가를 살펴본 결과, 여성일수록, 연령이 높을수록 빈곤가능성은 낮게 나타나고 있다. 여기에서도 연령이 음의 부호, 연령제곱이 양의 부호를 가지는 것으로 유의하게 나타나 연령이 높아질수록 빈곤가능성이 낮아지며, 일정 연령층이 지나 고령층이 될수록 빈곤가능성이 다시 커지는 연령별 빈곤확률이 U자형을 가질 가능성이 있음을 의미한다. 학력 또한 앞에서 살펴보았듯이 저학력일수록 빈곤가능성이 높으며, 고학력일수록 빈곤가능성이 낮음을 보여주고 있다. 주택소유 여부에서도 주택을 보유할수록 빈곤가능성이 낮으며, 가구주의 종사상지위에서는 상용직에 비하여 임시직과 일용직에서 빈곤가능성이 높게 나타났다. 특히, 여기에서도 사회보험수급*실업 변수가 높을수록 빈곤가능성이 낮게 나타나 실업이 빈곤에 미치는 영향을 줄여줌을 알 수 있다. 이는 실업발생에 따라 지급 받는 실업급여 등 고용보험과 같은 사회보험이 실업에 의한 빈곤의 결정과정을 약화시킨다는 결과를 다시 한번 검증한 것으로 해석될 수 있다.

<표 Ⅱ-18> 실업과 빈곤의 Bivariate Probit 추정

변수명		실업		빈곤	
		계수	표준오차	계수	표준오차
상수항		-2.373***	0.384	1.069***	0.387
가구주 성별		0.167**	0.084	-0.464***	0.077
가구주 연령		0.062***	0.016	-0.076***	0.015
가구주 연령제곱		-0.001***	0.001	0.001***	0.001
가구주 학력(고졸)	초졸 이하	0.028	0.083	0.516***	0.075
	중졸	0.134***	0.080	0.348***	0.072
	전문대졸	-0.232	0.153	-0.314**	0.137
	대졸 이상	-0.204***	0.087	-0.363***	0.083
가구원 수		-0.066***	0.121	-0.017	0.020
주택소유(보유)		-0.209***	0.024	-0.022	0.054
가구주종사상지위(상용직)	임시직			0.003	0.139
	일용직			0.506***	0.094
	고용주/자영업자			-0.149***	0.060
	가족종사자			-0.235	0.215
사회보험수급		0.224**	0.120	0.113	0.140
사회보험수급*미취업				-0.132***	0.271
-2 Log L		-2887.742			
Rho(1, 2)		3.60			

주: 1) 보다 엄밀한 분석을 위하여 사회보험수급 변수는 측정 Wave에서의 수급 유무 혹은
　　　빈곤발생 시점에서의 수급 유무를 고려해야 하나 여기서는 최종 Wave 시점을 기준
　　　으로 하였음
　　2) ***, **, *는 각각 1%, 5%, 10%유의수준임
자료: 한국노동연구원(1998~2001), 한국노동패널 원자료

　물론, 빈곤과 실업, 그리고 사회보험수급이 조사 회차(Wave)별로 다양한
경우의 수로 나타날 수 있고, 또 이들 사건들을 선행, 후행의 관계로 구분
하여 분석할 수 없는 제한은 있으나 빈곤층 전체를 대상으로 실업을 경험
한 사람들에 한하여 빈곤으로의 이행에 영향을 미치는 요인을 분석할 수
있다는 점에서 순차적(Sequential) 모형은 의미를 지닌다.
　이 순차적 결정모형에서도 실업 결정요인과 실업이라는 선행조건하에서

의 빈곤 결정이 크게 영향을 받고 있음을 보여주고 있다. 표에 제시된 *Rho*는 설정된 빈곤방정식과 실업방정식의 오차항 간의 공분산을 의미하고, 동시에 두 방정식 구조로 설명하지 못하는 부분들 간의 상호관계를 나타낸다. 즉, 양 설정모형 간에 설명변수 외의 오차항 간에도 영향을 미치고 있음을 보여준다고 하겠다. 여기서 *Rho*는 유의성 있게 나타났으며,[22] 이것은 두 모형에서 실업과 빈곤이 유의미한 상관관계가 있음은 물론, 순차적 관계가 유의미하다는 것을 의미한다. 따라서 이 분석에서도 실업이 빈곤의 결정에 영향을 미치고 있다는 해석이 가능하다.

제5절 경제활동상태 및 변화 결정요인 분석

가. 경제활동의 특성 및 상태 변화

1) 분석자료

앞에서의 한국노동패널 자료의 특성을 기초로 하여 본 절에서는 노동패널의 특성을 살리는 취지에서 원표본가구로 제4차 조사까지 응한 응답자 중 제1차 조사에서 가구소득을 빈곤층 구분 기준에 의하여 빈곤층으로 분류된 조사대상이 각 연도 및 제4차 조사 연도까지 동일한 개인조사번호로 연결된 응답자를 분석대상으로 한다.

빈곤층 구분을 위하여 본 연구에서는 두 가지의 개념을 적용하여 분석한다. 하나는 OECD에서 제시하고 있는 기준으로서 흔히 빈곤층을 구별할 때 적용하는 기준으로 중위소득의 1/2 이하를 사용하였다. 즉, 가구소득을 가구원 수

---

22) 3차 연도까지를 대상으로 분석해 본 결과 *Rho*는 2.25로 나타났으며, 4차 연도까지 연장하여 분석해 본 결과 3.60으로 유의도는 높아져 여전히 실업과 빈곤 간에는 순차적으로 유의한 관계가 있음을 볼 수 있다.

의 제곱근으로 나누어서 동등화된 소득을 도출하여 분석에 활용한다. 다른 하나는 최저생계비인데 최저생계비는 국민이 건강하고 문화적인 생활을 유지하기 위한 최소한의 비용을 의미하며, 기초생활 수급자 선정기준 및 급여수준을 결정하기 위한 근거가 된다. 또한, 최저생계비는 매 5년마다 계측조사를 실시하며, 결정방식은 물가상승률을 적용하는 방법과 일반가구 소비지출 대비 최저생계비의 비율을 익연도에도 계속 유지시키는 수준균형방식[23]이 있다.

〈표 Ⅱ-19〉 최저생계비 변화 추이

(단위: 원/월)

가구 규모	1인 가구	2인 가구	3인 가구	4인 가구	5인 가구	6인 가구
1998	292,842	487,824	682,151	854,107	972,637	1,093,442
1999	314,574	520,984	716,579	901,357	1,024,843	1,156,441
2000	324,011	536,614	738,076	928,398	1,055,588	1,191,134
2001	333,731	552,712	760,218	956,250	1,087,256	1,226,868

주: 1) 최저생계비는 국민기초생활보장법 제6조 제2항에 의거, 보건복지부 차관을 위원장으로 하고, 당연직 4인, 관계전문가 3인, 공익대표자 2인으로 구성된 중앙생활보장위원회의 의결을 거쳐 공포함
　　2) 1998년 최저생계비는 한국보건사회연구원의 1994년 계측치를 이용하여 추정한 것임
자료: 보건복지부(각 연도), 최저생계비 공표 자료

　최저생계비는 매 5년마다 공식 계측됨으로 1994년 최저생계비 계측 이후 1998년까지는 발표되지 않았다. 따라서 1994년 공식 발표 최저생계비[24]

---

23) 수준균형방식은 일반가구 소비지출 수준의 변화에 최저생계비를 연동시킴으로써 균형을 도모하고, 마켓바스켓의 필수품 품목 및 소비량의 변화를 반영할 수 있다는 장점이 있어 그 도입여부를 놓고 논란이 있다. 그러나 소비지출은 물가에 비해 변동이 심할 뿐만 아니라 과소비와 같은 비정상적인 소비행태에도 최저생계비가 늘고, 경기위축 시에는 오히려 하락하게 되는 문제가 있으며, 일반가구 소비지출 수준에 대한 통계자료가 미비하고, 일반가구 소비지출의 몇 %를 빈곤층의 최저생계비로 보장할 것인지에 대한 사회적 합의 부재 등의 문제가 제기되고 있다.
24) 1994년 한국보건사회연구원에서 계측한 최저생계비는 중소도시를 기준으로 1인 가구 205,914원, 2인 가구 355,188원, 3인 가구 544,439원, 4인 가구 665,107원, 5인 가구 763,817원, 6인 가구 841,450원, 7인 가구 898,550원이다(박순일 외, 1994).

를 기준으로 1999년까지의 구간별로 동일 비율을 나누어 구하는 방법을 적
용하였다. 분석대상은 한국노동패널 1차 조사에서부터 4차 조사까지 응답
한 가구 및 개인을 기준으로 OECD 기준과 최저생계비 기준 등 두 가지의
빈곤층 판별기준을 적용하여 구분하였다.

〈표 Ⅱ-20〉에서 보는 바와 같이 2001년까지 전체 가구 수는 5,510가구
이며, 당해연도까지 모두 응답한 가구 수는 3,510가구이다. 빈곤층을 구분
하는 데 적용한 기준에 따른 가구 수의 변화를 보면, 먼저 OECD 기준을
적용하면 1998년부터 2001년까지 각각 890가구, 823가구, 737가구, 693가구
로 나타났다. 빈곤층 가구에 소속된 가구원 수는 각각 2,215명, 1,931명,
1,621명, 1,503명으로 나타나 지속적으로 감소하고 있다. 다음으로 최저생계
비 기준을 적용하면, 1998년에서 2001년까지 각각 1,002가구, 1,107가구,
899가구, 811가구로 나타났으며, 가구원 수 또한 각각 2,698명, 2,786명,
2,148명, 1,902명으로 나타나 1999년에 증가한 경우를 제외하고는 감소하고
있다.

〈표 Ⅱ-20〉 분석대상 표본 수

(단위: 가구, 명)

구분		1998	1999	2000	2001
전체 표본					
가구	가구	5,000	5,130	5,254	5,510
	당해 연까지 모든 응답 가구	5,000	4,378	3,895	3,510
	소득불명제외 가구	4,647	4,237	3,789	3,385
개인	개인	13,783	11,236	10,739	10,607
	신규조사 개인	0	803	466	444
	전체 개인	13,783	12,039	11,205	11,051
빈곤층 표본					
OECD 기준	가구	890	823	737	693
	개인	2,215	1,931	1,621	1,503
최저생계비 기준	가구	1,002	1,107	899	811
	개인	2,698	2,786	2,148	1x,902

자료: 한국노동연구원(1998~2001), 한국노동패널 원자료

OECD 기준에 비하여 최저생계비 기준의 소득이 높은 점을 감안해 볼 때 최저생계비를 적용하였을 때 해당되는 빈곤층이 많은 것을 볼 수 있다. 이는 절대빈곤가구가 상대빈곤가구보다 많은 것인데 여기서는 이미 절대빈곤선 기준인 최저생계비에 상대적 빈곤개념이 도입되어 있다는 점도 고려되어야 한다. 본 절에서는 분석대상인 빈곤층 추출을 위하여 최저생계비 기준을 적용한다.[25] 이로써 본 연구에서는 앞 절에서 적용한 상대적 빈곤 개념과 더불어 두 가지 개념을 모두 사용하게 된다.

위의 분석대상 표본을 중심으로 아래와 같은 내용을 분석하고자 한다. 첫째, 매년 빈곤층에 해당된 가구 및 개인의 특성을 살펴본다. 둘째, 표본 중 4년 모두 빈곤층에 해당된 사람(항상 빈곤층)과 4년 동안 한 번이라도 빈곤층에 해당된 사람(경험 빈곤층)의 특성을 분석한다. 특히, 빈곤층에 포함되는 주요 원인 중의 하나가 가구주의 경제활동상태 및 소득이며, 이에 따라 빈곤층에 포함되는 개인이 많음을 고려하여 가구주와 가구원으로 나누어 특징을 살펴본다. 셋째, 경제활동상태 변화도 항상 빈곤층과 경험 빈곤층으로 구분하여 분석한다.

2) 분석모형

본 연구는 빈곤층에 대한 기초적인 이해와 현황 분석을 기초로 하여 한국노동패널(KLIPS) 자료를 활용하여 빈곤층의 규모, 실태 및 특성을 파악한다. 그리고 이들 계층이 다음조사에서 어떠한 경제활동상태로 변화하였는가를 살펴보고, 경제활동상태를 결정하는 요인을 로짓분석 및 다항로짓분석을 통하여 빈곤층의 특성별 경제활동상태 변화를 고찰하여 노동시장에서 빈곤층의 원활한 경제활동을 위한 정책방안을 제시하고자 한다.

---

25) 소득 혹은 소비지출을 이용한 절대빈곤의 경우 계절적인 영향을 많이 받아 빈곤을 동태적으로 분석할 경우, 그 변화를 정확히 파악하지 못할 가능성이 높아 주로 상대적 빈곤을 사용(정진호 외, 2002)하나 여기서는 빈곤의 변화보다는 경제활동상태 변화에 초점을 맞추어 분석하므로 절대적 빈곤 개념을 적용한다.

분석내용에 있어서도 보다 구체적인 경제활동상태의 결정요인 분석을 위하여 실업과 비경제활동을 미취업으로 묶고, 이를 취업과 구분하여 분석한다. 먼저 빈곤층의 미취업 결정요인 분석에는 로짓모형(logit model)을 이용한다. 즉,

$$L_i = \ln\left[\frac{P_i}{(1-P_i)}\right] = a_i + \beta_i Z_i + u_i$$

로 쓸 수 있는데 여기서 P_i는 미취업에 처할 확률이며, Z_i는 성, 연령, 학력 등의 독립변수이다.

다음으로 다항로짓모형의 경우도 실업상태를 기준으로 실업상태에서 비경제활동과 취업으로 이행하는 경우를 상정하여 분석한다. 이는 본 장의 분석 목적이 빈곤층의 경제활동참여 즉, 취업에 미치는 영향을 보고자 함이므로 실업 혹은 비경제활동에서 취업으로 이해하는 경우의 결정요인을 분석하는 것이다.

여기에서 종속변수는 경제활동상태이며, 위의 예처럼 실업, 비경제활동, 취업의 세 범주로 구성되어 있으며, 실업은 '0', 비경제활동 '1', 취업 '2'로 부호화하였다. 설명변수로는 인구학적 변수(성, 연령, 학력), 가구원 수 등과 지역, 주택소유 형태, 사회보험 수급 여부, 직업훈련 참여 여부 등 기타 변수로 설정한다. 특히, 다항로짓은 종속변수의 여러 범주 중에서 한 범주를 기준범주로 정하고, 다른 범주를 기준범주와 비교하는 방법을 의미한다. 즉, 종속변수의 결과가 기준범주에 비하여 다른 범주에 속할 확률을 분석하는 것이다.

다항선택(Multinomial choice) 혹은 다중선택(Multiple choice)는 3가지의 선택 경우가 있을 때 $(J = 3)$, 개인 i는 j를 선택함으로써 만족(효용) S_{ij}를 얻는다(Myoung-jae Lee, 1996). 즉,

$$S_{i1} = X'_{i1} \delta_1 + Z'_i \eta_1 + u_{i1}$$
$$S_{i2} = X'_{i2} \delta_2 + Z'_i \eta_2 + u_{i2}$$
$$S_{i3} = X'_{i3} \delta_3 + Z'_i \eta_3 + u_{i3}$$

다항로짓모형(MNL)은 수렴이 잘되는 장점이 있으며, u_i, u_2, u_3가 서로 독립인 *iid* (independent and identically distributed)라는 가정과 type Ⅰ의 극한값을 갖는 분포(extreme value distribution)를 갖는다면 다음과 같이 쓸 수 있다.

$$P(y_{i1} = 1 \mid x, z) = \frac{1}{1 + e^{w_{i2}'\beta} + e^{w_{i3}'\beta}}$$

$$P(y_{i2} = 1 \mid x, z) = \frac{e^{w_{i2}'\beta}}{1 + e^{w_{i2}'\beta} + e^{w_{i3}'\beta}}$$

$$P(y_{i3} = 1 \mid x, z) = \frac{e^{w_{i3}'\beta}}{1 + e^{w_{i2}'\beta} + e^{w_{i3}'\beta}}$$

다항로짓모형(MNL)에서 β에 대하여 극대화(maximize)하면 아래와 같은 식이 된다.

$$\sum_{i=1}^{N} \sum_{j=1}^{3} y_{ij} \ln P(y_{ij} = 1 \mid X_i, Z_i)$$

여기서 y_{ij}는 dummy의 정의가 되며, $(y_{ij} = 1 \mid X_i, Z_i)$는 확률이 된다.[26]

---

26) 종속변수가 특정 경제활동상태에 속할 확률값을 $P(Y = j)$라 할 경우, 그리고 0 범주에 포함될 확률은 다음과 같이 표현할 수 있다(William H. Greene, 2000).

3) 빈곤층의 특성 변화

저소득계층에 속하는 개인은 빈번한 실업을 경험하거나, 비경제활동인구화하여 직업세계에서 필요한 인적자본축적이 저해되어, 그 결과 장래의 임금상승이 억제당함으로써 저임금, 저소득의 악순환에 빠질 확률이 매우 높다. 그리고 실제로 저소득가구일수록 개인의 경제활동참가율은 낮아지고, 개인의 실업률은 높아지는 것으로 나타난다.

최저생계비 기준을 적용하여 구분한 빈곤층의 특성을 살펴보면, 성별로는 여자의 비중이 남자에 비하여 높다. 연령별로는 2차 조사까지는 29세 이하가 차지하는 비중이 가장 높았으나 3차, 4차 조사에서는 60세 이상의 연령층이 차지하는 비중이 가장 높게 나타났다. 이는 빈곤층에 해당되는 집단이 아직 노동시장에 진입하여 경제활동이 활발하지 못한 청소년층과 노동시장에서 이미 퇴장한 고연령층이 차지하는 비중이 높음을 보여준다.

$$Prob(Y=j) = \frac{e^{\beta'_j x_i}}{1 + \sum_{k=1}^{j} e^{\beta'_j x_i}}$$

$$Prob(Y=0) = \frac{1}{1 + \sum_{k=1}^{j} e^{\beta'_j x_i}}$$

〈표 Ⅱ-21〉 빈곤층의 특성 변화

(단위: 명, %)

구분		1998		1999		2000		2001	
전체		2,698	100.0	2,786	100.0	2,148	100.0	1,902	100.0
성별	남자	1,272	47.2	1,168	45.1	928	44.9	839	45.4
	여자	1,426	52.9	1,423	54.9	1,137	55.1	1,010	54.6
연령	29세 이하	822	30.5	794	28.5	513	23.9	455	23.9
	30~39	416	15.4	434	15.6	313	14.6	230	12.1
	40~49	424	15.7	458	16.4	336	15.6	307	16.1
	50~59	349	12.9	342	12.3	272	12.7	244	12.8
	60세 이상	687	25.5	758	27.2	714	33.2	666	35.0
학력	초졸 이하	942	34.9	1,194	42.9	909	42.3	796	41.9
	중졸	411	15.2	386	13.9	318	14.8	286	15.0
	고졸	898	33.3	871	31.3	651	30.3	564	29.7
	전문대졸	150	5.6	114	4.1	96	4.5	81	4.3
	대졸	276	10.2	207	7.4	154	7.2	158	8.3
	대학원	20	0.7	14	0.5	20	0.9	17	0.9
가구원 수	2인 이하	509	18.9	528	19.0	533	24.8	489	25.7
	3인	507	18.8	487	17.5	420	19.6	350	18.4
	4인	917	34.0	867	31.1	609	28.4	538	28.3
	5인	416	15.4	568	20.4	385	17.9	322	16.9
	6인 이상	349	12.9	336	12.1	201	9.4	203	10.7
입주형태	자가	1,741	64.5	64	18.9	18	11.3	1,267	66.6
	전세	648	24.0	166	49.1	78	49.1	387	20.4
	월세	236	8.8	98	29.0	50	31.5	175	9.2
	기타	73	2.7	10	3.0	13	8.2	73	3.8
취업형태	임금근로자	468	17.4	657	56.5	453	21.9	423	53.0
	비임금근로자	441	16.4	363	31.2	397	19.2	267	33.5
	기타	1,789	66.3	142	12.2	1,215	58.8	108	13.5
사회보험 수령유무	있음	119	4.4	78	2.8	79	3.7	120	6.3
	없음	2,579	95.6	2,708	97.2	2,069	96.3	1,782	93.7
직업훈련 유무	참여	169	6.5	52	2.0	-	-	38	2.1
	미참여	2,420	93.5	2,539	98.0	-	-	1,811	97.9
고용보험 가입여부	가입	-	-	155	23.9	134	29.4	119	28.1
	미가입	-	-	475	73.3	313	68.8	296	70.0

주: 1) 취업상태의 기타는 미취업자, 가족종사자 등을 포함하고 있으며, 고용보험 가입
　　여부에서 모르는 경우와 미응답자는 제외하였음
　　2) 고용보험 가입여부는 1차 연도 조사 시 사회보험으로 질문되어 구분 불가
자료: 한국노동연구원(1998~2001), 한국노동패널 원자료

이러한 현상은 빈곤층의 취약한 인적속성을 나타낸다고 할 수 있으며, 다른 통계에서도 흔히 볼 수 있다. 학력을 보면, 초등학교 졸업 이하가 차지하는 비중이 가장 높으며, 다음으로 고졸 학력의 비중이 높게 나타난다. 사회 전반의 고학력화 현상이 저소득 계층에는 아직 나타나지 않으며, 저학력에 기인한 소득 및 노동시장, 경제활동의 결과가 빈곤층으로 나타난 것으로 해석할 수 있다. 가구원 수는 조사 초기에는 4인 가구의 비중이 높으며, 그 다음으로 2인 이하 가구의 비중이 가장 높게 나타났다. 입주형태는 1차 조사 시에는 자가의 비중이 높았으나 2차, 3차 조사에서는 전세의 비중이 높았다가 4차 조사에서는 다시 자가의 비중이 높은 것으로 나타났다.

취업상태별로는 자영업자 등 비임금근로자는 상대적으로 그 변화 폭이 적은 반면, 임금근로자에서 비취업자 혹은 가족종사자 등으로의 이동이 매우 크게 나타나 고용 측면에서 취업상태가 불안정한 것으로 보인다. 사회보험 수급 여부는 증가하고는 있으나 여전히 매우 낮은 수혜율을 보이고 있다. 직업훈련 이수 여부에서도 참여한 경우가 매우 낮으며, 고용보험 가입 여부도 고용보험 적용대상 사업장이 1인 이상으로 확대되었음에도 불구하고 대부분 일정규모 이상임을 고려할 때 매우 낮은 것으로 나타났다. OECD 기준을 적용한 빈곤층 특성을 살펴본 결과도 대부분 최저생계비 기준의 빈곤층 특성과 유사하게 나타났다.

4) 빈곤층의 경제활동상태 변화

빈곤층의 경제활동상태 분포를 〈표 Ⅱ-22〉를 통하여 살펴보면, 노동패널 표본 전체에서는 가구주의 경우, 취업자의 비중이 50%를 모두 상회하며 가장 높은 분포를 보이고, 다음으로 비경제활동인구가 차지하는 비중이 높게 나타나며, 실업자가 가장 낮은 분포를 보였다. 비빈곤층에서는 취업자의 비중이 56% 이상으로 높으며, 다음으로 비경제활동인구, 실업자 순으로 나타났다.

반면, 빈곤층에서는 가구주의 경우, 비경제활동인구가 차지하는 비중이 평균 49%에 이르러 경제활동상태 중에서 가장 높은 분포를 보이고 있으며, 다음으로 취업자가 차지하는 비중이 높고, 실업자의 비중이 제일 낮게 나타났다. 또 실업자가 차지하는 비중은 전체 표본 및 비빈곤층의 가구주보다 높게 나타나 상대적으로 실업에 많이 노출되어 있음을 확인할 수 있다. 이는 상대적으로 전체 소득 중에서 유산, 상속 등의 부존소득과 금융 및 부동산 등 자산소득이 차지하는 비중이 낮은 계층임을 고려할 때 무엇보다도 노동시장에 진입하여 적극적인 근로활동이 필요한 계층임에도 불구하고 노동시장 및 경제활동 참여에 소극적인 것으로 나타났다.

흔히 경기변동은 경제활동참가율에 영향을 미친다. 경기 침체 시나 불경기 등 경제가 위축될 경우나 산업 혹은 고용구조 변화에 따른 구조조정에 따라 실업이 증가할 경우에 나타나는 현상 중의 하나가 부가노동자 효과(Added Worker Effect)이다. 이는 불경기에 실업자가 직장을 구하지 못해 구직활동을 단념함으로써 비경제활동인구로 통계적으로 계산되는 노동자가 많기 때문에 경제활동인구가 감소하는 실망노동자 효과(Discourage Worker Effect)와 더불어 경기 후퇴 시 부가적인 노동자들의 노동시장 참가가 증가하는 것을 의미한다. 가구주의 소득감소는 가구원의 비근로소득이 감소하는 결과가 되며, 가구원의 비근로소득이 감소할 경우 종전까지 비경제활동인구였던 가구원 특히, 배우자가 노동시장에 참여하게 된다.

이와 관련하여 빈곤층 배우자의 경제활동상태를 살펴볼 필요가 있다. 전체 표본과 비빈곤층의 배우자와 빈곤층 배우자의 경제활동상태를 비교해 본 결과 위에 언급된 기존의 경향과 다른 특성을 발견할 수 있다. 먼저 전체 표본과 비빈곤층의 배우자가 빈곤층 배우자보다 비경제활동인구 비중이 낮고, 취업자의 비중이 높다는 것이다. 실업자 또한 빈곤층 배우자에서 차지하는 비중이 전체 표본과 비빈곤층 보다 높게 나타났다. 이러한 결과는 빈곤층에서는 부가노동자효과 보다는 실업과 비경제활동인구의 비중이 높은 현상이 나타남을 확인할 수 있다. 따라서 빈곤층의 경제활동상태에서 볼 수 있듯이 노동시장에서의 미취업상태에서의 탈출이 중요함을 시사한다고 할 수 있다.

〈표 Ⅱ-22〉 빈곤층의 경제활동상태 분포

(단위: 명, %)

구분			1998	1999	2000	2001
전체 표본	가구주	U	1,314 (10.3)	507 (4.7)	295 (3.0)	685 (7.8)
		N	4,944 (38.7)	4,428 (41.3)	4,271 (43.5)	3,361 (38.2)
		E	6,510 (51.0)	5,798 (54.0)	5,244 (53.5)	4,765 (54.1)
		계	12,768 (100.0)	10,733 (100.0)	9,810 (100.0)	8,811 (100.0)
	배우자	U	331 (9.0)	105 (3.2)	68 (2.3)	217 (8.2)
		N	1,840 (50.0)	1,690 (51.1)	1,550 (52.4)	1,178 (44.7)
		E	1,509 (41.0)	1,511 (45.7)	1,340 (45.3)	1,241 (47.1)
		계	3,680 (100.0)	3,306 (100.0)	2,958 (100.0)	2,636 (100.0)
비빈곤층	가구주	U	992 (9.2)	306 (3.8)	194 (2.5)	501 (7.2)
		N	3,656 (36.3)	3,192 (39.2)	3,157 (40.8)	2,481 (35.6)
		E	5,492 (54.5)	4,644 (57.0)	4,394 (56.7)	3,980 (57.2)
		계	10,070 (100.0)	8,142 (100.0)	7,745 (100.0)	6,962 (100.0)
	배우자	U	256 (8.6)	65 (2.5)	44 (1.9)	179 (8.4)
		N	1,471 (49.4)	1,323 (51.6)	1,234 (51.9)	931 (43.6)
		E	1,250 (42.0)	1,177 (45.9)	1,098 (46.2)	1,024 (48.0)
		계	2,977 (100.0)	2,565 (100.0)	2,376 (100.0)	2,134 (100.0)
빈곤층	가구주	U	392 (14.5)	201 (7.8)	101 (4.9)	184 (10.0)
		N	1,288 (47.7)	1,236 (47.7)	1,114 (54.0)	880 (47.6)
		E	1,018 (37.7)	1,154 (44.5)	850 (41.2)	785 (42.5)
		계	2,698 (100.0)	2,591 (100.0)	2,065 (100.0)	1,849 (100.0)
	배우자	U	75 (10.7)	40 (5.4)	24 (4.1)	38 (7.6)
		N	369 (52.5)	367 (49.5)	316 (54.3)	247 (49.2)
		E	259 (36.8)	334 (45.1)	242 (41.6)	217 (43.2)
		계	703 (100.0)	741 (100.0)	582 (100.0)	502 (100.0)

주: 1) U는 실업자, N은 비경제활동인구, E는 취업자를 의미함
   2) 신규조사자, 소득 결측치(missing value) 혹은 이상치(outlier)는 제외하였음
자료: 한국노동연구원(1998~2001), 한국노동패널 원자료

조사대상 기간 동안의 경제활동상태 변화 추이 즉, 당해연도 경제활동상태에서 익연도 경제활동상태로 이행한 경우를 〈표 Ⅱ-23〉을 통하여 살펴보면, 단연 비경제활동에서 비경제활동으로 이행한 경우가 가장 많았다. 다음으로 취업에서 취업으로 이행한 경우였으며, 비경제활동에서 취업으로 이행한 경우도 높게 나타났다. 이러한 노동력 이동패턴은 패널데이터의 장점 중의 하나로 동기간에 몇 명의 실업자가 발생했고, 몇 명이 실업자 풀에서 탈출했으며, 또 그 총 유입과 탈출자 중에서 몇 명이 취업과 비경제활동에

서 왔는지 혹은 취업과 비경제활동으로 탈출했는지를 파악할 수 있다. 보다 엄밀한 분석을 위하여 전년도 빈곤 가구 내 개인이 익연도에 빈곤 상태에서의 탈출 여부이며, 여기에 경제활동상태 변화가 얼마나 영향을 미쳤는지를 분석해 보았으나 빈곤층 전체의 경제활동상태와 매우 유사한 이동 경향을 보여 유의미한 결과를 찾지 못하였다.

<표 Ⅱ-23> 빈곤층의 경제활동상태 변화

(단위: 명, %)

구분	1998 → 1999		1999 → 2000		2000 → 2001		연평균
	인원	비중	인원	비중	인원	비중	
$U \to U$	38	2.7	11	0.8	13	1.1	1.5
$U \to N$	74	5.2	68	5.1	23	2.0	4.1
$U \to E$	82	5.7	33	2.5	22	1.9	3.4
$N \to U$	46	3.2	28	2.1	65	5.6	3.6
$N \to N$	571	40.0	594	44.7	516	44.1	42.9
$N \to E$	124	8.7	92	6.9	84	7.2	7.6
$E \to U$	27	1.9	24	1.8	37	3.2	2.3
$E \to N$	92	6.4	85	6.4	64	5.5	6.1
$E \to E$	374	26.2	395	29.7	346	29.6	28.5
소계	1,428	100.0	1,330	100.0	1,170	100.0	-

주: U는 실업자, N은 비경제활동인구, E는 취업자를 의미함
자료: 한국노동연구원(1998~2001), 한국노동패널 원자료

한편, 시간이 경과함에 따라 빈곤층의 경제활동상태 간의 변화를 살펴보자. [그림 Ⅱ-1]은 경제활동상태 간 변화를 보다 쉽게 보기 위하여 그림으로 그려본 것이다. 첫 번째 그림은 실업에서의 각 경제활동상태로의 이동 비율을 보여주는데 실업 상태에서 비경제활동상태로의 이동이 1999년~2000년까지는 동일한 수준을 유지하다가 2000년~2001년 들어 크게 줄어들었으며, 실업으로의 이동은 1999년~2000년 기간에 크게 감소하였으며, 다음 기에도 비율이 줄어든 것으로 나타났다. 여기에서 비경제활동상태로의 이동 비율이 줄고, 실업 상태를 그대로 유지하는 비율도 줄어들고 있음을 볼 때 빈곤층에서 실업에서의 이동은 나름대로 개선되고 있다고 볼 수 있겠다.

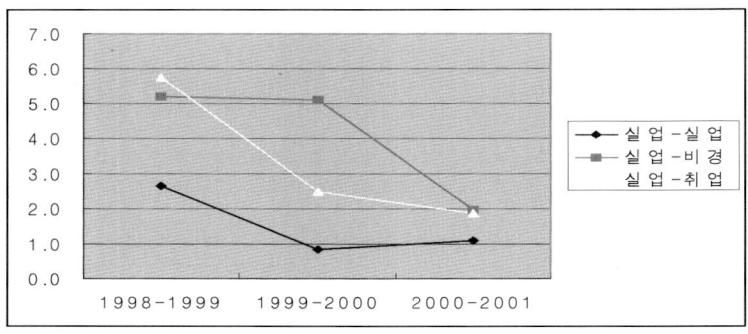

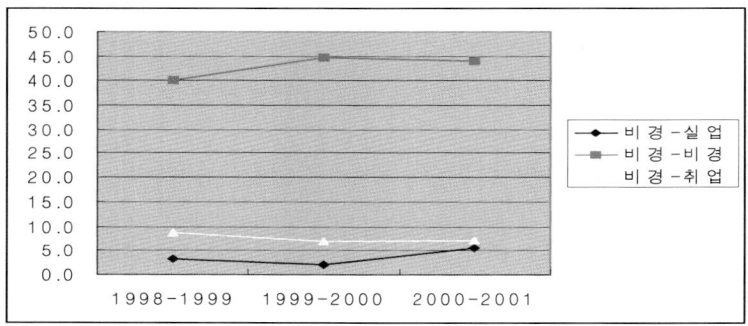

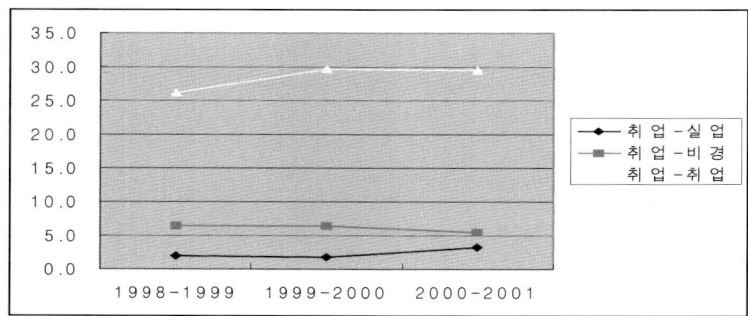

자료: 한국노동연구원(1998~2001), 한국노동패널 원자료

[그림 Ⅱ-1] 빈곤층의 경제활동상태 간 노동이동

다음으로 비경제활동상태에서의 이동을 보면, 여전히 비경제활동상태를 유지하고 있는 경우가 그 비율이 가장 높으며, 오히려 시간이 경과함에 따라 증가한 것으로 나타났고, 실업과 취업으로 이동한 경우 큰 변화는 없으나 미세하나마 증가한 것으로 나타났다. 이를 통해 볼 때 빈곤층 비경제활동인구의 비중은 지속적으로 증가하고 있으며, 취업으로의 이동에는 큰 변화가 없어 경제활동참여가 활발하지 않음을 볼 수 있다.

마지막으로 취업 상태에서의 변화를 보면, 취업으로의 이동이 그 증가폭은 크지 않지만 증가한 것으로 나타났으며, 비경제활동상태로의 이동은 동일한 수준이나 실업으로의 이동은 조금 증가한 것으로 나타났다.

분석대상 구분에 따라 이를 항상 빈곤층과 경험 빈곤층에 해당된 가구주와 가구원의 특성을 살펴보면 다음과 같다. 먼저, 가구주의 경우 항상 빈곤층과 경험 빈곤층은 모두 남자의 비중이 높고, 60세 이상의 연령층 비중이 가장 높으며, 초등학교 졸업 이하의 학력이 차지하는 비중이 가장 높게 나타났다. 또한 가구원 수가 2인 이하인 비중이 가장 높으며, 자가의 비중이 높고, 사회보험 수혜를 받는 비중은 매우 낮게 나타났다.

다음으로 가구원의 경우 두 가지 경우 모두 여자의 비중이 높으며, 초등학교 졸업 이하의 비중이 높고, 2인 이하 가구원이 차지하는 비중이 높으며, 입주형태는 자가, 사회보험 수혜를 받은 사람이 매우 적은 것으로 나타났다. 주목할 만한 것은 연령에서 항상 빈곤층은 60세 이상 연령층이 차지하는 비중이 가장 높았으나 경험 빈곤층은 29세 이하 연령층이 차지하는 비중이 압도적으로 높았다. 이는 29세 이하의 연령층이 대부분 청소년층이며, 활발한 구직활동을 하고, 노동시장에서 이동이 매우 빈번한 점을 고려해 볼 때 경험 빈곤층은 이러한 연령층의 특성이 반영된 결과로 볼 수 있다.

〈표 Ⅱ-24〉 유형별 빈곤층 특성

(단위: 명, %)

구분		항상 빈곤층				경험 빈곤층			
		가구주		가구원		가구주		가구원	
전체		286	100.0	588	100.0	855	100.0	2,083	100.0
성별	남자	158	55.2	233	40.2	568	66.4	1,509	72.4
	여자	128	44.8	346	59.8	287	33.6	574	27.6
연령	29세 이하	4	1.4	104	17.7	17	2.0	30	1.4
	30~39	15	5.2	46	7.8	78	9.1	256	12.3
	40~49	48	16.8	84	14.3	177	20.7	477	22.9
	50~59	27	9.4	54	9.2	151	17.7	454	21.8
	60세 이상	192	67.1	300	51.0	432	50.5	866	41.6
학력	초졸 이하	182	63.6	336	57.1	419	49.0	868	41.7
	중졸	52	18.2	84	14.3	162	19.0	420	20.2
	고졸	44	15.4	139	23.6	206	24.1	591	28.4
	전문대졸	1	0.4	7	1.2	18	2.1	49	2.3
	대졸	4	1.4	18	3.1	42	4.9	136	6.6
	대학원	3	1.1	4	0.7	8	0.9	19	0.9
가구원 수	2인 이하	161	56.3	228	38.8	354	41.4	694	33.3
	3인	51	17.8	124	21.1	154	18.0	398	19.1
	4인	42	14.7	128	21.8	201	23.5	587	28.2
	5인	21	7.3	77	13.1	93	10.9	258	12.4
	6인 이상	11	3.9	31	5.3	53	6.2	146	7.0
입주형태	자가	177	61.9	389	66.2	537	62.8	1321	63.4
	전세	57	19.9	114	19.4	188	22.0	484	23.2
	월세	37	12.9	63	10.7	87	10.2	186	9.0
	기타	15	5.2	22	3.7	43	5.0	91	4.4
사회보험 수령유무	있음	16	5.6	33	5.6	56	6.6	135	6.5
	없음	270	94.4	555	94.4	799	93.5	1,948	93.5

자료: 한국노동연구원(1998~2001), 한국노동패널 원자료

4년간의 변화를 고려한 빈곤층의 경제활동상태 변화 추이를 〈표 Ⅱ-25〉에서 살펴보면, 항상 빈곤층 가구주의 경우는 비경제활동상태인 경우가 가장 많았으며, 경험 빈곤층 가구주는 취업상태인 경우가 가장 높았다. 이는 빈곤층 가구주의 경제활동상태를 구조적으로 볼 수 있는 것으로 경험 빈곤층이 노동시장에서 취업상태에 있을 가능성이 매우 높다는 사실을 확인할 수 있다.

<표 Ⅱ-25> 빈곤층 유형별 경제활동상태

(단위: 명, %)

구분	항상 빈곤층				경험 빈곤층			
	가구주		가구원		가구주		가구원	
전체	286	100.0	588	100.0	855	100.0	2,083	100.0
실업	27	9.4	53	9.0	90	10.5	199	9.6
비경제활동	153	53.5	324	55.1	338	39.5	961	46.1
취업	106	37.1	211	35.9	427	49.9	923	44.3

자료: 한국노동연구원(1998~2001), 한국노동패널 원자료

나. 경제활동상태 변화 결정요인 분석

본 절에서는 분석대상이 빈곤층이므로 계층분류가 중요한데 여기에서는 소득을 기준으로 분석한다. 한국노동패널 자료에서의 소득은 가구 및 개인 소득으로서 근로소득, 금융소득, 부동산소득, 사회보험 수혜, 이전소득 및 기타소득(보험금, 퇴직금 등)으로 구분하고 있다. 또한, 경제활동상태는 1주일간 구직활동여부, 구직의사 등의 변수를 통하여 취업, 실업, 비경제활동 등 세 가지 범주로 구분한다.

실업상태를 기준변수로 하고, 취업 및 비경제활동상태를 각각 비연속값(discrete value)으로 취급한다. 이는 우리가 흔히 정의하듯이 경제활동참가 모형이나 상품구입의 의사결정, 유권자의 투표시의 결정 등과 같이 불연속의 형태로 관찰된다.

〈표 Ⅱ-26〉 변수 설명

변수 구분	변수명
종속변수	경제활동상태 - 취업: 조사지 유형별 구분 - 실업: 조사지 유형별 구분, 지난 1주(또는 1개월)간 구직 여부(○), 　취업가능성(○) - 비경제활동: 조사지 유형별 구분, 지난 1주(또는 1개월)간 구직 여부(×), 　취업가능성(×)
독립변수	인적속성 - 성별, 연령, 연령제곱, 학력, 가구원 수 기타 변수 - 지역(7대광역시), 주택소유, 사회보험수급, 직업훈련참여

　　분석방법으로는 빈곤층의 각 경제활동상태별 결정요인 분석에는 로짓모형(Logit Model)을, 경제활동상태 변화 분석에는 다항로짓모형(Multinomial Logit Model)을 적용한다.

　　로짓모형에서는 빈곤층이 처할 수 있는 경제활동상태를 취업자, 실업자, 비경제활동인구 등 세 범주로 구분한 후 이를 다시 취업자와 미취업자로 나누고, 이들 상태에 영향을 미치는 독립변수들의 영향정도를 추정하고자 한다.

　　〈표 Ⅱ-27〉은 빈곤층의 미취업을 결정하는 요인에 대한 추정결과이다. 우선, 항상 빈곤층의 가구주 경우를 살펴보면, 성별로는 남자가 여자보다 미취업 확률이 낮게 나타났으며, 연령과 연령제곱이 부호가 반대로 유의하게 나타난 것은 연령이 높아질수록 미취업 가능성이 낮아지다가 일정 연령이 지나면 다시 미취업 확률이 높아지는 것을 보여준다. 학력에서도 고졸을 기준으로 초졸과 중졸의 경우 미취업 가능성이 높은 것으로 나타나며, 전문대졸과 대졸 이상에서는 낮게 나타나 고학력일수록 상대적으로 미취업 상태에 놓일 확률이 적은 것으로 해석되나 유의하지 않게 나타났다. 가구원 수가 많을수록, 지역별로는 7대 광역시에 거주할수록, 주택소유에서는 자가가 아닐 경우에 미취업 가능성이 높은 것으로 유의하게 나타났다. 또한 사회보험수급을 받지 않고, 직업훈련에 참여할수록 미취업 확률이 높게 나타났다. 항상 빈곤층의 가구원의 경우에도 가구주와 유사한 추정결과를 보였다.

다음으로 경험 빈곤층의 가구주 경우를 보면, 성별로는 여자의 미취업 확률이 높게 나타났으며, 연령에서도 연령이 높아질수록 미취업 확률이 낮아지다가 일정연령이 경과하면 다시 높아지는 역U자형을 가질 가능성이 높아짐을 볼 수 있다.

또한 학력에서도 저학력일수록 미취업 가능성이 높고, 고학력일수록 미취업 가능성이 낮은 것으로 나타나 인적속성 측면에서는 항상 빈곤층과 유사한 결과를 보여준다. 다만, 가구원 수는 적을수록 미취업 확률이 높게 나타나 다른 결과를 보였으며, 7대 광역시에 거주할수록, 주택이 자가가 아닐 경우에 미취업 확률이 높게 나타났다. 사회보험수급을 받지 않고, 직업훈련에 참여하지 않을수록 미취업 확률이 높은 것으로 나타나 미취업 상태를 탈출하기 위해서는 사회보험과 직업훈련 등 제도적 사회안전망에 적극 참여하는 것이 필요함을 보여준다.

〈표 Ⅱ-27〉 빈곤층의 미취업 결정요인 분석(로짓)

구분	항상 빈곤층				경험 빈곤층			
	가구주		가구원		가구주		가구원	
	계수	표준편차	계수	표준편차	계수	표준편차	계수	표준편차
상수항	1.925	1.598	2.411***	0.842	3.741***	1.003	3.606***	0.432
성별	-0.017	0.299	-0.036	0.188	-0.281**	0.181	-0.326***	0.096
연령	-1.551**	0.886	-1.544***	0.492	-2.441***	0.511	-2.246***	0.241
연령제곱	0.238***	0.106	0.221***	0.061	0.334***	0.059	0.302***	0.030
학력(고졸)초졸	0.092	0.310	0.132	0.218	0.265	0.182	0.143	0.124
중졸	0.401	0.381	0.517***	0.272	0.267	0.215	0.251	0.145
전문대	-0.013	0.130	-0.693	0.786	-0.678	0.680	-0.352	0.243
대졸 이상	-0.849	0.913	-0.258	0.496	-0.450	0.342	-0.719***	0.181
가구원 수	0.046	0.122	0.066	0.075	-0.096**	0.061	-0.041	0.034
주택소유	-0.527***	0.312	-0.286**	0.203	-0.097	0.171	-0.005	0.103
지역(7대광역시)	0.607***	0.287	0.326**	0.186	0.763***	0.163	0.632***	0.098
사회보험수급	-0.189	0.591	-0.056	0.558	-0.104	0.334	-0.168	0.282
직업훈련참여	0.378	1.471	0.682	1.177	-2.118***	0.782	-1.093***	0.373
-2 log L	339.694		724.468		1011.745		2606.421	
N	286		588		855		2,083	

주: ***, **, *는 각각 유의수준 0.01, 0.05, 0.10 을 의미함
자료: 한국노동연구원(1998~2001), 한국노동패널 원자료

다음으로 항상 빈곤층을 실업, 비경제활동, 취업으로 구분한 후 실업 대비 비경제활동 및 취업확률을 다항로짓모형으로 분석해 보았다. 다항로짓모형에서는 3개의 선택 중 하나를 기준으로 선정할 수 있는데 여기서는 실업상태를 기준으로 삼는다. 따라서 변수들의 추정치는 실업상태와 비교하여 취업으로 이행 시 혹은 비경제활동으로 이행 시 관련 변수들이 이들 상태 변화에 얼마나 큰 영향을 미치는지를 나타내는 것이다. 이 방법은 종속변수가 셋 이상으로 배타적 이동경로로 정의될 수 있을 경우 각 범주로의 이동에 미치는 영향을 독립변수들의 효과계수를 통하여 하나의 모형에서 추정할 수 있는 장점이 있다.

〈표 Ⅱ-28〉은 항상 빈곤층의 경제활동상태 간 이동 결정요인에 대한 추정결과이다. 먼저, 항상 빈곤층의 가구주 경우를 보면, 실업에서 비경제활동으로 이행 시 남자가 여자에 비하여 낮고, 연령이 높아질수록 그 가능성이 높은 것으로 나타났다. 학력이 높을수록 실업에서 비경제활동으로 이동 시 영향을 미칠 확률도 낮으며, 가구원 수가 많을수록, 광역시에 거주할수록 그 확률이 낮은 것으로 나타났다. 또한 주택을 자가형태로 소유하고, 사회보험을 수급 받을수록 비경제활동으로 이행 시 큰 영향을 미치는 것으로 나타났다. 직업훈련을 받을수록 비경제활동으로 이행 시 그 영향이 낮은 것으로 보이나 유의하지 않게 나타났다.

실업에서 취업으로 이행하는 경우를 보면, 남자일수록, 연령이 높을수록 취업상태로 이동 시 영향을 크게 미치는 것으로 나타났다. 고졸을 기준으로 초졸, 중졸 및 전문대학의 학력에서 취업할 확률이 높은 것으로 나타나 주로 저학력에서 적극적인 구직활동 및 경제활동참여의사를 갖고 있음을 보여준다. 항상 빈곤층에서 가구원의 경우에도 가구주와 유사한 결과로 나타났다.

〈표 Ⅱ-28〉 항상 빈곤층의 경제활동상태 결정요인 분석(다항로짓)

변수	가구주				가구원			
	비경/실업		취업/실업		비경/실업		취업/실업	
	계수	표준편차	계수	표준편차	계수	표준편차	계수	표준편차
상수항	4.029***	1.338	1.485**	0.807	2.366***	0.753	0.378	0.457
성별	-1.362**	0.631	0.183	0.308	-0.787**	0.325	0.145	0.194
연령	-0.301	0.209	-0.467***	0.129	-0.029	0.108	-0.259***	0.065
학력(고졸)초졸	0.638	0.607	0.051	0.314	0.655	0.453	0.244	0.215
중졸	0.011	0.560	0.636	0.408	-0.218	0.383	1.044***	0.290
전문대졸	-0.195	0.189	0.133	0.138	0.213	1.165	0.788	0.894
대졸 이상	-0.039	1.329	-0.720	0.961	1.023	1.114	-0.416	0.506
가구원 수	-0.131	0.187	0.112	0.114	-0.168	0.123	0.050	0.073
주택소유	0.887**	0.512	0.368	0.319	0.217	0.345	0.157	0.205
지역(7대광역시)	-0.969***	0.483	-0.474*	0.294	-0.235	0.322	-0.357***	0.192
사회보험수급	0.622	1.186	0.133	0.596	0.113	1.140	-0.013	0.565
직업훈련참여	-1.578	1.634	1.451	0.375	-1.668	1.272	0.121	1.435
-2 Log L	393.81				824.16			
N	286		286		588		588	

주: ***, **, *는 각각 유의수준 0.01, 0.05, 0.10 을 의미함
자료: 한국노동연구원(1998~2001), 한국노동패널 원자료

〈표 Ⅱ-29〉는 경험 빈곤층의 경제활동상태 간 이동 시 미치는 영향 정도에 대한 다항로짓분석 추정결과이다. 우선, 경험 빈곤층에 해당된 가구주의 경우, 남자일수록, 연령이 높을수록 실업에서 비경제활동상태로 이행 시 영향을 미치는 확률이 낮으며, 학력에서는 고졸을 기준으로 대졸 이상에서만 비경제활동으로 이행 시 영향 정도가 낮고, 그 외의 학력에서는 높게 나타나 저학력일수록 노동시장에서 퇴장할 가능성이 높음을 보여준다. 광역시 등 대도시에 거주하고, 사회보험을 수급 받을수록 그 영향 정도는 낮음을 보여준다. 실업상태에서 취업상태로의 이동을 추정한 결과에서는 성별로 남자의 경우가 취업으로 이행 시 크게 영향을 미치는 것을 볼 수 있다. 경험 빈곤층에서 가구원의 경우도 분석 결과는 가구주와 매우 유사하게 나타났다.

〈표 Ⅱ-29〉 경험 빈곤층의 경제활동상태 결정요인 분석(다항로짓)

변수	가구주				가구원			
	비경/실업		취업/실업		비경/실업		취업/실업	
	계수	표준편차	계수	표준편차	계수	표준편차	계수	표준편차
상수항	2.373***	0.651	2.341***	0.513	1.594***	0.384	0.401**	0.235
성별	-0.490***	0.321	0.471***	0.190	-0.209	0.161	0.474***	0.099
연령	-0.127	0.107	-0.589***	0.084	-0.007	0.058	-0.201***	0.035
학력(고졸)초졸	0.396	0.316	0.260	0.190	0.406***	0.234	0.279**	0.123
중졸	0.156	0.312	0.459***	0.234	0.001	0.220	0.753***	0.149
전문대졸	0.410	0.792	1.374	1.067	-0.140	0.351	0.502**	0.268
대졸 이상	-0.628	0.420	-0.070	0.383	-0.718***	0.269	-0.786***	0.188
가구원 수	0.088	0.090	0.231***	0.064	0.093**	0.058	0.107***	0.034
주택소유	0.156	0.256	-0.012	0.183	-0.125	0.171	-0.141	0.105
지역(7대광역시)	-0.665***	0.246	-0.708***	0.173	-0.428***	0.162	-0.558***	0.099
사회보험수급	-0.281	0.503	0.086	0.349	-0.134	0.476	0.045	0.287
직업훈련참여	0.699	0.772	1.732	0.547	0.370	0.498	1.676***	0.465
-2 Log L	1124.93				2755.28			
N	855		855		2,083		2,083	

주: ***, **, *는 각각 유의수준 0.01, 0.05, 0.10 을 의미함
자료: 한국노동연구원(1998~2001), 한국노동패널 원자료

제6절 소 결

이상에서 빈곤층의 경제활동에 대하여 빈곤(실업)의 결정요인과 실업과 빈곤의 상호관계 분석을 통하여 실업이 빈곤에 미치는 영향을 살펴보고, 다음으로 빈곤층의 경제활동상태 및 그 변화를 분석해 보았다.

먼저, 빈곤 결정요인과 빈곤에 미치는 실업의 영향 정도를 Probit 모형과 Bivariate Probit 모형을 이용한 실증분석 결과, 빈곤의 주된 원인으로 실업이 작용했고, 가구원 수, 가구주의 연령 및 저학력 등도 원인으로 작용했음이 밝혀졌다. 사회보험 수급 등을 포함하는 복지정책은 이러한 실업이 빈곤에 미

치는 영향을 축소시키는 요인으로 역할하고 있음이 추정 결과 나타났다.

이상의 분석 결과를 통하여 발견한 특징은 다음과 같다. 첫째, 빈곤가구도 가구평균소득은 증가하고 있으나 빈곤가구의 비율에는 큰 변화가 없어 빈곤정도가 개선되고 있지 않음을 확인할 수 있다.

둘째, 빈곤가구는 높은 여성가구주, 60세 이상의 연령층, 중졸 이하의 학력층에서 높은 분포를 보이고 있고, 빈곤 결정요인 분석 결과, 여성과 저학력, 임시직 및 일용직, 실업의 경우, 빈곤가능성이 높다는 결과를 얻었다. 이는 빈곤정책이 뚜렷한 목표집단별 특성에 맞추어 수립되고, 집행되어야 한다는 시사점을 제공해 준다.

셋째, 실업과 빈곤을 순차적 모형으로 분석한 결과, 사회보험수급*실업 변수가 실업이 빈곤에 미치는 영향을 낮추는 것을 확인할 수 있으며, 이는 실업급여수급이 빈곤을 줄여주는 것으로 해석할 수 있어 실업이 빈곤에 직접적인 영향을 미치고 있음을 발견하였다. 즉, 정부의 사회보험정책이 실업이 빈곤에 미치는 영향을 축소시키는 기능을 한다고 해석할 수 있을 것이다.

자료의 제약 상 다양한 복지정책의 유형이 제시되어 있지 않아 복지정책의 효과를 보다 구체적으로 다루지 못했고, 사회보험수급 경험을 가진 표본이 지나치게 작아 그 영향정도를 쉽게 파악할 수 없는 제한이 있다.

다음으로 빈곤층의 경제활동상태 및 그 변화를 분석해 보았는데 이는 산업구조의 고도화 및 지식정보화 사회로 이행하는 과정에서 소득격차의 확대에 따라 필연적으로 발생하는 저소득계층이 노동시장에서 보여주는 행태에 대한 관심이 높아지고 있음이 분석의 출발점이었다. 본 절에서는 외환 위기 이후 대두된 실업문제와 급격한 경제상황 변화에 상대적으로 큰 영향을 받는 빈곤층의 경제활동상태에 주목하여 이들 계층이 노동시장에 여하히 참여하여 활동할 수 있는 기제가 무엇인가에 관심을 두고, 경제활동상태 결정요인을 분석하였다.

분석 결과를 요약해 보면 첫째, 여자의 비중이 높으며, 노동시장 미참여 연령 대인 청년층과 고연령층의 비중이 가장 높고, 저학력이 차지하는 비중이 크며, 취업형태에서도 미취업자, 자영업자 등의 비중이 높은 빈곤층의 특성을 보였으며, 시간의 경과에도 불구하고 이러한 빈곤층의 특성에는 변화가 없었다. 또한 사회보험 수급, 직업훈련 참여, 고용보험 가입 등 제도화된 사회안전망에서도 여전히 소외되고 있음을 볼 수 있다. 둘째, 이들 계층의 경제활동상태 변화 분석에서 실업에서 취업으로 이행하는 비중이 크게 감소하여 노동시장 진입 및 고용상태가 더욱 악화되고 있는 것으로 나타났다. 셋째, 경제활동상태 및 노동이동 결정요인 분석에서 성별로는 남자, 학력에서는 고학력자의 취업확률이 높게 나타났으며, 사회보험 수급과 직업훈련 이수를 하지 않은 경우에 미취업 확률이 높아 이러한 제도를 적극 활용하는 자세와 이들 계층에 대한 제도화된 체계적인 지원 방안의 필요성이 제기된다.

특정시점에서 특정 노동력상태에 있었던 사람들이 다음 시점에 어떠한 노동력 상태로 전환되는가를 살펴보기 위하여 1998년 실업자 집단을 계속 추적·분석함으로써 실업자 집단으로부터 탈출구조를 좀더 자세히 분석하려 했으나 이 또한 비경제활동인구가 차지하는 비중이 높고, 실업자 비중이 매우 낮아 이루어지지 못했다.

향후 빈곤층이 노동시장에 효율적으로 참여할 수 있도록 하기 위해서는 진입을 방해하는 요인과 적극적인 참여 유인을 위한 제도적 장치를 구축하는 노력이 필요하고, 그러한 요인과 정책적인 함의를 찾기 위해서는 다각적인 접근이 필요할 것이다.

제2장 빈곤층의 고용보험 효과

제1절 이론 및 실증분석 개관

가. 이론 개관

1) 직업탐색이론(Job search theory)

직장탐색이론은 실직자에게 제의된 임금(Wage offers)의 의중임금 (Reservation wage)보다 높을 경우에 그 직업제의를 받아들이게 되며, 실업 급여는 실직자가 의중임금보다 낮은 임금을 제의 받았을 경우 계속하여 실 업상태로 남아 있으면서 직장탐색행위를 연장시키는 역할을 함으로써 실직 자의 탐색비용을 줄이거나 탐색행위의 가치를 증가시키는 원인이 된다는 것 이다. 실업급여 수급이 노동시장에 미치는 영향에 대한 이론적 기초로 직장 탐색이론(Job search theory)이 많이 인용되고 있다(Lippman & McCall, 1979; Burdett, 1979; Mortensen, 1977, 1986).

직업탐색이론에 따르면 실업급여는 직업탐색비용을 줄이거나 계속적인 탐색행위의 가치를 증가시키는 요소로 작용한다고 볼 수 있기 때문에 자연 적으로 실업자의 의중임금을 증가시키는 원인이 된다고 본다. 의중임금이 증가하게 되면 그만큼 시장임금 수준의 일자리제의(job offers)를 받아들일 확률이 작아지며, 궁극적으로 실업기간이 길어진다는 것이다(Atkinson and Micklewright, 1991; Jones, 1988). 따라서 실업급여의 지급은 노동자들의 구직행태를 왜곡하여 근로의욕을 약화시킴으로써 실업률의 증가를 가져온 다는 것이다. 그러나 비판적인 시각에서 보면 직업탐색이론에 입각한 이론 적 모형들은 매우 비현실적인 가정[1]을 채택하고 있다.

직장탐색이론은 실업자는 구인자가 제시하는 임금수준에 관한 정보가 불확실한 상태에서 새로운 직장을 탐색한다는 것을 전제로 한다. 이러한 불확실성하에서 실업자는 본인의 생애소득(lifetime income)의 현재가치를 극대화하도록 직장탐색 활동의 노력 강도(job search intensity)와 수용 가능한 임금수준(acceptable wage), 즉 의중임금(reservation wage)을 조절하게 된다. 실업자는 본인의 의중임금보다 높은 임금을 제의하는 구인자가 있을 때 직장탐색활동을 중지하고 그곳에 취업을 하게 된다.

실업급여는 실업비용을 낮추어주는 효과가 있으므로 실업급여 수급자는 구직활동 노력의 강도를 낮추거나 의중임금 수준을 높이게 되고, 이는 동일한 수준의 임금제의를 받아들일 확률을 낮춤으로써 궁극적으로 실업기간을 증가시키고 실업률을 높이게 된다(Feldstein, 1973; Ehrenberg & Smith, 1988). 직장탐색이론의 가정 중에는 실업급여 지급기간의 제한이 없고, 실업기간 중 구직자의 구직노력이 일정하다는 것을 전제로 하기 때문에 실업급여의 지급이 실업률을 증가시킨다는 것은 실제 운영되고 있는 실업급여의 제도적인 측면을 간과한 것이라 할 수 있다(Hansen, 1977; Burdett, 1979).

2) 균형이론(Equilibrium theory)

직업탐색이론 외에도 실업급여와 관련된 이론으로 균형이론을 들 수 있다. 이 이론에 의하면 여가나 가사노동에 대한 가치체계가 상이한 두 종류의 근로자군이 존재하고, 기업도 그 생산력에 있어서 상이한 두 개의 집단이 존

---

1) 여기에서 비현실적인 가정이란 ① 실업사유와 관계없이 급여가 지급되고, ② 실업의 시작 시점부터 실업의 종료까지 급여가 지급되며, ③ 실직자의 구직노력에 상관없이 급여가 지급되고, ④ 새로운 직장제의의 거절에 대한 징계가 없으며, ⑤ 과거 근속경력이나 보험료 납부실적에 따라 급여액의 수준이 변화하는 기제가 없으며, ⑥ 급여가 정액제로 지급되고, ⑦ 급여기간에 제한이 없으며, ⑧ 가구 내에 다른 가족들의 소득수준과 상관없이 급여가 지급된다는 것이다. 그러나 실제로 이러한 제도를 운영하고 있는 나라는 없으며, 다양한 제도적 장치를 마련하고 있다는 것이다(Atkinson & Micklewright, 1991).

재한다고 가정한다(Albrecht and Axell, 1984). 이러한 가정하에서 우선 두
개의 균형임금이 존재하고 있음을 전제하고, 이때 만약 실업급여의 수준이
증가하면 고임금부문의 균형임금은 실업급여의 증가분만큼 오르고 저임금부
문은 상승은 하되 실업급여의 증가분보다는 낮게 증가하여 결국 균형실업률
은 증가한다는 논리이다(Christian and Mario, 1994). 그러나 균형이론에 속
하면서도 노동시장 신규진입자의 경우 실업급여 수급자격이 없다는 현실적
인 제도적 측면을 반영한 Burdett and Mortensen(1980)의 연구는 상이한
논의를 제시하고 있다. 즉, 실업급여 수준이 증가하면 고용주의 해고비용이
감소함으로써 고용주는 계약 체결 시 일단 고용을 많이 하게 되고 동시에
균형임금도 증가한다는 것이다. 한편 신규진입자의 경우 실업급여의 혜택
을 받지 못하기 때문에 높은 균형임금하에서 더욱 강도 높은 직장탐색을
하게 되고, 결론적으로 경제 전체의 탐색실업(search unemployment)은 감
소하게 된다는 것이다. 결국, 균형이론도 제도의 현실적인 측면을 고려하게
될 경우 실업급여가 노동자의 근로동기에 미치는 영향은 불확실하다고 보고
있다.

한편 위의 이론들은 우리나라의 고용보험제도의 현실을 반영하기에는
많은 한계를 가지고 있다. 즉, 우리나라 실업급여액은 일률적으로 실질적
임금수준의 50%로 규정되어 있어서 실업급여 수준변화에 따른 근로동기
효과를 파악하기 어렵다는 것이다. 또한, 소정급여기간도 연령계층과 피보
험기간에 의하여 일률적으로 결정되기 때문에 급여기간이 재취업확률에 미
치는 효과는 연령이나 근속기간의 효과와 혼재되어 있어서 구분이 불가능
하다고 볼 수 있다. 또한 고용보험 적용사업장에서 이직한 사람들을 분석
대상으로 하고 신규실업자가 제외되어 있기 때문에 실업급여의 존재로 인
한 노동시장의 고용증대효과는 반영되지 못하고 있다고 볼 수 있다.

3) 이중노동시장이론(Dual labor market theory)

이중노동시장이론에서는 실업급여가 재취업에 미치는 부정적효과는 노동시장의 분절 혹은 이중성구조 때문이라는 주장을 제기한다. 예를 들어 Bulow and Summers(1986)는 실업급여가 존재하거나 급여수준이 증가하면 직장탐색비용이 감소하여 2차 노동시장(secondary labor market), 즉 한계직(marginal jobs)에 머물던 근로자들의 이직률이 상승하는데, 이는 1차 노동시장(primary labor market)으로 진입하려는 의도 때문이라는 것이다. 또한 실업급여의 수준이 높아지면 실직자는 비정규직보다는 정규직으로 고용되기 위한 한계직을 수용하지 않게 되어 그만큼 대기실업기간이 증가한다는 것이다(Christian and Mario, 1994).

그러나 이러한 이론적 모형 또한 모든 실업급여를 받는 것은 아니며, 특히, 2차 노동시장의 근로자들은 실업급여의 혜택을 받지 못할 확률이 높다는 제도적 측면을 고려할 경우 상이한 결과를 가져올 수 있다. 즉, 2차 노동시장 노동자들의 이직률은 높이겠지만 동시에 더욱 매력적인 1차 노동시장에 인력이 몰림으로써 1차 노동시장의 임금은 하락하고, 고용은 증가할 수도 있다는 것이다(Atkinson, 1990). 따라서 위의 이론에 의해서도 실업급여의 수급여부나 수준이 노동자의 직장탐색과 재취업에 미치는 영향에 관해서는 일관된 결과를 제시하지 못하고 있다.

이상에서 살펴본 이론적 논의들에 의하면, 실업급여가 실직자의 실업탈피 즉, 재취업에 미치는 영향에 관한 이론적 모형들은 실업급여가 실직자의 실업기간을 증가시킬 것이라는 가설을 일반적으로 제시하고 있으나, 현실적으로 제도적 측면을 고려하게 될 경우 그 영향력은 불확실해 짐을 지적하고 있다.

나. 실증분석 개관

1) 직업훈련

직업훈련의 효과를 분석한 연구는 우리나라의 경우 직업훈련이 도입되어 시작된 1960년대 이후 지속적으로 이루어져 왔다. 그러나 외환 위기 이후 대량 실업사태에 따른 실업대책의 일환으로 실시된 직업훈련은 양적으로나 질적으로 예전과는 비교할 수 없을 정도의 확대로 가져왔다. 이와 관련하여 직업훈련에 대한 효과 및 효율성 평가 등이 많이 이루어졌는데 대부분의 연구에서 직업훈련은 재취업이나 임금 등에서 긍정적으로 작용하고 있음을 밝히고 있으나 그 정도는 크지 않은 것으로 나타나고 있다.

정원오(1999)는 저소득계층을 위한 직업훈련효과를 생산성, 취업가능성, 소득 등 세 가지 측면에서의 변화로 구분하여 직업훈련효과의 결정요인을 분석하였는데 훈련시간, 훈련직종, 훈련제공주체의 차이와 같은 훈련의 내적요인들이 자격증 취득, 취업 등의 확률에 유의미한 영향을 미치고 있음을 밝혔다. 특히, 훈련시간은 생산성 증가에, 훈련직종은 취업확률 결정에 가장 중요한 요인으로 작용하고 있는 것으로 나타났다.

이병희(2000)는 직업훈련을 받은 실직자(처리집단)와 받지 않은 실직자(비교집단)를 추적 조사하여 훈련을 받지 않았을 경우와 비교한 준실험적 평가를 하였다. Cox's 모형을 통하여 추정한 결과, 훈련참여가 재취업 확률은 유의하게 높았으나 훈련내용은 재취업 확률에 유의하지 않게 나타나 직업훈련이 노동시장에서의 이탈을 막고, 재취업을 촉진하는 효과는 있으나 보다 안정적인 일자리로의 이동에는 미흡하다고 지적하였다.

〈표 Ⅲ-1〉 직업훈련 관련 주요 연구 비교

연구자	자료	방법	결과
정원오(1999)	고용촉진훈련 이수자 (1995~1996)	Logit	훈련시간은 생산성 증가에, 훈련직종은 취업확률 결정에 가장 중요한 요인으로 작용
이병희(2000)	고용보험 DB 및 추적조사 자료	Cox's hazard model	훈련참여는 재취업확률을 높이나 훈련내용은 재취업확률에 유의하지 않게 나타남
강순희·노홍성 (2000)	한국노동패널	Bivariate logit, Selection bias model	과거의 직업훈련 경험이 현재의 취업상태에 있을 가능성과 임금상승효과에서 양(+)의 영향을 미치는 것으로 나타남
Myoung-jae Lee & Sang-jun Lee (2002)	고용보험 DB	Weibull MLE & AFT, Cox's model, Pair matching	직업훈련은 여성 실업자의 실업기간을 증가시키고, 고용효과에서도 실업급여 수급자 보다 낮은 것으로 나타남
Dolton and Makepeace and Treble(1994)	YTS(youth training scheme)	Multinomial Logit	현장외훈련은 소득을 증가시키고, YTS 훈련은 소득을 감소시키는 것으로 나타남

강순희·노홍성(2000)은 한국노동패널자료를 이용하여 Bivariate logit 모형과 Heckman의 표본선택편이모형(Selection bias model)을 통하여 분석한 결과, 과거의 직업훈련 경험이 현재 취업상태에 머물고 있을 가능성에 양(+)의 영향을 미치는 것으로 나타났으며, 임금상승효과에서도 양(+)의 효과를 보이는 것으로 나타났다.

Myoung-jae Lee & Sang-jun Lee(2002)는 우리나라 여성 실업자의 직업훈련효과를 생존분석(Survival analysis)을 이용한 실업기간 분석과 두 집단 간의 Matching을 통하여 직업훈련의 고용효과를 분석하였다. 분석 결과, 직업훈련은 실업 여성의 실업기간을 다소 증가시키고, 고용효과에서도 실업급여를 받은 비교집단에 비해서 약 5% 정도 적은 것으로 나타났다.

Ashenfelter(1978)는 미국의 CETA(The Comprehensive Employment

and Training Act) 훈련 참여자를 대상으로 훈련이수 전과 이수 후의 연간 소득을 비교하였는데 훈련 후가 높은 것으로 추정하였다. 그러나 여기에서 는 자기 스스로 동기가 유발되어 참여한 참가자를 고려하지 않은 자기선택 (self-selection) 문제를 안게 되어 효과가 과대추정 되었다.

Blalock(1990)은 직업훈련은 프로그램 참가자의 고용가능성 증가, 직업기술의 증가, 취업의 지속성, 복지급여를 감소시킬 정도의 충분한 소득상승, 가족의 안정성과 삶의 질 향상 등의 효과를 가진다고 연구결과에서 밝히고 있으며, Castle(1989)는 프로그램의 성공과 실패를 구분하는 근거로 복지의존성, 취업률, 소득 등 세 가지 측면을 고려하여 성공의 6가지 유형과 실패의 12가지 유형을 도출하여 성공률을 종속변수로 설정하여 분석하였으며, 분석결과, 훈련기간이 짧을수록 훈련효과가 높은 것으로 나타났다. Veum(1995)는 직업훈련의 효과를 임금변화로 설정하고 훈련기간이 미치는 영향을 분석하였으나 유의미한 결과가 나타나지 않았다. 그러나 실무학교나 직업 및 기능교육기관에서의 훈련은 뚜렷한 효과가 드러나지 않았으나 사업 내 훈련의 경우, 임금수준에 긍정적인 효과가 있는 것으로 나타났다.

이와는 반대로 Taggart(1981)는 기존 연구들을 검토한 결과, 훈련기간이 길수록 훈련효과를 향상시킨다고 결론을 내리고 있다. 즉, 프로그램의 기간이 어떤 종류의 프로그램을 수행했느냐 보다 훈련효과를 더 많이 설명한다고 하였다. 장기간 훈련을 받은 사람은 자격증을 취득할 확률이 높고, 이는 취업기회를 높이며, 직업생활을 영위할 가능성이 높으며, 처음 직장보다 나은 직장으로 이동할 가능성도 높은 것으로 설명하고 있다.

Dolton and Makepeace and Treble(1994)는 다항로짓 모형을 사용하여 영국의 YTS(youth training scheme)의 도제훈련자와 현장외훈련이 소득에 미치는 효과를 연구했다. 그 결과, 현장외훈련은 소득이 증가한 반면, YTS 훈련은 소득감소를 가져온 것으로 나타났다.

2) 실업급여

앞의 직장탐색이론에서도 살펴본 바와 같이 실업급여의 효과에 관한 논의는 긍정적인 측면과 부정적인 측면이 동시에 나타나고 있다.

유태균·김진욱(1998)은 실업급여가 시행된 후 첫 18개월간 실업급여 수급자를 전수 조사하여 실업탈출에 관한 실증분석 결과, 실업자의 인적속성은 실업탈출에 부정적인 영향을 미치며, 지역과 업종에 따라 실업자들의 재취업여건이 달라진다는 사실을 제시하였다.

방하남·하윤숙(2000)은 실업급여 수급 여부가 실업자의 노동이동 경로에 어떠한 영향을 미치는지 즉, 실업자의 노동이동 경로를 미취업, 불안정취업, 안정취업 등의 세 가지 상태로 구분하고, 실업급여 수급 여부가 각 경로로의 노동이동에 어떠한 영향을 미치며, 그 결정요인이 무엇인지를 분석하였다. 분석 결과, 남성의 재취업확률이 높고, 30대와 고학력의 경우가 안정취업률이 높으며, 이전 직장규모가 1,000인 이상 대기업일 경우 안정취업상태로의 이동이 낮게 나타났다.

조홍식·김진구(2000)는 우리나라 고용보험제도의 고용효과를 사업별로 분석해 본 결과, 외환위기 이후 고용보험제도는 고용에 대하여 획기적인 성과를 나타냈다고 볼 수는 없으나 적어도 고용에 부정적인 영향은 미치지 않은 것으로 평가하고 있다.

김우영(1999)은 실업자의 노동시장이행 과정을 분석하였는데 실업자의 유형, 실업자의 취업 이행경로, 평균실업기간, 실업자의 취업으로의 탈출률의 특성, 실업급여가 탈출률에 미치는 영향 등을 주요 내용으로 분석하여 정부의 실업대책에 시사점을 제공하고 있다.

Classen(1977), Holen(1977), Ehrenberg와 Oaxaca(1976)와 같은 초창기 실업기간에 대한 실증연구들은 실업급여가 실직자들의 실업기간을 증가시키는 주요 결정요인이라는 연구결과를 발표하였고, Feldstein(1976), Burgess와 Low(1992; 1998) 등은 실업급여가 실업 유입을 증가시키는 요인임을 밝했다. 특히, 실업급여가 실직자의 실업탈피에 미치는 영향을 실증적으로 분석한 Meyer(1990), Kats와 Meyer(1990), Poterba와 Summers (1995), Belzi(1995) 등의 연구는 실업급여가 소진되기 직전 실업탈출 확률이 급격히 증가한다는 결과를 발표하였는데, 이러한 스파이크 현상은 실업급여 급부기간 동안 실업자의 도덕적 해이(Moral Hazard)가 나타난다는 증거로 흔히 제시되고 있다.

실업급여에 관한 대부분의 실증연구들은 실업급여의 수준(임금대체율)이나 급여기간(소정급여일수[2])과 같은 제도적 요인들이 실직자의 실업기간(실업급여의 급부기간)이나 실업탈피(종료)에 어떠한 영향을 미치는지 분석하는 데 그 초점을 맞추고 있으며, 연구대상이나 분석방법에는 차이가 있지만 대체로 실업급여의 부정적 효과를 보고하고 있다. 그러나 앞에서 지적했듯이 실업탈피의 유형을 세분화시켜 다양한 노동전환 과정을 분석하거나 실업급여제도 외의 법적, 제도적 요인을 분석에 포함한 최근의 실증연구들은 실업탈피에 영향을 미치는 요인을 다양할 뿐만 아니라 탈피유형에 따라서도 달라지게 된다는 분석 결과를 보여주고 있다.

---

2) 일반적으로 Benefit duration은 실업급여의 '수급기간' 즉, 실업급여 지급기간을 뜻하는 경우가 많으며, 우리나라 고용보험제도의 소정급여일수와 동일한 개념이라고 볼 수 있다. 반면, 우리나라의 고용보험에서 수급기간은 benefit year를 뜻하는 개념으로서 실직일로부터 10개월 안에 소정급여일수 만큼의 급여를 수령할 수 있다는 의미이므로 '소정급여일수'와는 다른 개념이다. 본 연구에서는 '수급기간'이라는 용어를 우리나라 고용보험제도의 '소정급여일수'와 동일한 개념으로 사용한다.

<표 Ⅲ-2> 실업급여 관련 주요 연구 비교

연구자	자료	방법	결과
유태균·김진욱 (1998)	실업급여 수급자 (1996~1997)	Logit	실업자의 인적속성은 실업탈출에 부정적 영향을 미침
방하남·하윤숙 (2000)	고용보험 DB	Multinomial logit	남자의 재취업확률 높고, 30대와 고학력의 안정취업 확률이 높은 것으로 나타남
조흥식·김진구 (2000)	전국실업실태 및 복지수요조사 (1998)	Logit	고용보험 사업이 고용에 있어서 유의미한 결과는 얻지 못했으나 고용보험제도가 고용에 부정적이지는 않은 것으로 나타남
Meyer(1990)	CEBH (1978~1983)	Semi-parametric hazard model	기혼, 고학력, 고임금에서 실업탈출확률 높음
Kats & Meyer (1990)	PSID (1980~1981)	Duration model	실업급여 수준, 급여일수가 증가할수록 실업기간 및 실업률을 증가시킴
Belzi(1995)	Canandian Administrative Data	Multi-state duration model	실업급여 종료 시점에서 실업탈출확률 높음
Blau(1992)	EOPP	Hazard model	의중임금보다 낮은 수준의 임금에 취업하는 비중이 높음
Korpi(1995)	Sweden time-series data	Duration model (Weibull)	여성, 고학력, 근로경력이 길수록 실업탈출확률이 높고, 실업기간이 길수록 실업탈출확률 낮음
Carling et. al (1996)	Sweden Unemployment data	Semi-parametric competing risk model	청년층, 고학력, 고기능(숙련)수준 등에서 실업탈출확률이 높게 나타남

Meyer(1990)는 CEBH 자료(1978~1983)를 대상으로 Semiparametic hazard를 추정한 결과, 기혼, 높은 교육수준, 높은 임금, 낮은 실업급여수준 등이 실업탈피 확률을 높이고, 부양가족이 많고 실업률이 악화될수록 실업탈출률이 낮아 졌다고 분석하였다. 또한, 실업급여가 실업률을 높이는 이유를 단기실업의 발생을 잦게 하기 때문이 아니라 실업으로부터의 탈피확률을 낮추기 때문인 것으로 설명하였다. 또, PSID 자료(1980~1981)를 Kaplan-Meier Survive 모형으로 분석한 Kats & Meyer(1990)의 연구에서는 실업급여 수준뿐만 아니라 소정급여일수가 증가될수록 부(−)의 기간의존성

(Negative duration dependence)이 나타나 실업기간 및 실업률을 증가시킴을 발견하였다.

Belzil(1995)은 캐나다 정부의 시계열 자료(1972~1984)를 Event History Analysis 기법을 이용하여 분석한 결과, 실업급여 소진 시점에서 실업탈출 확률이 급격히 높아지는 스파이크 현상이 나타났다고 밝혔다. Blau(1992)는 EOPP(Employment Opportunity Pilot Project) 자료(1980)를 Hazard Model 로 분석한 결과, 실업 구직자는 의중임금보다 낮은 수준의 직업을 받아들 인다는 결과를 밝혀 실업급여가 실직자의 의중임금이나 직장탐색에 미치는 영향이 불분명함을 보여주었다.

Korpi(1995)는 스웨덴 시계열자료(1981~1985)를 Weibull Model을 이용 하여 실업상태에서 다양한 고용형태로의 실업탈출 및 노동시장 프로그램 참여에 영향을 미치는 요인을 분석하였다. 그 결과, 실업에서 취업으로 탈 출할 확률은 여성, 고학력, 근로경력이 많을수록 높았고, 과거의 실업경험 은 상용직에는 부(-)의 효과로 나타났으며, 임시직에는 정(+)의 효과를 나타냈다. 또 실업기간이 길수록 고용으로의 실업탈출확률이 낮아졌고, 실 업급여의 효과는 임시직에만 부정적인 영향을 미쳤을 뿐 다른 형태로의 이 동에는 통계적으로 유의미하지 않았다.

Carling et. al(1996)은 스웨덴 실업자 자료(1991)를 Semi-parametric Competing risk model을 이용하여 실업탈출확률을 분석한 결과, 청년층의 실업탈출률이 모든 유형에서 가장 높았으며, 교육수준, 훈련 및 기술수준, 지역의 실업률 등이 실업탈출에 유의미하게 나타났다.

제2절 빈곤층 사회안전망으로서의 고용보험

사회안전망이라는 용어는 기존에 사회정책학 문헌에서 간헐적으로 사용 되어 왔으나 이에 대한 정확한 개념규정이나 그것이 포괄하는 범위에 대한 합의는 이루어지지 않은 상태이다.

  사회복지학계에서는 사회안전망을 사회보장제도와 유사개념으로 사용하여 왔으며, 사회보장제도가 갖는 사회적 안전장치로서의 기능을 좀더 강조하여 지칭하는 것으로 사용하여 왔다. 이러한 시각에서 보면 일반적으로 사회안전망이란 사회구성원들이 삶의 주기에서 겪을 수 있는 다양한 위험들에 대하여 사회적으로 보호해 주는 제도적 장치라고 할 수 있다. 삶의 주기에서 겪을 수 있는 위험의 범위는 논자에 따라 넓게 규정될 수도 있고, 좁게 규정될 수도 있지만 대체로 노동시장에서의 소득의 중단과 예외적인 지출(Exceptional Expenditure)을 초래하는 것들로 말할 수 있다. 소득의 중단은 노령, 질병, 재해, 장애, 실업, 부양자의 사망으로 인한 부양의 상실 등으로 인해 발생하게 되며, 예외적인 지출은 아동양육과 출산으로 발생하게 된다.

  국제통화기금(IMF)과 세계은행(World Bank) 그리고 경제협력개발기구(OECD)의 사회안전망에 대한 정의를 살펴보면, 먼저 IMF는 구조조정이 빈곤층에 미칠 수 있는 악영향을 완화하기 위한 수단으로 사회보험, 공공부조, 수당 및 일반생활에서 발생하는 위험에 대비하는 조치들로 보다 광범위하게 개념을 정의하고 있으며, 이러한 사회안전망을 수행하는 것으로는 삶의 주기에서 나타나는 다양한 위험과 사건들(Contingencies)에 대처하기 위한 사회보험과 공적 부조, 보편적 급여(아동수당, 노령수당 등) 등이 포함된다고 논의하였다(Chu and Gupta, 1998)[3]. 세계은행에서는 근로능력이 있다고 하더라도 비축된 여유가 없어 최소한의 생계를 유지하기 어려운 상황에 처한 개인이나 가구주 및 가구원들을 보호하는 프로그램들을 의미하고 있으며(K. Subbarao 외, 1997), OECD에서는 자력만으로 생활유지가 어려운 사회구성원들을 정상적인 노동 및 사회활동이 가능할 때까지 최소한의 생활유지가 가능하도록 해주기 위한 사회적 장치로 정의하고 있다. 즉, 사회부조, 실업급여 및 가족, 장애, 주택급여 등 자산조사에 의하여 판정된 저소득층만을 대상으로 하는 급여제도를 사회안전망에 포함시키고 있

---

3) Ke-young Chu and Sanjeev Gupta(1998), Social Safety Nets, IMF, ch.2.

다(정형선, 1998; 박찬용 외, 2000).

특히, 외환위기 이후 사회안전망에 관한 논의가 자주 등장하고 있으며, 그동안 사용되어 왔던 '사회보장,[4]' '사회복지'(Social security, Social protection,[5] Social welfare, Social service) 등의 용어를 포괄한 개념으로 사용된다.

〈표 Ⅲ-3〉 사회보장제도와 사회안전망

사회보장제도		사회안전망	
		협의의 개념	광의의 개념
사회보험	국민연금	일부 사회안전망으로서 기능	1차 사회안전망
	의료보험		
	고용보험		
	산재보험		
공공부조	실업부조	사회안전망	2차 사회안전망
	사회부조		
각종 사회복지 급여 프로그램	가족급여 / 아동급여	자산조사, 소득조사에 의해 빈곤층을 대상으로 할 경우 사회안전망으로서 기능	(기타 사회안전망)
	가족급여 / 편부모급여		
	가족급여 / 기타		
	장애인급여		
	주택급여		
	기타		
사회복지시설 서비스(고아원, 양로원 등)			

자료: 정형선(1998), OECD 국가의 사회안전망, 보건복지포럼, 한국보건사회연구원

사회안전망의 개념을 광의와 협의로 나누어 볼 수 있는데, 먼저 광의의 사회안전망은 사실상 사회보장제도와 거의 같은 개념으로 규정하여 '모든 국민을 노령, 질병, 실업, 산업재해, 빈곤 등의 사회적 위험으로부터 보호하

---

4) 사회보장(Social Security)이란 노령, 질병, 산재, 실업 등 사람들의 생활상의 위험이나 곤경에 대하여 법으로 정해진 일정한 사회적 급부(현금, 현물, 서비스)를 제공하는 사회제도 혹은 사회적 장치를 의미하며, 사회보험, 사회부조(공공부조), 사회복지서비스 등으로 크게 범주화시킬 수 있다(이인재 외, 1999).

5) 우리가 사용하는 사회보장에 해당하는 용어로 OECD에서는 'Social protection'을 자주 사용한다. Social security나 Social welfare가 의미하는 것이 각 국가마다 상이해 의사소통에 혼란이 오는 경우가 많아 'Social protection'을 쓰는 것으로 해석된다.

기 위한 제도적 장치'로 보고 있다. 즉, 4대 사회보험을 1차 사회안전망으로, 사회부조 등을 2차 사회안전망으로 간주하여 사회안전망이라는 용어를 사회보험과 사회부조를 포괄하는 것으로 하고 있다. 이에 따르면 실업대책과 관련한 우리나라의 사회안전망은 1차 사회안전망으로서 고용보험, 2차 사회안전망으로서 생활보호가 있으며, 공공근로사업과 직업훈련은 사회안전망의 보조망으로 활용된다.

　반면, 협의의 사회안전망은 '빈곤에 대한 최후의 보루로서의 사회장치'라는 정도로 이해되고 있기도 하다. 특히, 빈곤층을 원래의 대상으로 하는 사회부조제도는 가장 기본적이고 전형적인 사회안전망이며, 기타 실업급여제도, 가족급여제도, 장애급여제도, 주택급여제도 등은 특히 자산조사나 소득조사에 의하여 판정된 빈곤층을 대상으로 하거나 그러한 저소득계층에게 특별한 추가적 급여를 제공하게 될 때 이러한 급여도 협의의 사회안전망에 포함된다고 할 수 있다. 즉, 협의의 사회안전망은 실업을 원인으로 하건, 아동부양의 부담을 원인으로 하건 장애를 원인으로 하건-원인의 종류에 따라 급여의 종류가 달라진다 하더라도-가지고 있는 자산이나 벌어들이는 소득만으로는 기본적인 생계가 유지되기 힘들다는 사실을 가장 중요한 기준으로 하여 그들에게 사회가 지원을 하기 위해 만들어 놓은 장치를 지칭한다. 이는 사회안전망(광의)＝사회보장제도(협의)(사회보험, 공공부조 등)＋보완적 장치(공공근로, 취업훈련 등)로 나타낼 수 있다(정경배, 1998).

　우리나라의 사회안전망은 연금보험, 건강보험, 고용보험, 산재보험 등 4대 사회보험을 포함하는 사회보험과 국민기초생활보장제도, 경로연금, 장애수당 등을 포함하는 공공부조, 공공근로사업, 생업자금융자 등과 같은 보완적 제도 및 긴급구호 등으로 구성되어 있다. 본 연구에서는 사회보험 중의 하나인 고용보험제도의 역할과 그 효과에 초점을 두고 분석하게 된다.

　1995년 처음 도입된 우리나라의 고용보험제도는 실직근로자에게 실업급여를 지급하는 전통적 의미의 실업보험사업 외에 적극적인 취업알선을 통한 재취업의 촉진과 근로자의 직업안정 및 고용구조 개선을 위한 고용안정사업, 근로자 직업능력개발사업 등을 상호 연계하여 실시하는 사회보험제도라고 정의하면서 고용보험은 실업보험과 기본적으로 상이한 제도적 성격을 띠고 있음을 밝혔다.

이러한 정의와 더불어 고용보험제도의 도입의 필요성과 배경을 고용조정의 원활화와 경제의 효율성 제고, 직업안정기능의 활성화와 인력수급의 원활화(노동시장의 유연성 강화), 직업훈련의 활성화와 경쟁력 강화, 실직자의 생활안정과 재취직의 촉진, 남북한 통일에 대비한 적극적 노동시장정책의 추진 등 다섯 가지를 제시하였다. 고용보험제도의 추진을 위한 기본방향 역시 고용정책과 사회보장정책을 혼합하여 운용하되 사회보장적 기능보다는 직업훈련, 직업안정, 고용조정 등의 활성화에 초점을 둔 고용정책적 기능에 더 많은 비중을 두는 것으로 설계하였다(김태성, 1996; 고용보험연구기획단, 1993).

특히, 실업자에 대한 사회안전망은 실업자들이 조기에 재취업에 성공하여 사회안전망의 보호를 받지 않고 스스로 경제생활을 영위할 수 있도록 지원하는 데 그 목적이 있다.

1995년 도입 이후 1998년 10월 1일, 1인 이상의 모든 사업장으로 적용범위 확대를 통하여 고용보험 가입이 급격히 증가하다가 1999년에 들어서면서 가입속도의 증가가 완만해지고 있다. 이는 비정규직의 증가로 노동이동의 정도가 높아지고 있는 것과 사업장의 성립과 소멸이 잦은 소규모사업장의 특성 때문이다.

〈표 Ⅲ-4〉 고용보험 적용사업장 및 피보험자 변화 추이

(단위: 개소, 명)

구분	고용보험 적용 사업장			고용보험 피보험자				
	사업장	신규성립	소멸	피보험자			취득	상실
				계	남자	여자		
1997	47,427	8,927	5,205	4,280,430	3,134,399	1,146,031	1,345,231	1,392,542
1998	400,000	360,783	8,864	5,267,658	3,765,621	1,502,037	2,963,828	1,975,706
1999	601,394	240,596	33,954	6,054,479	4,237,584	1,816,895	3,330,353	2,499,662
2000	693,414	186,031	94,697	6,747,263	4,633,208	2,114,055	3,695,723	2,981,558
2001	806,962	226,642	114,332	6,908,888	4,712,338	2,196,550	3,435,154	3,234,745

자료: 한국산업인력공단 중앙고용정보원(각 연도). 고용보험통계연보

기업규모 및 업종별 적용범위 확대 과정을 살펴보면, 1995년 7월 제도 도입 당시 고용보험은 30인 이상 사업장에 적용되었으나, 이후 점차적으로 적용대상범위를 확대하여 1998년 10월 1일부터는 1인 이상 모든 사업장에 고용보험이 적용되고 있으며, 건설업의 경우 총 공사금액 3억 4천만 원 이상이 적용대상이다.

⟨표 Ⅲ-5⟩ 당연 적용대상 사업장 규모 변화

보험사업별	적용대상 사업장 규모					
	1995. 7~ 1996. 12	1997. 7~ 1997. 12	1998. 1~ 1998. 2	1998. 3~ 1998. 6	1998. 7~ 1998. 10	1998. 10~
실업급여	30인 이상	30인 이상	10인 이상	5인 이상	5인 이상	1인 이상
고용안정· 직업능력 개발	70인 이상	70인 이상	50인 이상	50인 이상	5인 이상	1인 이상
(건설업의 총공사금액)	(40억 원)	(44억 원)	(34억 원)	(34억 원)	(3억 4천만 원)	(3억 4천만 원)

주: 건설업은 3사업(실업급여, 고용안정·직업능력개발사업)의 적용기준임
자료: 노동부(2000). 고용보험백서

1998년 10월 이전에는 5인 이상 사업장의 정규직 근로자에게만 고용보험이 적용되었다. 이로 인해 소득이 낮고 상대적으로 실직의 위험이 높아 더 많은 보호와 지원이 필요한 5인 미만 영세사업장 및 임시·시간제 등 비정규근로자에게 고용보험이 적용되지 아니함에 따라 노동단체, 시민단체, 학계 등 각계에서 이들이 국가적·사회적 보호망으로부터 방치되고 있다는 주장을 지속적으로 제기하여 왔다. 1998년 10월 고용보험이 1인 이상 영세사업장을 포함한 전 사업장으로 확대됨에 따라 영세 취약계층 근로자를 포함한 사실상 거의 모든 근로자를 보호할 수 있는 기본적인 사회안전망을 갖추게 되어 실직으로 인한 사회불안 요인을 최소화할 수 있게 되었다.

또한, 1997년 말 외환위기 이후 증가되고 있는 구조 조정과 노동시장의 유연화에 대처하기 위하여 실직자에 대한 실업급여 수혜는 물론 재직자 고

용유지를 위한 고용안정사업 및 직업능력개발사업을 추진하는 기초적인 여건을 구비하는 데 크게 기여하였다.

보험료의 부담원칙을 보면, 실업급여의 경우 노사가 실업급여 보험료의 1/2을 각각 부담한다. 다만, 노동조합으로부터 급여의 명목으로 지급받는 노조전임비 등 사업주로부터 임금을 지급받지 않는 경우에는 근로자가 그 전액을 부담하도록 되어 있다. 고용안정사업과 직업능력개발사업의 경우에는 사업주가 보험료의 전액을 부담하도록 되어 있다[6].

1990년대 이후 서구 국가들은 예외 없이 고실업에 직면하게 되었고, OECD 등에서도 실업에 대처하기 위하여 많은 국가가 시행하고 있는 사회보장 프로그램의 급여수준이나 급여기간이 실업에 미치는 영향과 실업 관련 급여의 적정성 여부 등에 대한 광범위한 논의가 이루어지고 있다.

실업보험제도는 사회부조제도[7]와 마찬가지로 대부분의 OECD 국가에서 시행하고 있는 사회보장제도의 하나이다. 다만 이전의 고용과 연계되어 보험료를 납부할 수 있었던 어느 정도 생계유지가 가능한 계층을 대상으로 하고, 따라서 자산조사를 필요로 하지 않으며, 급여가 일종의 권리적 성격이 강하다는 점 등으로 인하여 이를 협의의 사회안전망의 일부로 볼 것인가 하는 점에 대해서는 견해가 일치하지 않는다.

실업보험을 받기 위해서는 보험료를 납부한 일정 보험가입기간을 필요로 한다. 또한 영국, 프랑스, 일본 등 상당수 국가에서는 실업상태에 놓인 후 일정한 대기기간을 지나야 보험급여가 가능하도록 되어 있다. 특히, 아

---

6) 실업급여 보험료는 당해 보험년도 피보험자인 근로자(1개월 미만 제외)의 임금총액×실업급여 보험요율이며, 직업능력개발사업 보험료는 당해 보험년도 피보험자인 근로자(월 80시간 미만 제외)의 임금총액×직업능력개발사업 보험요율이다(노동부, 2002).

7) 실업부조란 실업자가 실업보험의 수급자격을 결하고 있거나 상실된 경우 이들을 지원하기 위해서 지급하는 사회보장 프로그램의 하나로 실업급여의 성격과 공공부조의 성격이 복합된 제도로 국가의 정책적인 판단에 따라 다양한 형태로 제도가 운영되고 있다. 실업부조는 급여를 위해서는 고용경력이 있거나 최소한의 고용 내지 실업과의 연계가 있어야 하고, 자산조사 등에 의한 빈곤층을 대상으로 해야 한다는 점이 필요하다.

이슬랜드의 경우 임금이 높았던 실업자일수록 대기기간이 길어지는 독특한 제도를 운영하고 있다.

최대 급여기간은 고용기간에 따라(일본, 프랑스, 네덜란드, 벨기에, 스위스, 스페인, 그리스, 헝가리, 폴란드 등) 또는 연령에 따라(프랑스, 독일, 네덜란드, 호주, 스웨덴, 폴란드, 포르투갈 등) 다르나 일정기간으로 고정되어 있는 경우도 있다. 일본이나 룩셈부르크 같은 경우는 실업자가 당해 지역에서 고용전망이 좋지 않다고 판정되면 급여기간이 길어진다.

〈표 Ⅲ-6〉 OECD 주요국의 실업보험제도 비교

국가	고용조건	급여	과세여부	최대지급기간
캐나다	1년 중 420~700시간	임금연계	과세	45주
덴마크	3년 중 26주	임금연계	과세	5년
핀란드	2년 중 26주	임금연계	과세	4년 중 500일
프랑스	12개월 중 91일	임금연계	과세	60개월
독일	3년 중 360일	임금연계	비과세	78~832일
일본	12개월 중 6개월	임금연계	비과세	90~300일
한국	6개월	임금연계	비과세	30~210일
스웨덴	12개월 중 5개월	임금연계	과세	300일
영국	2년 중 1년	일정액	과세	26주
미국	주마다 상이	임금연계	과세	26주

주: 실업부조 제도는 각 국별로 운영방법이 상이함
자료: OECD, OLIS, DEELSA/ELSA/WD(98)4/ANN 및 정형선(1998), OECD 국가의 사회안전망, 보건복지포럼에서 재편집

급여수준은 일반적으로 이전의 임금에 따라 산정되고, 상하한이 설정되어 있다. 일부 고용경력, 연령, 가족상황에 따라 급여수준을 달리하는 국가도 있다. 프랑스, 노르웨이, 헝가리, 체코에서는 급여기간이 길어짐에 따라 급여액이 감소되는 반면, 영국, 아일랜드, 아이슬랜드 등에서는 일정액을 지급한다.

여타 사회보장 프로그램의 경우도 마찬가지이지만, 특히 실업 관련 급여는 고용 및 노동시장과의 관계에서 긍정, 부정적인 영향을 동시에 줄 수 있기 때문에 경제문제에 비중을 두고 있는 OECD에서는 특히 많은 논의가

있어 왔다.

실업급여제도의 긍정적인 측면은 소득지원을 통하여 구직활동을 장려하고, 정상적인 노동시장 접촉에 전념할 수 있게 한다는 점과 제도가 제대로 기능하면 적극적 노동시장정책(ALMP: Active Labor Market Policy)에의 참여를 이끌어낼 수 있다는 점이고, 부정적인 측면은 그러한 급여에의 의존심을 키운다든지 자산조사에 통과하기 위하여 소득을 꺼리게 되는 등 근로에의 역유인을 가져올 수 있다는 점이다. 대부분의 국가에서 실업보험의 급여기간을 제한하고 있다든지, 급여에 과세를 하고 있는 것은 이러한 근로에의 역유인을 제거하고, 근로와의 형평성을 유지하는 차원에서 이루어진 것이다.

OECD의 Job Study에서는 실업 관련 급여가 관대하게 제공되면 이는 상당한 시차를 두고(캐나다, 아일랜드, 핀란드 5~10년, 노르웨이, 스웨덴, 스위스 10~20년) 호황시의 실업은 물론 경기순환적 실업을 증가시켰던 것으로 분석되었다(OECD, 1994). 즉, 경기순환과 같은 여타 요인에 의한 실업이 발생한 후 일정한 시간적 간격을 두고 실업급여의 소득대체에 따른 실업효과가 나타나고 있다는 사실을 확인하면서 실업급여가 실업을 유지시키는 방향으로 작용함을 결론짓고 있다.

이러한 결론과 함께 최근 OECD 국가들 사이에서는 실업급여의 관대성을 완화시키고 급여수준을 낮추는 방향으로 재조정하는 작업이 광범위하게 진행되고 있다(OECD, 1997). 상당수 국가들은 수급자격요건을 보다 엄격히 적용함으로써 실업에의 유인을 제거하려는 시도를 하고 있다. 완전 실업급여를 위한 필요 고용기간이나 기여금 납입의무를 늘이거나 적극적 노동시장 프로그램에의 참여의무를 새로이 부과한다든지 하는 것이다. 또한 보다 적극적인 의미에서 젊은층에 대한 수동적인 소득지원 급여를 억제하고 대신에 교육훈련 등 고용전망과 관련한 프로그램에의 참여를 지원하는 방향으로 나가고 있는 경우도 많이 있다.

수급자격요건 강화 차원의 하나이기는 하지만 실업급여를 위한 전제조건인 근로에의 의지를 확인하는 절차(Work test)가 강화되고 있는 것은 최근의 가장 뚜렷한 움직임으로 주목할만한 사실이다. 그 밖에 파트타임에 대해서도 실업급여를 지급하거나, 자산조사에 의한 실업급여를 받는 실업자 부부에게 개별적으로 급여액을 인정해 주거나, 배우자의 소득에 따른 영향을 줄여줌으로써 근로에의 참여를 유도한다든지 하는 다양한 접근이 이루어지고 있다. 특히, 고실업이 지속되고 있는 서구 유럽국가에서는 이러한 실업급여의 긍정, 부정적인 측면과 적정 급여수준에 대한 논쟁이 계속되고 있다. 즉, 실업자의 빈곤경감, 소득유지를 위하여 적절한 실업급여를 제공해야 하는 당위성과 실업자의 구직에 대한 재정적인 역인센티브를 줄여야 한다는 현실적인 목표 사이에서 갈등하고 있는 것이다.

우리나라의 경우, 지난 30여 년간 자연실업률에 가까운 완전고용상태를 유지해 왔으며, 대량실업을 경험해 보지 못하여 실업의 고통이 유럽이나 미국과는 비교가 되지 않을 정도로 상당히 크다. 이는 맞벌이가 일반화되어 남성의 실업이 있어도 여성의 임금으로 가계생계가 일부 보전되는 반면, 우리나라에서는 가구 내 성별 분업구조에 따라 남성가구주의 실업은 가족전체의 고통이 되는 점, 자녀가 결혼 전까지 부모와 함께 생활하는 가계구조상의 문제, 사회보장 시스템이 극히 미약하여 실업자 가정에게는 실업이 생존문제와 직결되는 등 사회안전망에 대한 필요성이 큰 것이 사실이다.

빈곤층의 사회안전망으로서 중요한 역할을 수행하고 있는 고용보험의 세 가지 사업 중에서 본 연구에서 분석대상으로 하고 있는 직업훈련(실업자재취직훈련)과 실업급여에 관하여 살펴본다.

먼저, 직업훈련에 대하여 살펴보면, 빈곤층, 혹은 빈곤계층을 위한 직업훈련의 목표는 직업훈련을 통하여 소득획득 능력을 향상시키고 궁극적으로는 스스로의 힘으로 빈곤으로부터 벗어나게 하는 데 있다. 이러한 목표를 성취하는 과정에서 직업훈련을 통하여 취업할 수 있느냐의 여부가 중요한 문제로 대두된다. 왜냐하면 직업훈련을 수료한 이후 취업이 이루어지지 않는다면 직업훈련을 통한 소득획득능력의 증가가 실제소득의 증가로 이어질 수 있는 기회가 상실되기 때문이다. 즉, 직업훈련은 재취업 기능을 촉진시켜주며, 실업으로 인한 충격 완화, 훈련수당, 가족수당 등의 지급을 통한 생계문제를 해결해 주는 등의 사회안전망으로서의 기능을 수행하고 있다.

우리나라의 직업훈련이 저소득계층을 위한 복지프로그램의 일환으로 인식되기 시작한 것은 생활보호대상자의 자활대책으로 직업훈련 프로그램이 도입된 1982년 이후부터라고 할 수 있다.

직업능력개발사업 중 본 분석에 이용되는 실업자재취직훈련은 지원요건이 고용보험 피보험자였던 65세 미만의 실직자로서 직업능력개발훈련을 희망하여 구직등록 후 직업훈련상담을 받은 자이다. 지원금액은 훈련비의 경우, 직업능력개발훈련시설 및 직업능력개발훈련법인은 표준훈련비의 100%×단위기간 중의 훈련시간×평균훈련생 수이며, 그 밖의 훈련기관 및 시설은 표준훈련비의 80%(기준 외 훈련은 70%)×단위기간 중의 훈련시간×평균훈련생 수이다. 훈련수당은 실업급여 수급자격이 없는 훈련생으로서 훈련시간이 1일 4시간 이상, 1개월 80시간 이상인 훈련과정을 수강하고 단위기간의 출석일수가 소정훈련 일수의 80% 이상인 자를 대상으로 교통비 5만 원, 우선직종수당 20만 원(우선 선정직종 수강자에 한함) 등이 지원된다. 신청절차는 지방노동관서 등 직업안정기관에 구직등록 및 상담 후 실업자재취직훈련과정을 개설한 훈련기관에 직업훈련상담 확인증을 제출하게 되면 훈련기관에서 훈련생을 선발하게 된다.

고용보험 직업능력개발사업의 지원 및 추진실적을 보면 적용범위가 전 사업장으로 확대된 1998년 이후 지원사업장과 지원 인원이 크게 증가하였음을 볼 수 있다. 이러한 증가 현상은 외환 위기로 인한 대량실업이라는 노동시장 상황과 이에 따른 적용범위 확대라는 제도적인 변화로 인하여 나타난 결과로 볼 수 있다.

〈표 Ⅲ-7〉 고용보험 직업능력개발사업 실적

(단위: 개소, 명, 억 원)

구분	1997	1998	1999	2000	2001
사업장	8,861	25,922	51,686	86,680	91,385
지원인원	199,880	588,006	1,029,813	1,365,782	1,730,308
지원금액	589	2,577	4,182	3,961	3,796

자료: 한국산업인력공단 중앙고용정보원(각 연도), 고용보험통계연보

직업능력개발사업 중 실업자재취직훈련은 외환 위기로 인한 대량실업사태에 따라 1998년과 1999년에는 훈련인원이 각각 직업능력개발사업 중 27.7%와 22.0%를 차지하였으며, 지원금액 또한 각각 전체의 74.2%와 73.2%를 차지하여 그 비중이 매우 컸다. 그러나 2000년 이후에는 경기회복에 따른 실업률 및 실업자의 감소로 인하여 지원인원과 금액이 크게 감소하였다.

〈표 Ⅲ-8〉 고용보험 직업능력개발사업 중 실업자재취직훈련 추이

(단위: 명, 백만 원, %)

구분	1997	1998	1999	2000	2001
훈련인원	1,949 (1.0)	163,111 (27.7)	226,356 (22.0)	120,296 (8.8)	104,559 (6.0)
지원금액	2,262 (3.8)	191,194 (74.2)	306,172 (73.2)	215,512 (54.4)	152,509 (40.2)

주: ( )안은 직업능력개발사업에서 차지하는 비중임
자료: 한국산업인력공단 중앙고용정보원(각 연도), 고용보험통계연보

경기회복 등으로 인하여 실업자재취직훈련 수요는 감소하고 있으나 여전히 실업자재취직훈련에 경직적인 예산이 지속적으로 투입되고 있으며, 경제의 불확실성으로 인하여 실업위험이 상존하고 있으므로 실업자재취직훈련의 내실화는 계속 이루어져야 할 것이다.

2001년에 실업률의 하락에도 불구하고 실업급여 수급자 및 수급액이 증가한 것은 경기침체의 영향으로 비자발적 상실자의 비중이 증가하여 신규 수급자의 증가 및 임금인상, 구직급여일액 상한의 인상, 소정급여일수 증가 등에 기인한 것으로 해석된다(한국노동연구원, 2002).

다음으로 실업급여에 대하여 살펴보면, 우리나라에 고용보험제도가 도입된 이후 실업급여제도는 실업자들에 대한 사회안전망으로서 가장 중요한 역할을 수행하고 있으며, 특히, 외환 위기 이후 대량실업사태를 해결하는데 크게 기여하였다. 반면, 실업급여는 수급자들에게 실업으로 인한 고통과 경제적 어려움을 줄여주기 때문에 구직활동에 나서는 동기부여가 낮아 이로 인하여 실업기간이 길어질 가능성이 높으며, 또한 일부 실업급여 수급

자들은 이 제도를 악용하는 도덕적 해이(moral hazard) 현상이 나타날 수도 있는 등 부작용도 있을 수 있다.

우리나라에서도 이러한 제도적인 취약점을 해소하고자 수급자격과 요건 등에 제한을 두는 등 다양한 법적, 제도적 장치를 마련해 두고 있다. 사실, 노동시장에서 나타나는 실업급여의 부작용을 막기는 현실적으로 어려운 한계가 있기 때문에 실업급여 수급자들의 특성과 이들 수급자들이 실업급여를 수급 받지 못하는 사람들에 비하여 노동시장에서 어떠한 행태를 보이는지를 살펴보는 것도 고용보험제도가 건전하게 운용되는 데 있어서 중요하다. 특히, 빈곤층의 경우 노동시장에서도 상대적으로 취약한 여건에 놓일 가능성이 높기 때문에 실업급여 수급 가능성과 효과 또한 높다고 볼 수 있기 때문에 빈곤층에 대한 심층적인 분석이 필요하다.

1995년 7월 고용보험이 우리나라에 도입될 당시 이 제도는 실업자들에 대한 소득보장의 역할보다는 고용안정과 직업훈련을 강조하는 적극적 노동시장정책으로서의 역할이 강조되었다. 이러한 제도의 성격은 고용보험을 일찍 도입한 선진국과는 다른 형태인 직업훈련, 고용안정, 실업급여 등 세 가지의 사업을 종합한 고용보험제도로 이루어지게 되었으며, 실업급여제도는 앞의 두 가지 사업을 보조하는 성격의 사업으로 보조적인 역할을 수행하게 되었다. 따라서 실업급여의 수급요건은 상대적으로 엄격하게 적용되었고, 수급기간도 짧게, 급여수준도 낮은 수준인 평균임금의 50%선에서 결정되게 되었다.

최근의 고용보험 사업 중 실업급여 제도는 다음과 같이 운용되고 있다. 실업급여 중 대부분을 차지하는 구직급여의 경우 고용보험이 적용되는 사업장에서 이직일 이전 18개월 동안에 180일(피보험단위기간) 이상 근무하여야 하고 회사의 경영사정 등과 관련하여 비자발적으로 이직한 경우가 수급대상이 된다. 그러나 정당한 사유 없는 자기사정으로 직장을 그만두거나 본인의 중대한 잘못으로 해고된 경우에는 구직급여를 받을 수 없다. 또, 실직 후 근로의사와 능력을 가지고 적극적으로 구직활동을 해야 하는데 이 경우에도 퇴직 시 퇴직금·퇴직위로금 등 1억 원 이상의 수령하거나 수령

이 확실시되는 자는 실업 신고일로부터 실업급여 지급을 3개월 유예하도록
되어 있다. 일용근로자는 실업급여신청 전 1월간 근로일수가 10일 미만이
어야 하고, 90일 이상을 일용근로자로 근무해야(2004. 1. 1) 한다. 이직 시
연령과 피보험기간에 따라 90~240일간 실직 전 평균임금의 50%를 지급하
게 되는데 최고 35,000원, 최저 최저임금액의 90%를 지급한다. 구직급여는
실제로 실직상태에 있었던 날 수 만큼의 금액을 지급하게 된다.

〈표 Ⅲ-9〉 고용보험의 실업급여 소정급여일수

(단위: 일)

구분		피보험 근속기간				
		1년 미만	1년 이상 3년 미만	3년 이상 5년 미만	5년 이상 10년 미만	10년 이상
현재연령	30세 미만	90	90	120	150	180
	30세 이상, 50세 미만	90	120	150	180	210
	50세 이상, 장애인	90	150	180	210	240

자료: 노동부(2003), 고용보험업무편람

구직급여 신청절차는 실직 후 집 근처 지방노동관서에 구직등록 및 「수
급자격인정신청서」 제출하고, 신청 후 매 2주마다 지방노동관서에 「실업인
정신청서」를 작성·제출해야 한다. 이 경우 특수한 상황에서는 행정상 편
의도 제공되고 있다. 즉, 도서 거주자의 경우 우편, 인터넷 등을 이용한 실
업을 인정하고, 60세 이상 고령자 및 장애인의 경우 4주마다 실업을 인정
해 준다. 또, 2004. 1. 1부터는 대기기간(7일) 종료 후 소정급여일수(90~240
일)에 해당하는 날까지 실업급여를 지급하도록 된다.

〈표 Ⅲ-10〉에서 볼 수 있듯이 사실, 외환 위기 이전에는 실업급여 수급
자 및 지급액이 많지 않았으나 1997년 말 외환 위기 이후 실업자 및 실업
률의 급증과 더불어 실업급여 수급자 및 지급액이 대폭 증가하였다. 여기
에는 실업급여 적용범위 확대, 실업급여 신청요건 완화, 구직급여 소정수급
일수 확대, 특별연장급여 실시 등의 제도적인 변화도 이러한 수혜범위 확

대에 크게 기여하였다.

〈표 Ⅲ-10〉 실업급여 수급자 추이

(단위: 명, %, 백만 원)

구분	신규수급자	전년도대비 증가율	수급자 연인원	전년도 대비 증가율	실업급여 지급액
1997	39,911	454.4	127,622	740.8	77,864
1998	373,899	836.8	1,379,940	981.3	785,151
1999	307,568	-17.7	1,741,437	26.2	936,186
2000	227,789	-25.9	918,460	-47.3	470,794
2001	314,778	38.2	1,403,605	52.8	845,112

주: 1) 수급자 연인원은 월별 수급자의 합임
    2) 구직급여 및 기타 수당의 중복 수급자 포함
자료: 한국산업인력공단 중앙고용정보원(각 월호), 고용보험통계월보

1998년 이후 실업급여 수급자 및 지급액이 증가하다가 2000년에는 다시 감소했는데 이는 경기회복에 따른 실업률의 감소 등에 영향을 받은 것으로 해석된다. 여기에서 실업급여 수급자와 실업급여 수급 비율[8]은 경제환경 및 노동시장 조건에 크게 영향을 받음을 알 수 있다. 즉, 실업자 수와 실업률이 상승하면 실업급여 수급자와 실업급여 수급자 비중이 높아지고, 반대의 경우 실업급여 수급자와 수급자 비중이 낮아짐을 알 수 있다. 물론 일정한 시차를 두고 이러한 현상을 나타날 것이다.

---

8) 실업급여 수급률＝{실업급여 수급자수÷(고용보험 피보험자수＋실업급여 수급자 수)}×100(유길상 외, 2003).

〈표 Ⅲ-11〉 내역별 실업급여 사업별 수급자 및 지급액

(단위: 명, 백만 원)

구분		전체	구직급여	취직촉진수당					상병급여
				소계	조기재취직수당	능력개발수당	이주비	광역구직활동비	
1998	수급자수	431,237	412,600	17,361	17,318	28	10	5	1,276
	지급액	799,155	782,865	15,274	15,257	15	2	0	1,016
1999	수급자수	483,238	462,635	19,310	19,243	11	46	10	1,293
	지급액	936,185	911,308	22,237	22,222	5	9	0	2,640
2000	수급자수	330,353	303,631	24,763	24,712	2	38	11	1,956
	지급액	470,793	443,545	24,884	24,877	0	7	0	2,363
2001	수급자수	422,858	374,286	44,180	44,001	8	163	8	4,392
	지급액	845,110	783,861	57,150	57,120	2	28	0	4,099

주: 수급자는 해당기간 동안 실업급여를 수급 받은 실제 인원임
자료: 한국산업인력공단 중앙고용정보원(각 월, 각 연도), 고용보험통계월보, 고용보험
    통계연보

실업발생의 위험은 노동시장에서 상대적으로 열악한 계층, 즉, 청소년층, 중고령자, 저학력·저숙련층, 여성, 영세기업 근로자, 건설업과 같은 고용불안 업종에 종사하는 근로자, 구조조정이 급격하게 이루어지고 있는 산업에 종사하고 있는 근로자에게 평균 수준보다 훨씬 높게 나타나는 것이 일반적이다(Johnson & Layard, 1986; 유길상 외, 2003).

실업급여 수급 가능성이 높은 사람 혹은 그들이 속한 계층에 대한 특성을 여러 측면에서 살펴볼 필요가 있다. 이는 실업에 처할 위험이 높은 계층일수록 실업급여를 수급 받을 가능성 또한 높을 것으로 예상할 수 있으므로 다양한 특성을 비교 분석함으로써 이를 살펴볼 수 있다.

실업급여는 실업자들에게 일정기간 동안 실업의 고통으로부터 해방시켜주며, 기존의 생활을 일정수준에서 유지시켜주기 때문에 실업급여 수급자들이 재취업을 위한 구직노력은 그렇지 못한 사람들보다 상대적으로 낮을 가능성이 높다. 따라서 실업기간은 실업급여 수급자의 실업기간은 길어질 가능성 또한 높다.

실업급여 수급자의 조기재취업의 촉진과 도덕적 해이 현상의 방지를 위한 제도적 장치의 강화가 필요하다. 또한 실업급여의 사각지대에 있는 한계근로자들의 보호를 통하여 실업자 사회안전망으로서의 기능이 강화되어야 할 것이다.

그리고 실업급여 신청자격이 있고, 재취업되지 않았음에도 불구하고 실업급여를 신청하지 않은 사람들이 상당수 존재하고 있는 것으로 보고되고 있어[9] 실업급여 제도가 정착되기 위해서는 수급절차의 간소화와 홍보의 강화 또한 필요할 것으로 보인다.

제3절 이행기간 모형을 통한 고용보험 효과 분석

가. 이행기간 분석 개관

1) 분석자료

우리나라의 고용보험은 1995년에 시작된 이래 고용안정사업, 직업능력개발사업, 실업급여의 세 가지 사업으로 나누어져 시행되고 있는데, 고용안정사업은 사업주만을 대상으로 하고 있고, 직업능력개발사업은 사업주와 근로자 및 실업자를 대상으로 하고 있으며, 실업급여사업은 실업급여 수급과 관련하여 피보험자를 대상으로 하고 있어 자료의 관리에 있어 상이한 형태를 보이고 있다. 이러한 이유로 고용보험 자료는 사업장관련 DB와 피보험자(개인) 관련 DB로 구성되어 있다.

---

9) 한국노동연구원에서 조사한 「실업급여 미수급자 실태조사 및 분석」(2001)에 따르면 실업급여 수급요건은 충족하였으나 신청하지 않은 1,507명 중 462명(30.7%)에 해당하는 사람이 실업급여제도를 알지 못하는 것으로 나타났다.

고용보험 피보험 이직자들의 노동시장 이동과정에 관한 분석은 고용보험 특히, 실업급여의 효과분석에 관련된 중요한 정보들을 제공해 준다. 즉, 피보험 근로자들의 직장 이직 후 재취직까지의 실업기간(＋비경활기간), 이직자 중 자영업이나 비경제활동인구로 빠지는 비중, 이직자 중 실업급여 수급자들과 비급여수급자들의 이동경로 및 실업기간의 비교, 일정기간 경과 후 고용보험 적용대상으로 재취업해 들어오는 이직자 및 실업급여 수급자 비율 등은 실업급여 수급내용 못지않게 고용보험의 제도평가 및 정책수립에 중요한 정보가 된다.

이직으로 인한 고용보험자격 상실 ⇨	실업급여 수급	재취업	고용보험적용사업장
		〃	고용보험비적용사업장
		미취업	수급 중
		〃	급여소진
		자영업・비경활	수급종료
	실업급여 비수급	재취업	고용보험적용사업장
		〃	고용보험비적용사업장
		미취업	
		자영업・비경활	
	실업자재취직 훈련 이수	재취업	고용보험적용사업장
		〃	고용보험비적용사업장
		미취업	
		자영업・비경활	

[그림 Ⅲ-1] 고용보험 이직자들의 노동시장 이동경로 형태

이직 이후 일정기간 경과 후 파악할 수 있는 고용보험 피보험 이직자들의 노동시장 이동경로는 아래와 같다. 즉, 일정시점을 기준으로 이직자들의 현재의 경제활동 및 취업상태를 실업급여 수급여부 및 취업, 미취업 등 노동시장 이동경로에 따라 구분해 보면 그림에서와 같이 다양하게 나타난다.

현재의 고용보험 DB에서 관리되고 있는 개별 피보험자에 관한 정보는 위와 같이 이직자 및 수급자들의 노동시장 이동과정에 대한 분석을 하기에는 적절하지 못한 한계를 가지고 있다. 〈표 Ⅲ-12〉는 고용보험 DB에서 관리되고 있는 피보험자 및 실업급여 수급자들에 대한 자료체계를 보여준다.

〈표 Ⅲ-12〉 고용보험 및 실업급여 DB 상의 이직자 및 수급자 관련 정보

이직 전 피보험자 개인 정보	연령, 성, 학력 등
이직 전 사업장 및 근로조건 정보	산업, 규모, 지역, 자본금, 채용일, 직종, 월급여, 근속기간, 취득사유 등
이직 후 노동시장 이동과정 정보	없음
재취업 사업장 및 근로조건 정보	산업, 규모, 지역, 자본금, 채용일, 직종, 월급여, 취득사유 등
실업급여 수급내역 정보	수급자격 신청일, 최초실업인정일, 급여 기초임금일액, 소정급여일수, 기본급여연 장일수, 실업인정일수 누계, 수급기간, 기본급여 수령계, 각종 수당 수령내역 등

자료: 방하남 외(1999), 실업급여 수급자들의 급여수급 및 재취업 실태분석(Ⅱ), 한국노
동연구원.

첫째, 실업급여 비수급자들의 경우 이직 후 일정기간 경과 후에 고용보
험 적용사업장으로 재취업하여 피보험자로 다시 등록 될 때까지 이직 후의
노동시장 이동과정에 대한 정보가 결여되어 있고, 이직 후 자영업이나 비경
제활동인구로 빠지는 경우에는 이직 전 사업장이나 개인 정보 외에는 전혀
알 수 없게 된다. 둘째, 실업급여 수급자들의 경우도 수급기간이 종료된 후
에는 수급자 집단에서 나가기 때문에 종료 이후의 기간에 대한 정보가 전
혀 파악되지 않는다. 따라서 수급자들의 노동시장 이동에 관한 정보도 부분
적일 수밖에 없다. 셋째, 수급자들이 수급종료 이후 일정기간이 지난 후에
고용보험 적용사업장으로 재취업해 들어올 경우 그들의 재취업에 관한 정
보가 고용보험 DB에 등록이 되지만 수급종료일-재취업일의 중간 기간에
대한 정보는 파악할 수 없다. 또한 수급자들이 수급을 종료한 후 자영업이
나 비경제활동인구로 빠질 경우, 혹은 비적용사업장으로 재취업할 경우에도
수급 이후의 노동시장 이동에 관한 정보는 완전 누락되는 것이다.

이러한 고용보험 DB 정보체계의 구조적 결함으로 인해서 고용보험 DB
의 피보험자 자료를 이용하여 이직자 및 수급자들의 재취업 등 노동시장
이동과정을 분석하는 것은 불가능하다. 기본적으로 이직 이후의 이동경로,

실업기간 등 필수적인 통계자료가 완전 추정이 불가능한 것이다. 따라서 이직자 및 수급자 표본에 대한 추적조사(Follow-Up) 서베이를 통한 보충적인 조사가 필요하다.

이러한 고용보험관리자료상의 제한점 때문에 선행 연구들은 비수급자를 제외한 수급자만의 분석을 한 것으로 볼 수 있다. 그러나 실업급여 DB의 경우도 결정적인 제한점은 수급기간 중 재취업을 한 경우는 재취업의 내용에 대하여 확인할 수 있지만 소정급여일수가 소진되어 수급이 종료된 사람들의 경우 그 이후는 실업급여 DB에서 관리하고 있지 않기 때문에 재취업 여부나 재취업내용에 대해서는 전혀 알 수 없다는 점이다. 따라서 기존의 연구들은 연령 및 피보험기간에 따른 소정급여일수(90~210일) 이후에는 종속변수에 관한 정보가 우측관찰 중지된(right-censored) 자료를 분석한 것이다.[10]

실제 노동시장에서 고용보험 피보험자 자격을 상실하였을 때, 직업훈련을 이수하는지 여부와 실업급여를 수급 받는지 여부 등을 살펴보고, 이를 통하여 현재 우리가 시행하고 있는 직업훈련과 실업급여 등 고용보험제도가 빈곤층에게 어느 정도 영향을 미치는지를 분석해 보았다.

이를 위하여 당초보다 정확한 빈곤층의 추출을 위하여 앞장에서 한국노동패널자료를 이용하여 분석대상으로 삼은 빈곤층을 고용보험 DB와 연결하여 빈곤층의 추출을 시도하였으나 여의치 않았다.[11] 그러나 앞장에서 활용한 빈곤층의 월평균임금을 기준으로 삼아 이를 고용보험 자료 중 상실자 DB의 월평균임금에 적용하여 빈곤층을 추출해 본 결과, 고용보험 DB의

---

10) 이러한 자료의 제한점은 강창희 외(1999)의 경우도 실직자가 재취업을 하게 되면 고용보험 적용대상이 되어 고용보험 DB 상에 나타나게 되어 있어서 실업급여 소진 후에도 재취업정보가 확인된다고 주장하고 있으나 고용보험 적용사업장으로 재취업한 경우, 지체 없이 재가입신고를 한 경우에만 확인이 가능하며, 그것도 자영업으로 재취업한 경우에는 확인이 불가능한 점을 고려하지 못한 것이다.

11) 앞장의 빈곤층 표본을 고용보험 DB와 연결해본 결과, 2000. 1. 1~2001. 12. 31 까지의 고용보험 상실자DB와 연결되는 피보험자 중 직업훈련을 받은 표본은 81명이었으며, 실업급여 수급자는 69명으로 매우 낮게 나타났다. 이를 다시 빈곤층으로 나눌 경우 표본 수는 미미하여 분석에 활용할 수 없었다.

저임금근로자를 기준으로 하여 추출한 빈곤층의 월평균임금과 큰 차이가
없음을 확인할 수 있다.

〈표 Ⅲ-13〉 노동패널 빈곤층의 월평균임금

(단위: 명, 원)

항상 빈곤층				경험 빈곤층			
가구주		가구원		가구주		가구원	
표본 수	월평균임금	표본 수	월평균임금	표본 수	월평균임금	표본 수	월평균임금
46	559,565	109	589,358	184	860,978	463	769,352

주: 최저생계비를 기준으로 한 빈곤층의 월평균임금이며, OECD 기준을 적용한 빈곤
　　층 구분 시 월평균임금은 최저생계비 기준보다 높게 나타남
자료: 한국노동연구원(1998~2001), 한국노동패널 원자료

또한 고용보험 DB에서의 임금자료는 지극히 제한적으로 활용할 수밖에
없는 한계성을 내포하고 있다. 즉, 자료 자체가 고용보험 적용사업장에서
이직 당시의 임금(월평균임금)[12]이 상실자 정보에 수록되고, 다시 고용보험
적용사업장으로의 재취업 시 입직 당시의 임금만이 피보험자 정보에 수록
되어 이들의 임금변화를 살펴볼 수 없는 것이다. 고용보험 적용사업장에서
이직할 경우에도 실업급여 수급의 편의를 봐주기 위하여 사업체에서 실제
수령했던 임금보다는 상향조정하여 신고하는 경우가 있을 수 있는 등 고용
보험 DB에 나타나는 임금정보에는 제한이 있다는 점을 고려해야 한다.

즉, 한국노동패널 자료상의 빈곤층 월평균임금이 가구주를 기준으로 할
경우, 항상 빈곤층이 559,565원으로 고용보험 DB 상의 저임금근로자의 월
평균임금 503,564원과 큰 차이가 없음을 볼 수 있다.

2000. 1. 1~2001. 12. 31까지 고용보험 상실자 DB에 수록된 전체 개인을
월평균임금을 기준으로 5분위를 나누어 본 결과 〈표 Ⅲ-14〉와 같은 결과

---

12) 일반적으로 임금산정 시에 정액급여(기본급＋통상적 수당＋기타수당)와 초과급
　　여 및 연간특별급여 등을 반영하여 임금총액을 계산하고, 정기급여는 정액급여
　　와 초과급여를 합한 금액이라고 할 때, 고용보험 DB 상의 임금은 이상의 개념
　　이 반영된 임금으로 보기에는 제한이 따른다고 할 수 있다.

를 얻었다. 전체적으로 각각 분위 별로 20% 내외의 분포를 보였으며, 저임
금층에 해당되는 하위 20%가 23.1%를 차지하여 가장 높은 분포를 보였다.

〈표 Ⅲ-14〉 고용보험 상실자 DB 5분위 분포(월평균임금 기준)

(단위: 명, 원)

분위	전체			2000			2001		
	인원	비중	평균임금	인원	비중	평균임금	인원	비중	평균임금
1	1,232,571	20.0	1,937,339	576,717	18.8	1,973,971	655,854	21.1	1,905,126
2	1,233,021	20.0	1,056,104	588,961	19.2	1,056,000	644,060	20.8	1,056,198
3	1,221,803	19.8	819,993	589,952	19.3	819,375	631,851	20.4	820,569
4	1,054,062	17.1	677,453	537,880	17.6	676,707	516,182	16.6	678,230
5	1,423,486	23.1	503,564	769,034	25.1	501,273	654,452	21.1	506,256
계	6,164,943	100.0	993,175	3,062,544	100.0	977,371	3,102,399	100.0	1,008,776

자료: 한국산업인력공단 중앙고용정보원(2000, 2001), 고용보험 DB(상실자) 원자료

저임금노동시장의 구분에서 주로 사용하는 방법을 통하여 본 연구에서
의 표본을 추출한다. 엄밀히 말하면 빈곤층과 저임금근로자는 동일한 개념
으로 볼 수는 없으나 빈곤층의 대부분이 노동시장, 취업시장에서 상대적으
로 저임금에 노출되어 있으며, 분석자료인 고용보험 DB가 고용보험 적용
사업장의 임금근로자 만을 대상으로 하기 때문에 저임금근로자를 빈곤층의
구분하여 적용할 수 있을 것이다.

저임금노동시장에서는 흔히 〈표 Ⅲ-15〉와 같은 기준에 기초하여 두 가지
유형으로 분석대상인 저임금근로자를 정의한다. 즉, 절대임금을 기준으로 분
류하여 표준빈곤수준(Standard Poverty Level)을 사용한 구분이 있을 수 있
고, 상대적인 임금을 기준으로 적용하여 임금분포의 하위 20%에 해당하는 근
로자를 저임금근로자로 분류할 수 있다(Jared Bernstein & Heidi Hartmann,
2000; Gregory Acs, Katherin Ross Phillips, and Daniel McKenzie, 2001). 여
기에서는 후자에 해당하는 임금의 하위 20%를 적용하고 분석표본을 추출하
였다.

〈표 Ⅲ-15〉 저임금근로자의 정의

직무기준(job-based)	근로자 기준(work-based)
○ 노동시장의 분리 　- 낮은 유동성 　- 평균성장보다 느린 낮은 임금 　- 부가급부(fringe benefits)의 제외 　- 높은 수준의 노동이동 　- 약한 교섭력 　- 인종, 성에 기초한 차별	○ 임금 　- 절대임금(빈곤수준의 임금) 　- 상대임금(하위 20%의 임금수준) ○ 고용 　- 높은 실업률 　- 낮은 취업률 ○ 교육수준 　- 고졸 이하의 학력

자료: Jared Bernstein & Heidi Hartmann(2000), p.17

분위별 직업훈련 참여자 및 실업급여 수급자의 구성비를 보면 실업대책 및 직업능력개발의 일환으로 추진되는 사업 간의 특성을 확인할 수 있다.

〈표 Ⅲ-16〉 분위별 직업훈련 참여 및 실업급여 수급자(2000)

(단위: 명, %)

분위	직업훈련		실업급여	
	인원	구성비	인원	구성비
1	9,303	12.1	63,587	27.3
2	13,645	17.7	51,778	22.2
3	16,812	21.8	40,857	17.5
4	17,066	22.2	35,297	15.1
5	20,172	26.2	41,505	17.8
계	76,998	100.0	233,024	100.0

자료: 한국산업인력공단 중앙고용정보원(2000), 고용보험 DB(상실자, 실업자재취직훈련, 실업급여) 원자료

직업훈련의 경우 저임금근로자에 해당되는 5분위가 차지하는 비중이 26.2%로 가장 높고, 순차적으로 분위별로 차이를 보이는 반면, 실업급여의 경우 1분위에 해당하는 사람들이 차지하는 비중이 27.3%로 가장 높은 분포를 보였다. 이를 통하여 직업훈련이 상대적으로 빈곤층, 저임금근로자의

참여가 큰 반면, 실업급여는 상대적으로 고임금근로자에게 혜택이 많이 돌아가고 있음을 알 수 있다.

직업훈련(실업자재취업훈련)의 훈련과정은 구직등록 후 취업(180일 이상 취업한 경우에 한함) 시까지 3회에 한하여 재수강 할 수 있다. 이 경우에도 속임수 또는 부정한 방법으로 훈련 등을 받은 사유로 수강제한 처분을 받은 사실이 있는 경우에 그 처분 후 6개월이 지나지 않은 자, 혹은 중도 탈락한 사실이 있는 경우에 탈락 후 3개월이 지나지 않은 자, 정부로부터 훈련비 등의 지원을 받는 훈련과정의 수강 중에 있는 자 등은 재수강을 할 수 없도록 규정하고 있다.

본 분석에서는 절대 규모의 파악을 위하여 〈표 Ⅲ-16〉에서 제시된 인원은 한 사람이 여러 번 직업훈련을 받거나 실업급여를 받아도 1번으로 간주하여 적용한 수치이다. 현행 고용보험제도에서는 원칙적으로 직업훈련과 실업급여를 동시에 수혜 받을 수 있다. 다만, 실업급여를 수급 받으면서 직업훈련에 참여할 경우, 훈련수당을 받을 수 없는 제한이 있다.

2) 분석모형

앞장에서는 빈곤층의 각 경제활동상태 결정에 영향을 미치는 요인에 대한 분석을 하였다. 이 장에서는 고용보험사업 중 실업급여 수급과 직업훈련이 빈곤층의 실업탈출에 어떠한 영향을 미치는지에 대한 분석을 하고자 한다.

먼저, 이 분석에서 종속변수는 실업기간이다. 여기에서 실업기간은 실업급여 수급 전과 수급 후, 훈련 전과 훈련 후로 구분하여 분석에 반영한다. 독립변수로는 개인의 사회인구학적 특성변수들(성, 연령, 교육수준 등), 이직시기 및 이직 전 사업장의 특성변수들(사업장 규모), 개인의 직업과 관련된 변수들(월평균임금) 등이다. 여기에서는 재취업까지 소요되는 실업기간(Spell length of nonemployment duartion)을 측정하여 실업급여와 직업훈련(실업자재취직훈련)이 취업에 미친 영향정도를 보고자 하는 것이다.

실업급여 수급 여부와 직업훈련 참여 여부에 따라 독립변수를 상이하게 구성하였는데 자세한 변수 구성은 〈표 Ⅲ-17〉과 같다. 이를 위하여 먼저, 실업급여 수급 및 직업훈련 참여 여부를 설명변수에 포함하여 분석하고, 다음으로 수급자와 미수급자, 참여자와 미참여자로 구분하여 분석할 것이다.

〈표 Ⅲ-17〉 변수 설명

변수 구분	실업급여 변수명	실업자재취직훈련 변수명
종속변수	실업기간 (급여 수급자의 경우)	실업기간 (훈련 참여자의 경우) - 훈련 참여 전 실업기간 - 훈련 참여 후 실업기간
독립변수	성별 연령 학력 산업 직업 사업장규모	성별 연령 학력 산업 직업 사업장규모

주: 실업급여 수급 시 구직활동을 포함하는 실업기간에 해당하므로 급여 수급기간을 실업기간에 포함하여 분석함

실직기간은 실업급여의 경우에는 수급자는 실업기간 중 실업급여 수급기간을 제외한 기간, 미수급자는 실업발생 시점을 기준으로 전체 실업기간이나 조사 시점까지 실업상태에 있는 기간으로 정의하고, 직업훈련의 경우에도 동일하게 훈련참여자는 실업기간 중 훈련기간을 제외한 기간, 미참여자는 실업발생 시점을 기준으로 전체 실업기간이나 조사 시점까지 실업상태에 있는 기간으로 정의한다.

사실, 이동경로와 관련하여 고용보험 적용 사업장 이직자가 실업급여 수급이나 직업훈련 이수 과정을 거치지 않고 바로 고용보험 적용 사업장에 취업하는 경우를 비롯하여 다양한 경우의 수를 상정할 수 있다. 또한, 실업급여 수급과 직업훈련 참여에 대한 판단(특히, 직업훈련 참여의 경우 직업훈련 이수는 물론 훈련수당이 지급됨)은 실업자 개인에 따라서 달리 나타

날 수 있으므로 이에 대한 고려도 있어야 할 것이다.

본 장에서는 실업급여 수급과 직업훈련 참여가 얼마나 신속하게 취업으로 탈출시키는가를 추정하기 위하여 서로 다른 노동력 상태 간의 이동확률과 그 결정요인을 분석하는 해자드 모형(Hazard model)[13])을 사용한다. 이 모형은 노동시장 내 참여상태를 나타내는 상태(Spell) 간의 이행확률과 그 결정요인을 분석하는 것으로서 한 상태가 지속되다가 다른 상태로의 순간적인 이행을 분석하는 기법으로 지속기간 분포를 식별할 수 있고, 또 표본우도(Likelihood)의 구체화를 통하여 단절문제(Censoring)를 처리할 수 있는 장점이 있다. 이를 자료에 적용하여 설명하면, 실업급여 수급자 혹은 직업훈련 이수자가 실업상태에 계속 머물다가 취업상태로 이행할 확률을 구하는 것이다.

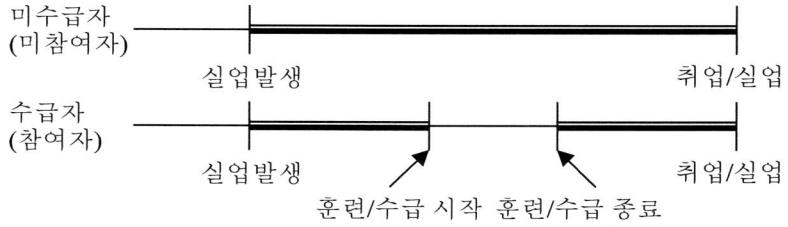

주: 실업급여 수급자는 급여 수급기간을 실업기간에 포함

[그림 Ⅲ-2] 실업기간에 대한 정의

기본적인 해자드 모형은 한 상태의 지속기간을 연속확률변수(Continuous random distribution)로 이해하면 그 기간은 일정 기간이 지난 후에 어느 상태가 발생할 확률분포(탈출확률분포), 즉, 연속 기대시간 분포를 갖게 된다. 한 상태의 지속기간과 탈출확률이 독립적이라고 가정하면 이는 바로 지수분포로서 한 상태로부터의 탈출률(Hazard rate) 또는 전환

---

13) 미취업 상태로부터 취업과 더불어 복수의 탈출경로가 존재하고, 이들이 구별되면 전형적인 경과기간모형(typical duration model 또는 single risk model)보다는 다출구위험모형(competing risks model)이 편의가 없는 추정치(unbiased estimates)를 제공하므로 이에 대한 검토 및 적용도 필요하다.

율(Transition rate)은 그 상태의 지속기간(Length of spell, duration)의 역수이다(Amemiya, 1985). 특히, 해자드 모형은 관측기간 중에 특정 상태가 발생하지 않는 우측잘림현상(Right censoring)이 존재하는 경우에도 일치성을 상실하지 않음으로써 통상 최소자승법에 의한 추정방법보다 우월한 특성을 갖추고 있다. 특정시점으로부터 취업까지의 기간 T는 확률분포 변수인데 이를 설명하는 방법으로 누적밀도함수 $F(t)$가 있다(Kalbfleisch & Prentice, 1980; Kiefer, 1988, Lancaster, 1990).

$$F(t) = \Pr \{T \le t\}$$

여기에서 모든 t에 대하여 F값을 안다면 T의 분포도 알 수 있다. 즉, 여기에서는 실업에서 취업이라는 상태 발생이 주 관심사이므로 생존함수(Survival function)는 t 시점 이후까지 생존할 확률, 즉 계속 실업일 확률이므로 아래와 같이 쓸 수 있다.

$$S(t) = \Pr \{T > t\} = 1 - F(t)$$

누적확률밀도함수로부터 확률밀도함수 $f(t)$를 구하면 아래와 같다.

$$f(t) = \frac{dF(t)}{dt} = -\frac{dF(t)}{dt} = \lim_{\triangle t \to 0} \frac{\Pr(t \le T < t + \triangle t)}{\triangle t}$$

해자드 함수 $h(t)$는 어떤 상태가 t 시점까지는 발생하지 않았다는 조건하에서 이 상태가 t 시점에서 발생할 조건부 순간 탈출확률이며, 이를 수식으로 표현하면 아래와 같다.

$$h(t) = \lim_{\triangle t \to 0} \frac{\Pr(t \le T < t + \triangle t \mid T > t)}{\triangle t}$$

$$= \frac{1}{P(T>t)} \quad \lim_{\triangle t \to 0} \frac{\Pr(t \leq T < t + \triangle t)}{\triangle t}$$

$$= \frac{f(t)}{S(t)} = -\frac{d}{dt} \log S(t)$$

양변을 적분하면 생존함수와 밀도함수를 해자드 함수로 표현할 수 있다.

$$S(t) = \exp[\int_t^0 h(u)du]$$

$$f(t) = h(t) \exp[\int_t^0 h(u)du]$$

해자드 함수는 상태 발생시기의 확률분포를 설명하는 방법이므로 모든 해자드 함수는 대응되는 확률분포를 가진다. 가장 단순한 분포형태는 해자드율이 지속기간과 관계없이 일정한 지수분포를 갖는 것으로 아래와 같이 나타낼 수 있다.

$$h(t) = \exp(X'\beta)$$

이 함수에서 X는 근로자의 특성을 나타내는 설명변수 벡터이고, β는 설명변수 X의 효과를 나타내는 계수벡터이다. 이를 다시 위의 해자드 함수에 대입하면 다음과 같다.

$$f(t) = \exp(x'\beta) \exp[-t \exp(x'\beta)]$$
$$S(t) = 1 - F(t) = \exp[-t \exp(x'\beta)]$$

관측된 n개의 상태지속기간이 상호독립이라면 우도함수는 모수 θ의 함수로서 결합확률함수로 나타낼 수 있으며, 지속기간자료의 특성은 분석시점까지 상태가 발생하지 않을 경우의 미완결된 관찰기간(incomplete spell)이 다수 포함될 수 있다는 것으로 우도함수에 잘린 기간(censored spell or length)도 포함시켜야 계수값의 편의를 막을 수 있다.

k 번째 기간이 완결되었으면, $d_k = 1$, 잘렸으면 $d_k = 0$으로 표시할 때 관찰된 기간의 대수 우도함수는 아래와 같다.

$$L = \sum_{i=1}^{n} d_i \ \ln f_i(t) + \sum_{i=1}^{n} (1 - d_i) \ \ln S_i(t)$$

$$= \sum_{i=1}^{n} d_i \ \ln h_i(t) + \sum_{i=1}^{n} \ \ln S_i(t)$$

이를 해자드 함수와 생존함수에 대입하면 아래와 같이 나타나며, 이를 통하여 설명변수들에 대한 계수값을 구할 수 있다.

$$L = \sum_{i=1}^{n} d_i \ x_i'\beta - \sum_{i=1}^{n} t_i \exp \ (x_i'\beta)$$

여기서 기간모형(Duration model)의 문제점을 살펴보면, 첫째, 우측절단(Right-censoring) 현상이 나타난다. 둘째, 영감역설(Inspection-paradox)과 길이편이표본(Length-biased sampling)이 나타난다. 즉, 이는 결국 기간이 긴 집단만이 표본으로 남게 되는 결과를 가져오는 것을 의미한다. 셋째, 경쟁위험(Competing risks)이 존재한다는 것이다. 예를 들면, 항암제 투여를 위한 실험기간 중 타 요인으로 사망한 경우를 예로 들 수 있는데 이는 알고자 하는 위험(Risk) 이외의 위험이 영향을 미칠 수 있음을 의미한다. 넷째, 시간연계 회귀자(Time-varying regressors)가 영향을 미치는데 이는 Cox의 부분우도방법(Partial likelihood method)을 주로 사용한다. 다섯 번째, 생략된 변수(Omitted variables)와 미관측 이질성(Unobserved heterogeneity) 문제가 있다.

다음으로 가속실패시간모형(AFT: Accelerated Failure Time)에 대하여

살펴보자. 일반적인(시간고정, Time-fixed) 가속실패시간모형은 시간이 고정된 공변수(Covariates)의 확대에 의하거나 혹은 변수 $e^{X\beta}$의 축소(Contracting)에 의하여 움직인다. 실패시간의 log에 대한 선형모형을 아래와 같이 쓸 수 있다(Terry M. Therneau & Patricia M. Grambsch, 2000).

$$\log T = \mu_0 - X\beta + \varepsilon$$

여기서 μ_0는 $X=0$에 대한 평균 로그시간이며, ε은 X에 의존하지 않는 분포로서 평균이 0인 확률변수이다. 따라서 누적해자드 함수(cumulative)는 다음과 같이 쓸 수 있다.

$$\Lambda_i(t) = \Lambda_0(te^{x_{i\beta}})$$

즉, 가속실패시간모형은 어떤 두 개인의 생존함수 사이의 관계를 나타낸다. 만약, $S_i(t)$가 개인 i에 대한 생존함수라면 어떤 다른 개인 j에 대한 AFT 모형은 다음과 같이 쓸 수 있다(Paul D. Allison, 1995).

$$S_i(t) = S_j(\Phi_{ij}t) \text{ 모든 } t\text{에 대하여}$$

여기서 Φ_{ij}는 특정한 쌍(pair)인 (i, j)에 대하여 항상 일정하다. 이 모형에서 효과는 어떤 개인과 다른 개인이 차이가 어떠한 변수(연령 등) 비율이다.

표본에서 i번째 개인에 대한 사건시간(event time)의 확률변수를 T_i라 하고, 같은 개인에 대한 공변수(covariates) k의 값을 $x_{i1}, \ldots, x_{ik}$라 하면 다음과 같이 쓸 수 있다.

$$\log T_i \ = \ \beta_0 \ + \ \beta_1 x_{i1} \ + \ \ldots \ + \beta_k x_{ik} \ + \ \sigma \, \varepsilon_i$$

여기서 ε_i는 확률분포항이고, β_0, $\ldots$, β_k와 σ는 추정된 모수이다. 위의 식 양변을 지수화하면 다음과 같은 모형으로 다시 쓸 수 있다.

$$T_i \ = \ \exp \ \{\beta_0 \ + \ \beta_1 x_{i1} \ + \ \ldots \ + \beta_k x_{ik} \ + \ \sigma \, \varepsilon_i\}$$

또, $\log T$가 정규분포라면 T도 log normal 분포를 따르게 된다.

이상에서 살펴본 바와 같이 가속실패시간모형(AFT: accelerated failure time model)은 회귀자(regressor)의 시간변화(time-varying)의 문제를 다룰 수 없는 점과 절단(censoring)의 문제를 취급하는 것이 어렵다는 단점이 있는 반면, 추정 함수자체가 우리에게 친숙한 선형함수로 구성된다는 것과 비관측이질성(unobserved heterogeneity) 문제를 해결할 수 있는 장점이 있다.

AFT 모형은 비모수적 잔차항(nonparametric error term)에 기초를 둔 모형으로서 일종의 transforming response의 특별한 경우라고도 할 수 있다. response인 y는 $\ln(y)$의 형태로 전환되게 되는데 일반적으로 log 전환을 하게 되면 훈련 및 실업급여 효과를 추정하고, 해석하는 데 편리하기 때문이다. 만일 절단(censoring)이 없다면 AFT 모형은 잔차항 분포에 대한 특별한 가정을 하지 않는 일반적인 선형회귀식과 마찬가지이나 절단 문제가 발생한다면 $\ln(\text{duration})$이 정규분포를 따른다는 log normality 가정이 필요하다(Paul D. Allison, 1995; Myoung-jae Lee & Sang-jun Lee, 2002).

이를 다시 설명하면, Cox's 혹은 Weibull 등은 추정결과 값인 계수가 의미가 없고, risk ratio 값을 해석해야 하나, AFT 모형은 흔히, OLS 계수와 같은 해석이 가능하고, OLS의 경우 설명되지 않는 변수가 잔차항으로 설명하나 여기서는 개인의 이질적인 문제를 잔차항으로 설명함으로써 이질성 문제를 해소시켜 준다. 즉, 잔차항이 정규분포를 따르지 않기 때문에 발생하는 이질성 문제를 log-normal 분포를 따른다는 가정으로 이를 해소하고,

iid 조건을 충족시킨다.

나. 이행기간 분석 결과

고용보험 실업자재취직훈련 DB를 사용한 분석 결과는 아래와 같다. 직업훈련 이수 여부 및 실업급여 수급 여부가 근로자의 실업기간에 어떠한 영향을 미치는지를 살펴보는 것이다. 이는 직업훈련의 이수 및 실업급여의 여부가 실업 관련 지표로서의 특성을 갖는지를 검토하는 것이다. 예를 들어, 직업훈련의 이수 여부에 따라 개인이 가지는 실업기간에 유의한 차이가 발생한다면 직업훈련을 받는 것도 실업 관련 지표로 해석될 수 있을 것이다. 또한 실업급여 수급 여부에 따라 유의한 차이가 발생한다면 이 또한 고용지표로서 중요한 의미를 지니는 동시에 제도(프로그램) 효과 여부를 측정할 수 있는 자료로 활용될 수 있을 것이다.

앞 절에서도 살펴본 바와 같이 실업자재취직훈련 참여 및 실업급여 수급 여부를 기준으로 표본을 추출할 경우, 세 가지 유형(훈련 이수, 급여 수급, 둘 모두 참여)으로 구분할 수 있다. 실업자재취직훈련에 참여한 그룹과 실업급여를 수급 받은 그룹 등 두 그룹으로 나누어 분석한 것은 초우검정(Chow test)[14]을 통하여 구조적 안정성(structual stability)을 검정해 본 결과 훈련 및 급여 두 가지 모두 받은 사람과 각각 받은 사람들 간에 안정성이 있다는 귀무가설을 기각하여 이를 반영한 것이다.

이를 위하여 직업훈련 이수 여부에 따라 실업기간이 어떻게 영향을 받는지 실업기간에 대한 생존분석을 실시해 보았다. 이 경우 실업기간에 대

---

14) Chow test는 회귀모형의 구조적 안정성에 대한 검정 방법으로 두 그룹 간에 구조적 변화가 있는지 여부를 확인할 수 있다. 이 검정은 두 오차항은 동일한 분산을 가지고, 확률적으로 독립이라는 것을 기본가정으로 하며, 훈련 참여자와 급여 수급자 간의 계산된 값(F값)이 선택된 유의수준 α(0.05)에서의 임계치(2.76)보다 커 두 그룹 간에 안정성이 있다는 귀무가설을 기각하였다(Damodar N. Gujarati, 1995; William H. Greene, 2000).

한 자료는 2000. 1. 1~2000. 12. 31에 관측된 전체 고용보험 피보험자 자격 상실자 중 실업자재취직훈련을 받은 관측자료에서 계산하였다. 직업훈련의 우측절단에 대해서는 직업훈련을 이수하고 취업한 경우를 완료된 기간으로 하고, 직업훈련을 이수하고도 미취업상태에 있는 경우를 절단(censored)된 기간으로 분석하였다.

예를 들어 2개 연도의 표본 중 분석대상 기간이 끝난 시점에서 이미 취업을 한 것으로 관측되었다면 상실 연월일과 재취업 사업장에 채용된 채용 연월일을 계산한 후 훈련기간을 제하여 완료된 기간(complete spell)으로 하였으며, 분석대상 기간이 끝난 시점에서도 계속 미취업 상태에 있다면 상실 연월일에서 훈련기간을 제한 후 분석대상 기간이 끝난 시점까지를 실업기간으로 계산하고 절단된 기간(censored spell)으로 하였다.

먼저 직업훈련 이수자 및 실업급여 수급자의 특성을 살펴보면, 성별로는 여자의 비중이 70%를 상회하는 매우 높은 비중을 보였으며, 연령별로는 직업훈련의 경우 20대가 66.7%, 30대가 21.5%를 차지하여 20~30대가 주류를 이루고 있는 반면 실업급여는 전 연령 대에서 골고루 수혜를 받는 것으로 나타났다. 학력은 고졸이 반수 이상을 차지하고 있으며, 직업에서의 특성은 사무직원이 그 비중이 가장 높고, 다음으로 기능 및 관련 기능근로자가 차지하는 비중이 높게 나타났다. 산업에서는 제조업이 차지하는 비중이 가장 높고, 부동산 임대 및 사업서비스업이 다음으로 많았다. 사업체규모에서는 10인 이하 사업장 종사자가 가장 많은 분포를 보이고 있는데 이는 고용보험 적용 대상 확대에 따른 영향으로 보인다.

〈표 Ⅲ-18〉 직업훈련 이수자 및 실업급여 수급자 분포

(단위: 명, %)

구분		직업훈련		실업급여	
		인원	비중	인원	비중
계		20,172	100.0	41,505	100.0
성	남자	5,584	27.7	11,962	28.8
	여자	14,588	72.3	29,543	71.2
연령	19세 이하	516	2.6	133	0.3
	20~29	13,449	66.7	15,422	37.2
	30~39	4,341	21.5	8,255	19.9
	40~49	1,386	6.9	7,820	18.8
	50~59	448	2.2	7,795	18.8
	60세 이상	32	0.2	2,084	5.0
학력	초졸 이하	137	0.7	3,731	9.0
	중졸	474	2.4	5,483	13.2
	고졸	11,488	57.0	21,815	52.6
	전문대졸	4,055	20.1	5,570	13.4
	대졸 이상	4,018	19.9	4,910	11.8
직업	고위임직원 및 관리자	81	0.4	228	0.6
	전문가	958	4.8	1,021	2.5
	기술공 및 준전문가	1,793	8.9	2,582	6.2
	사무직원	8,037	39.8	11,609	28.0
	서비스근로자 및 상품시장판매근로자	2,491	12.4	4,400	10.6
	농업 및 어업숙련 근로자	14	0.1	21	0.1
	기능원 및 관련 기능근로자	2,875	14.3	5,861	14.1
	장치기계조직원 및 조립원	585	2.9	1,868	4.5
	단순노무직근로자	3,336	16.5	13,912	33.5
산업	농업,수렵업 및 임업, 어업	38	0.2	166	0.4
	제조업(광업 포함)	6,778	33.6	14,850	35.8
	전기가스 및 수도사업, 건설업	1,101	5.5	2,179	5.3
	도소매 및 소비자용품 수리업, 숙박 및 음식점업	2,998	14.9	5,346	12.9
	운수창고 및 통신업, 금융 및 보험업	1,991	9.9	3,993	9.6
	부동산임대 및 사업서비스업	4,541	22.4	9,513	22.9
	교육 서비스업, 보건 및 사회복지사업, 기타서비스업	2,749	13.6	5,458	13.2
사업체 규모	10인 이하	6,933	34.4	14,896	35.9
	11~50인	3,637	18.0	10,011	24.1
	51~100인	1,626	8.1	4,126	9.9
	101~500인	3,950	19.6	7,492	18.1
	501~1,000인	877	4.4	1,324	3.2
	1,000인 이상	3,147	15.6	3,657	8.8

자료: 한국산업인력공단 중앙고용정보원(2000), 고용보험 DB(상실자, 실업자재취직훈련, 실업급여) 원자료

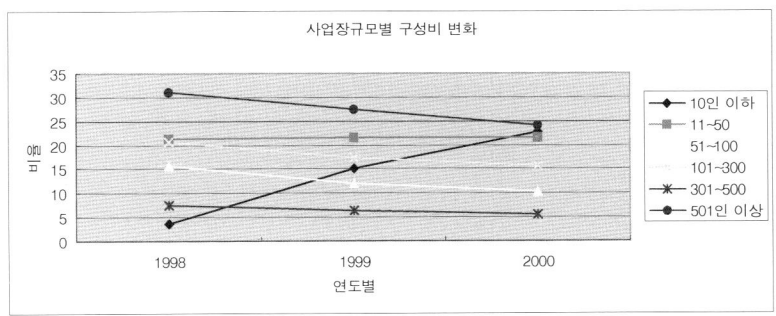

자료: 정택수·김철희(2001), 2000년 실업대책 직업훈련 평가, 한국직업능력개발원, p.12

[그림 Ⅲ-3] 사업장 규모별 구성비의 변화

사업장규모별 구성비의 변화를 [그림 Ⅲ-3]에서 구체적으로 살펴보면, 가장 눈에 띄는 것이 10인 이하 사업장 종사자들의 급격한 증가이다. 즉, 1998년 4,065명(3.7%)에서 1999년 19,650명(13.9%), 2000년 23,996명(22.6%)으로 크게 증가하였다. 이는 고용보험 적용대상 사업장이 1998년 10월 1일부터 1인 이상 전 사업장으로 확대되어 이들 사업장 종사자들의 노동이동 및 경제활동상태 변화가 노동시장에서 활발하게 일어남에 따라 실업자재취직훈련생 또한 급격하게 증가한 것으로 해석할 수 있다.

직업훈련 참여자의 경우 총 실업기간은 평균 14.3개월로 나타났으며, 직업훈련 기간은 평균 4.7개월로 나타났다. 실업급여 수급자의 경우 총 실업기간은 8.2개월로 급여수급 기간은 3.3개월로 나타났다. 또한 훈련 이수 후, 급여 수급 후 평균 실업기간은 각각 9.6개월, 5.5개월로 나타나 직업훈련이 총 실업기간, 훈련기간, 이수 후 실업기간 모두에서 실업급여 보다 긴 것으로 나타났다.

〈표 Ⅲ-19〉 직업훈련 및 실업급여 기간

(단위: 월)

구분	직업훈련		실업급여	
	평균기간	sd	평균기간	sd
총 실업기간	14.3	8.5	8.2	6.9
훈련기간/급여수급기간	4.7	1.3	3.3	1.7
훈련/급여 후 실업기간	9.6	8.4	5.5	6.3

자료: 한국산업인력공단 중앙고용정보원(2000), 고용보험 DB(상실자, 실업자재취직훈련, 실업급여) 원자료

분석모형으로 앞에서 설명한 준모수적 모형인 Cox's 모형과 모수적 모형인 가속실패기간 모형을 적용하였다. Cox's 모형은 생존시간에 대하여 어떠한 분포형태도 가정하지 않기 때문에 비모수적(Non-parametric) 방법이지만 모형에 근거하여 회귀계수를 추정한다는 점에서는 모수적(Parametric) 방법과 유사하여 중간형태인 준모수적(Semi-parametric) 모형이라고도 한다. 또한 비례적 위험함수(Proportional hazards)의 가정에서 출발하므로 비례위험함수 회귀모형이라고도 한다.

AFT 모형은 Log-normal 분포를 가정한 결과만을 수록하였으며, 다른 분포를 가정한 경우도 유사한 결과를 보여주었다. Cox's의 준모수적(Semi-parametric) 모형에 비하여 가속실패기간 모형은 기간의존성에 대한 모수적 가정(Parametric assumption)을 전제로 하기 때문에 기간의존성에 대한 모수적 가정이 잘못된 경우 분석 결과가 달라질 수도 있다. Cox 모형의 경우 종속변수는 실업으로부터의 탈출확률(Hazard rate) 즉, 실업에서 벗어날 확률이며, AFT의 경우 종속변수는 log(실업기간) 이므로 추정치 부호가 서로 반대로 나타나는데 이는 실업에 남아 있을 확률 즉, 생존률(Survival rate)이다.

직업훈련이 재취업 확률에 미치는 효과를 살펴보면, 훈련 참여 여부가 재취업 확률에 미치는 영향을 추정한 모형 1에서는 훈련 참여가 재취업 확률을 높이는 것으로 나타났다.

〈표 Ⅲ-20〉 직업훈련 이수자의 재취업 해자드 추정 결과(Cox's 모형)

구분	모형 1		모형 2		모형 3	
	계수	표준오차	계수	표준오차	계수	표준오차
성별	0.115***	0.007	0.067***	0.007	0.081***	0.007
19세 이하	-0.278***	0.074	-0.329***	0.074	-0.306***	0.074
20～29세	0.150***	0.007	0.170***	0.007	0.138***	0.008
40～49세	-0.006	0.013	-0.007	0.013	0.011	0.013
50～59세	-0.047**	0.020	-0.048**	0.020	-0.026	0.020
초졸 이하	-0.148***	0.055	-0.184***	0.055	-0.150***	0.055
중졸	0.013	0.028	0.043	0.028	0.013	0.028
전문대졸	0.102***	0.008	0.106***	0.008	0.083***	0.008
대졸 이상	0.178***	0.008	0.174***	0.008	0.148***	0.008
관리자 전문가	-0.207***	0.012	-0.174***	0.012	-0.170***	0.012
서비스근로자	-0.138***	0.011	-0.112***	0.011	-0.107***	0.011
기능직근로자	0.020*	0.011	0.025	0.012	0.006	0.012
제조업	0.010	0.013	0.021	0.013	0.013	0.013
사회서비스	0.002	0.013	-0.017	0.013	-0.004	0.013
공공서비스	-0.075***	0.012	-0.084***	0.012	-0.066***	0.012
50인 이하	-0.055***	0.008	-0.061***	0.008	-0.061***	0.008
1,000인 이하	-0.123***	0.018	-0.139***	0.018	-0.115***	0.018
1,000인 이상	-0.058***	0.014	-0.042***	0.014	-0.058***	0.014
훈련참여	0.769***	0.010			0.772***	0.010
훈련기간			0.021***	0.000		
훈련기관					-0.056***	0.021
직종 기계장비					0.149***	0.013
정보통신					0.206***	0.008
산업응용					0.087***	0.014
사무관리					0.082***	0.010
-2 Log L	22310.800		22310.800		22310.800	
chi-Square	7852.265		2475.520		8565.119	
N	769,034		769,034		769,034	

주: ***, **, *는 각각 유의수준 0.01, 0.05, 0.10 을 의미함
자료: 한국산업인력공단 중앙고용정보원(2000), 고용보험 DB(상실자, 실업자재취직훈
　　 련, 실업급여) 원자료

〈표 Ⅲ-21〉 직업훈련 이수자의 재취업 해자드 추정 결과(AFT 모형)

구분	모형 1		모형 2		모형 3	
	계수	표준오차	계수	표준오차	계수	표준오차
상수항	5.675***	0.081	5.491***	0.084	5.794***	0.081
성별	-0.091***	0.005	-0.054***	0.005	-0.065***	0.005
19세 이하	0.221***	0.059	0.269***	0.060	0.243***	0.058
20~29세	-0.121***	0.006	-0.141***	0.006	-0.111***	0.006
40~49세	0.005	0.011	0.006	0.011	0.008	0.011
50~59세	0.039***	0.016	0.040***	0.016	0.022	0.016
초졸 이하	0.117***	0.044	0.151***	0.045	0.118***	0.043
중졸	-0.003	0.023	-0.027	0.023	-0.003	0.023
전문대졸	-0.084***	0.007	-0.090***	0.007	-0.069***	0.007
대졸 이상	-0.143***	0.006	-0.143***	0.006	-0.118***	0.006
관리자 전문가	0.166***	0.009	0.143***	0.010	0.137***	0.010
서비스근로자	0.110***	0.009	0.091***	0.009	0.086***	0.009
기능직근로자	-0.017*	0.009	-0.021	0.009	-0.007	0.009
제조업	-0.014	0.010	-0.023	0.010	-0.017	0.010
사회서비스	0.002	0.010	0.009	0.011	0.006	0.010
공공서비스	0.061***	0.010	0.070***	0.010	0.054***	0.010
50인 이하	0.044***	0.006	0.051***	0.006	0.049***	0.006
1,000인 이하	0.097***	0.015	0.113***	0.015	0.090***	0.015
1,000인 이상	0.045***	0.011	0.034***	0.011	0.045***	0.011
훈련참여	-0.621***	0.007			-0.622***	0.007
훈련기간			-0.064***	0.028		
훈련기관					0.041***	0.017
직종 기계장비					-0.114***	0.010
정보통신					-0.162***	0.006
산업응용					-0.066***	0.011
사무관리					-0.061***	0.008
Scale	0.793	0.002	0.815	0.002	0.791	0.002
-2 Log L	-14195.568		-14474.17		-14159.204	
N	769,034		769,034		769,034	

주: ***, **, *는 각각 유의수준 0.01, 0.05, 0.10 을 의미함
자료: 한국산업인력공단 중앙고용정보원(2000), 고용보험 DB(상실자, 실업자재취직훈
　　련, 실업급여) 원자료

　　훈련 참여 여부 대신 훈련기간 변수를 반영한 모형 2의 경우 훈련기간
이 길수록, 늘어날수록 재취업 확률이 높아짐을 알 수 있다. 마지막으로 모
형 3에서는 훈련 참여 여부와 훈련기관, 훈련직종 등 훈련 특성변수를 함
께 추정하였다. 훈련 참여 여부는 여전히 재취업 확률에 정(+)의 영향을

미치는 것으로 나타났으며, 선호도가 높고 실제 훈련 참여가 가장 많은 훈련직종의 경우에도 모두 재취업 확률을 높이는 것으로 나타났다.

　　AFT 모형은 Cox's의 탈출확률과 달리 생존확률이므로 그 반대의 해석이 가능하다. 또한 직업훈련을 이수한 사람들이 취업상태로 탈출하는 시점은 이수자의 약 75%가 훈련종료 후 약 1년 이내인 것으로 나타났다.

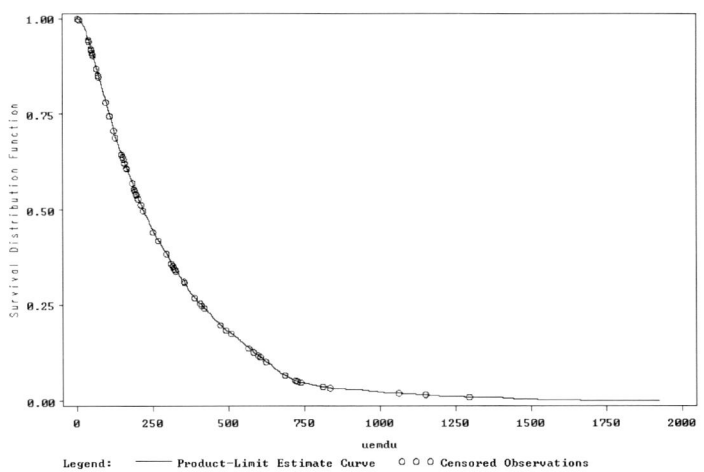

[그림 Ⅲ-4] 직업훈련 이수자의 미취업 생존함수

　　다음으로 실업급여의 수급 여부에 따라 재취업 확률에 어떻게 영향을 받는지 실업기간에 대한 생존분석을 실시해 보았다. 이 경우에도 직업훈련 이수 경우와 마찬가지로 실업기간에 대한 자료는 2000. 1. 1～2000. 12. 31에 관측된 전체 고용보험 피보험자 자격상실자 중 실업급여를 수급 받은 관측자료에서 계산하였다. 실업급여의 우측절단에 대해서는 실업급여를 수급 받은 후 취업한 경우를 완료된 기간으로 하고, 실업급여를 수급 받고도 미취업상태에 있는 경우를 절단(Censored)된 기간으로 분석하였다.

　　〈표 Ⅲ-22〉에서 실업급여의 수급이 재취업 확률에 미치는 효과를 살펴보면, 본 연구에서는 실업급여 수급이 재취업 확률을 높이는 것으로 나타났다. 학력에서는 중졸, 직업에서는 기능직근로자, 산업에서는 제조업에서 실업급여 수급이 재취업 확률을 높여주는 것으로 나타났다.

이러한 결과는 직업훈련 이수자와 비교해 볼 때 큰 차이가 없음을 볼 수 있다. 또한 실업급여 수급자의 미취업 생존함수를 보면 직업훈련 이수자와 유사하게 수급 종료 후 1년 이내에 약 75%가 취업상태로 탈출하는 것으로 나타났다.

〈표 Ⅲ-22〉 실업급여 수급자의 재취업 해자드 추정 결과

구분	Cox 모형				AFT 모형			
	모형 1		모형 2		모형 1		모형 2	
	계수	표준오차	계수	표준오차	계수	표준오차	계수	표준오차
상수항					5.032***	0.302	4.759***	0.281
성별	0.175***	0.008	0.173***	0.008	-0.180***	0.008	-0.178***	0.008
19세 이하	0.369	0.277	0.347	0.277	-0.397	0.273	-0.376	0.273
20~29세	-0.112***	0.009	-0.112***	0.009	0.111***	0.009	0.111***	0.009
40~49세	-0.055***	0.010	-0.055***	0.010	0.060***	0.010	0.060***	0.010
50~59세	-0.007	0.012	-0.007	0.012	0.015	0.012	0.015	0.012
초졸 이하	-0.075	0.043	-0.081*	0.043	0.079	0.042	0.084***	0.042
중졸	0.110***	0.032	0.121***	0.031	-0.129***	0.031	-0.139	0.031
전문대졸	0.004	0.027	0.010	0.027	-0.001	0.027	-0.013	0.026
대졸 이상	-0.009	0.028	-0.021	0.028	0.022	0.028	0.033	0.027
관리자 전문가	-0.050	0.043	-0.129***	0.032	0.060	0.042	0.129***	0.031
서비스근로자	-0.057	0.035	-0.136***	0.021	0.055	0.035	0.125***	0.020
기능직근로자	0.092***	0.033	0.173***	0.016	-0.099***	0.033	-0.171***	0.016
제조업	0.132***	0.013	0.132***	0.013	-0.133***	0.013	-0.133***	0.013
사회서비스	-0.070***	0.014	-0.071***	0.014	0.066***	0.014	0.067***	0.014
공공서비스	-0.101***	0.013	-0.100***	0.013	0.097***	0.013	0.096***	0.013
50인 이하	-0.099***	0.009	-0.099***	0.009	0.105***	0.009	0.106***	0.009
1,000인 이하	-0.087***	0.024	-0.086***	0.024	0.085***	0.024	0.085***	0.024
1,000인 이상	-0.063***	0.019	-0.061***	0.019	0.055***	0.018	0.053***	0.018
실업급여	0.087***	0.032			-0.077***	0.031		
Scale					0.983	0.003	0.983	0.003
-2 Log L	16640.100		16640.100		-12278.201		-12279.198	
Chi-Square	1344.443		1337.059					
N	769,034		769,034		769,034		769,034	

주: ***, **, *는 각각 유의수준 0.01, 0.05, 0.10 을 의미함
자료: 한국산업인력공단 중앙고용정보원(2000), 고용보험 DB(상실자, 실업자재취직훈련, 실업급여) 원자료

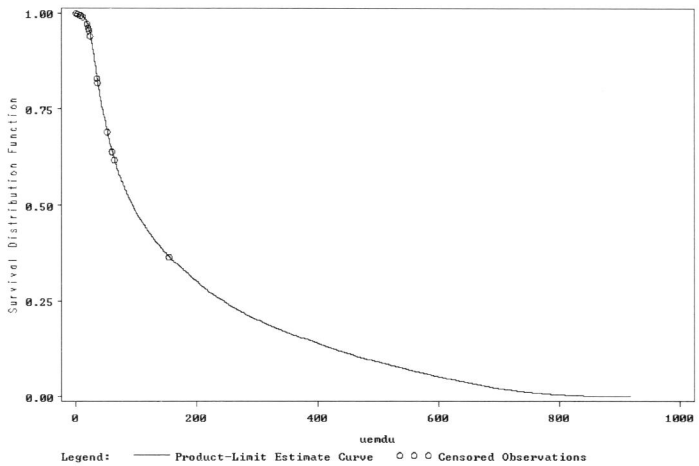

[그림 Ⅲ-5] 실업급여 수급자의 미취업 생존함수

제4절 목표효율성을 통한 고용보험 효과 분석

가. 목표효율성 개관

1) 목표효율성의 개념

1980년대 이후 각종 복지프로그램의 비용－효과성(Cost-effectiveness)의 측면에서 형평성(Equity)과 효율성(Efficiency)에 대한 논의가 미국을 중심으로 활발해졌으며, 최근까지도 주요 관심사가 되고 있다.

개인은 빈곤 혹은 실업 등의 사건 발생(Event occurrence)과 더불어 수혜가 가능한 복지프로그램을 적용 받을지의 여부를 결정하고, 또 적용 받을 수 있는 프로그램에 얼마나 많이 참여할 것인가 등의 의사결정을 하게 된다. 따라서 사건 발생 이후 매우 다양한 경로(Path)를 거친 후 마지막에 개인이 선택한 프로그램의 최종 수혜자가 된다.

사실, 어떠한 사건을 경험했으나 해당되는 복지프로그램의 적용을 받지 못하거나, 프로그램 적용 대상 요건을 충족시켜 수혜대상자가 되는 경우 등 개인의 특성 및 선호, 그리고 제도상의 제약에 따라 수혜여부가 결정된다. 따라서 수혜자들의 행동학적 반응들(Behavioral responses)은 프로그램의 효율성과 유인효과(Incentive effects)에서 중요한 역할을 수행하기도 한다.

목표효율성(Target efficiency)은 이전소득의 효과를 측정하기 위하여 도입된 개념이며, 목표효율성 비율은 목표그룹에 포함된 개인과 목표그룹 안에 포함되어 있지만 그렇지 않은 개인에게 적용된 프로그램 영향을 측정하는 것으로 Weisbrod(1969)에 의하여 도입되고, 활용되기 시작하였다.

이 개념은 당초 계획한 집단에게 프로그램의 수혜가 돌아가도록 해야 한다는 것으로 두 가지 측면에서 살펴볼 수 있다. 하나는 목표그룹의 특정 개인에게만 프로그램 편익이 미치는 것이며(수직적 목표효율성, Vertical target efficiency), 다른 하나는 목표그룹의 모든 구성원에게 프로그램의 편익이 미치는 것이다(수평적 목표효율성, Horizontal target efficiency) (Haveman, 1987). 전자는 총 편익에 대하여 목표그룹의 구성원이 받게 되는 편익의 비율을 측정하는 것이며, 후자는 편익이 필요한 목표그룹의 총 구성원 중에서 수혜 혹은 편익을 받게 되는 목표그룹의 비율을 측정하는 것이다.

본 절에서는 고용보험제도 상의 직업훈련과 실업급여(여기에서의 복지프로그램) 제도를 대상으로 목표효율성 관점에서 분석하고자 한다.

여러 가지 복수의 복지프로그램에 대하여 관심을 가지고 분석한 연구는 그리 많지 않으나 복지프로그램과 노동시장에서의 노동공급과의 관계 및 복지프로그램 참여자의 경로 이동에 관한 연구는 지속적으로 이루어져 왔다. Fraker and Moffitt(1988)는 유도방정식(Reduced form equation)을 이용하여 복지프로그램의 노동공급효과를 추정하였다. 그리고 Keane and Moffitt(1996)는 복지프로그램 참여자와 노동공급의 구조모형을 사용하여 분석하였으며, Giannarelli and Steuerle(1996)은 부양아동가족보조(AFDC: Aid to Families with Dependent Children), 식품권(Food Stamps Medicaid), 가구보조금(Housing subsidies), 근로소득세액공제(EITC: Earned Income Tax Credit) 등의 다양한 복지프로그램에 초점을 둔 복지 수혜자가 직면한 세율(True tax rates)을 계산하였다. Haveman and Wolfe(2000)는 이전에 시행되었던 다양한 미국의 복지프로그램을 개관하고 빈곤가족일시지원(TANF: Temporary Assistance for Needy Families)에 초점을 맞춘 복지개혁의 관점에서 분석하였다. 또, An, Haveman and Wolfe(1993)는 PSID 자료를 사용하여 출생 후 결혼으로부터 AFDC 수혜자에 이르는 경로의 식별을 시도하였다.

최종 수혜자에 초점을 맞춘 연구가 많지 않은 이유는 각종 복지프로그램 수혜자들의 이동경로를 확인(Identified)할 수 있는 적합한 분석 자료가 많지 않으며, 비록 자료가 있다하더라도 조사 주기별(Wave)로 확인해야 하는 번거로운 경로 확인작업 등을 하지 않기 때문이다. 이러한 분석에 적합한 자료는 PSID[15](Panel Study of Income Surveys)와 같은 종단면자료(Longitudinal data), 즉 패널형태의 자료로써 여기에서는 복지프로그램 참여 경로와 복수의 복지프로그램 효과성 등에 대한 정보를 확인하고 분석에 사용할 수 있다.

본 절에서는 먼저 복지프로그램 참여 이전의 경로를 살펴보고, 목표효율성 관점에서 직업훈련 및 실업급여 등 복지프로그램에 해당하는 사업을 평가한다.

복지프로그램의 수혜를 받기 전에 각 개인별로 가정, 학교 및 노동시장에서는 장애, 빈곤, 건강, 편부모(Parent separated), 부부간 사별 혹은 이

---

15) Michigan Panel로도 일컬어지는 PSID(Panel Study of Income Dynamics)는 미국의 가구 및 개인의 대표 표본을 기초로 하여 시작된 패널조사로 1968년 이후 현재까지 계속되고 있다. 이 조사는 미국인들의 빈곤상태를 측정하고 그 변이과정을 추적하는 데 주목적을 두고 시작하였으나 현재는 소득, 소비, 가족사, 노동시장 활동 등 개인 및 가족의 경제활동과 건강, 자산, 은퇴 및 노후생활 등 생활의 전반에 걸쳐 다양한 내용을 담고 있는 대표적인 패널이다.

혼, 학교에서의 중도탈락 등과 실업, 은퇴 등 다양한 사건이 발생하고 이러한 정보는 자료에서 식별될 수 있다.

　미국의 경우, 복지프로그램과 관련이 있는 사건들은 실업급여(Unemployment benefits), 식품권(Food stamp), 노령유족장애보험제도(OASDI: ① Old age ② Survivors' ③ Disability insurance)(OAI, SI, DI), 근로자 보상(Worker's compensation), AFDC, EITC, 저소득신체장애의료보장제도(Medicaid), 의료보장(Medicare) 등이 관찰될 수 있으며, 우리나라의 경우에도 고용보험, 산재보험, 건강보험, 국민연금 등 4대 사회보험과 국민기초생활보장제도 상의 각종 사업 등 다양한 복지프로그램이 관찰된다. 이러한 사건들은 개인별 특성 및 그 유형에 따라 다른 경로로 나타나게 되며, 자료에서 이들을 관측할 수 있으며, 그 경로에 영향을 미치는 어떠한 요소들을 찾고, 영향 정도를 분석할 수 있다.

　이러한 다양한 경로의 사건 발생과 뒤이어 나타나는 복지프로그램의 참여 및 수혜 사이에서 개인들의 복지 변화를 중심으로 우리가 살펴보고자 하는 복지프로그램의 목표효율성을 측정할 수 있다. 좀더 구체적으로 목표효율성의 개념을 살펴보면, 각 경로에서 복지프로그램에 대한 목표효율성은 이전 사건의 복지(소득[16])을 사후 복지프로그램(소득)으로 나누어줌으로써 구할 수 있다.

$$T_i = \frac{\text{사후 복지}(Post-program\ welfare)}{\text{사전 복지}(Expected\ pre-event\ welfare)}$$

　여기서 기대된 사전 사건 복지(소득)는 개인이 그 사건이 발생하지 않았더라도 얻을 수 있는 복지(소득)를 의미한다.

---

16) 여기에서도 엄밀하게는 복지프로그램 참여 전과 참여 후의 소득(가구주 및 가구 구성원 전체)이 적합하나, 분석자료인 고용보험 DB에는 월평균임금 만이 제공되고 있어 이를 적용한다.

2) 자료, 변수 및 프로그램 참여 경로

본 절에 사용하는 분석자료는 한국산업인력공단 중앙고용정보원의 고용
보험 DB 자료(2000년~2001년)이며, 복지프로그램으로 적용할 수 있는 사
업을 직업훈련(실업자재취직훈련)과 실업급여로 구분하여 고용보험 피보험
자격 상실 즉, 실업을 사건으로, 또 위의 두 사업을 복수의 복지프로그램으
로 파악하여 각 개인의 경로를 분석한다.[17] 이를 통하여 복지프로그램의
목표효율성을 계산하게 되며, 2000년과 2001년 각 개인의 ID를 연결하여
경로이동을 분석하게 된다. 다양한 사건들 중의 하나인 실업은 두 가지 프
로그램으로 식별될 수 있고, 이동 가능한 경로를 살펴보면 아래와 같다.

사건(event)   복지프로그램(welfare programs)

실업   →   직업훈련(실업자재취직훈련)
(고용보험 피보험자격 상실)   →   실업급여

복수의 복지프로그램 중에서 실업이라는 사건에서 참여 가능한 복지프
로그램을 직업훈련과 실업급여라 할 때 다음과 같이 세 가지 케이스로 나
눌 수 있다.

1. 직업훈련
2. 실업급여
3. 직업훈련 & 실업급여

---

17) PSID를 분석자료로 사용하는 경우에도 여러 가지 복지프로그램 중에서 주로 부
   양아동가족보조(AFDC), 식품권(Food Stamp), 실업보상(Unemployment com-
   pensation), 근로자 보상(Worker's compensation) 등 네 가지 프로그램에 초
   점을 맞추어 분석을 하는데 이는 노령유족장애보험제도(OASDI), 의료보장
   (Medicare), 근로소득세액공제(EITC) 등은 관련 정보가 부족하여 제외하기 때문
   이다(An. C., B etc, 2000).

〈표 Ⅲ-23〉에서 보듯이 2000년 고용보험 자격을 상실한 실업자를 대상으로 2001년에 복지프로그램에 참여한 표본 중에서 직업훈련 수급자가 전체 표본에서 47.8%로 가장 높은 비중을 차지하고 있으며, 다음으로 실업급여 수급자가 41.4%로 그 다음으로 많은 분포를 보이고 있다. 반면, 직업훈련 참여와 실업급여 수급 등 두 가지 복지프로그램의 수혜를 모두 받는 사람은 10.7%로 나타났다.

〈표 Ⅲ-23〉 복지프로그램 수혜 분포

(단위: 명, %)

구분	복지프로그램	표본 수	비중
case 1	직업훈련	34,971	47.8
case 2	실업급여	30,302	41.4
case 3	직업훈련 & 실업급여	7,850	10.7
계		73,123	100.0

자료: 한국산업인력공단 중앙고용정보원(2000, 2001), 고용보험 DB(상실자, 실업자재취직훈련, 실업급여) 원자료

나. 목표효율성 평가 결과

목표효율성의 개념에 대하여 본 연구에서는 개념을 매우 제한된 범위에서 적용하고자 한다. 사실 개인이 겪는 실업, 빈곤 등 사건의 결과로 경험하게 되는 개인의 복지프로그램에 대한 그 해의 목표효율성을 찾아내기란 매우 어렵다. 2001년을 기준으로 본다 하더라도 종단면 자료에서 매우 많은 가능한 케이스를 포함하고 있다. 즉, 고용보험 DB의 경우, 제대로 된 분석을 하기 위해서는 분석 대상이 되는 개인이 처음 고용보험 피보험 자격 취득 시부터 이후 참여하게 되는 다양한 고용보험제도하의 사업별 참여 정보를 파악해야 하는 것이다.

이와 관련하여 각 연도별 평균 복지소득의 비교를 통하여 케이스별 특

성을 볼 수 있는데 여기서 복지소득이 높다는 의미는 빈곤 혹은 실업에 대한 복지프로그램이 수혜자의 필요에 대하여 당초 목표한 정책 목표 이상으로 복지편익이 산출되었을 수도 있음을 의미하며, 또한 복지의 비효율성 지표로 나타날 수도 있음을 의미한다. 그러나 엄격히 적용한다면 직업훈련의 경우 훈련수당과 가족수당만이 복지소득 개념에 포함되어 실업급여의 경우와는 그 성격이 달라 상호 비교할 수 없는 제한이 있다.

〈표 Ⅲ-24〉 케이스별 복지소득(임금)

(단위: 원)

구분	복지프로그램	평균 복지소득(임금)	
		Pre-Event Income	Post-Welfare Income
case 1	직업훈련	440,762	512,813
case 2	실업급여	504,965	514,289
case 3	직업훈련 & 실업급여	402,627	518,818
평균		449,451	515,307

자료: 한국산업인력공단 중앙고용정보원(2000), 고용보험 DB(상실자, 실업자재취직훈련, 실업급여) 원자료

보다 엄밀한 분석을 위하여 효율성의 관점에서의 복지프로그램 평가를 위하여 〈표 Ⅲ-25〉에서와 같이 목표효율성을 구하였다. 여기서 제시된 값이 비싸다는 것은 그만큼 비효율성이 더 크다는 것을 의미한다. 분석 결과, 직업훈련과 실업급여를 동시에 받은 경우가 1.29로 가장 높게 나타났으며, 다음으로 직업훈련이 1.16으로 나타났다. 마지막으로 실업급여를 받은 경우가 1.02로 가장 낮게 나타났다. 이러한 결과는 세 가지 복지프로그램 모두 소득 손실분에 대하여 더 많은 보상이 이루어진다고 해석할 수 있으며, 다른 한편으로는 이들 복지프로그램 소기의 목적을 달성하고 있다고 해석할 수 있을 것이다.

〈표 Ⅲ-25〉 목표효율성(Target efficiency)

구분	복지프로그램	목표효율성(T.E)
case 1	직업훈련	1.1635
case 2	실업급여	1.0185
case 3	직업훈련 & 실업급여	1.2886
계		1.1465

다시 말해, 직업훈련과 실업급여를 동시에 받은 그룹에서 목표효율성이 높게 나타났다는 것은 두 가지 복수의 복지프로그램이 빈곤층에 대하여 당초 의도한 대로 정책 목표가 실현되었다는 것을 의미한다. 즉, 복수의 복지프로그램으로부터의 편익은 비동기유발적인 효과(Disincentive effects)를 노동공급에서 가져온다고도 해석 할 수 있으나 이는 오히려 복지프로그램의 참여로 인하여 취업률 제고 등을 통하여 노동시장에서 긍정적인 요인으로 작용한다고 판단할 수도 있을 것이다. 그러나 이러한 결과의 보다 정확한 의미는 빈곤층에 대한 복지프로그램이 이들의 복지 증진에 기여하고 있다는 데 있다.

제5절 소 결

본 장에서는 고용보험 사업 중 직업훈련 이수 여부 및 실업급여 수급 여부가 근로자의 재취업 확률에 어떠한 영향을 미치는지를 살펴보았으며, 이러한 프로그램을 복지프로그램으로 설정하여 프로그램 참여 전과 참여 후의 효율성을 측정하였다.

먼저 고용보험 DB 상의 빈곤층에서 직업훈련과 실업급여 프로그램에 참여한 분석 대상자들의 특성을 살펴본 결과, 여자의 비중이 매우 높고, 연령별로는 직업훈련의 경우 20~30대가 주류를 이루고 있는 반면 실업급여는 전 연령 대에서 골고루 수혜를 받는 것으로 나타났다. 학력은 고졸이, 직업에서의 특성은 사무직원이, 산업에서는 제조업의 비중이 가장 높았으며, 사업체규모에서는 10인 이하 사업장 종사자가 가장 많은 분포를 보여주었다.

직업훈련 이수자의 재취업 해자드를 추정한 결과, 훈련 참여가 재취업 확률을 높여주고, 훈련기간이 길수록 재취업 확률이 높은 것으로 나타났다. 또한 훈련참여가 가장 많은 직종에서도 재취업 확률이 높게 나타나 직업훈련이 빈곤층의 재취업에 큰 역할을 하고 있음을 볼 수 있다. 따라서 빈곤대책으로 적극적인 직업훈련 프로그램의 확대와 질적 내실화를 기할 필요가 있음을 발견할 수 있다.

실업급여 수급자의 재취업 해자드를 추정한 결과, 실업급여 수급이 재취업 확률을 높여 준다는 사실을 확인할 수 있다. 따라서 빈곤층에 대한 실업급여 제도가 재취업을 위한 정책수단으로 어느 정도 긍정적인 영향을 미치고 있음을 알 수 있다.

또한 본 절에서는 복지프로그램 수혜 이전에 발생한 실업(고용보험 피보험자격 상실) 등 사건에서 시작되는 경로분석과 이후 복수의 복지프로그램 참여로 나타나는 복지프로그램의 목표효율성을 측정하였다. 고용보험제도상의 다양한 프로그램 중에서 자료의 접근 가능한 직업훈련과 실업급여를 복지프로그램으로 선정하였다. 분석 결과, 직업훈련과 실업급여를 모두 받은 사람들에게서 목표효율성이 높게 나타나 복수의 복지프로그램에 대한 과도한 보상은 비동기유발적인 효과를 가져 올 수 있음을 보았다. 다시 말하면 이들 프로그램이 빈곤층에 대하여 긍정적인 기여를 하고 있다고 볼 수 있다는 것이다.

사실, 목표효율성을 보다 엄격하게 적용하여 분석하기 위해서 고려될 수 있는 적합한 모형은 스위칭모형(Switching Model)이다. 첫 번째 방정식은 복지의존선택(Welfare Dependency Choice)인데 다양한 경로는 사건들의 관계와 복지 참여자의 관점에서 찾게 된다. 복지참여선택(Welfare Participation Choice)에서 l_i는 함수적 형태를 가지는 복수의 복지프로그램들을 포함하게 된다.

$$l_i = f(E_i, X_i)$$

여기서 E_i는 경험한 사건이며, X_i는 개인적인 특성(주별로 복지의 관대수준(Generosity), 연령, 가족 배경 등)의 벡터이다.

두 번째 방정식은 복지편익방정식이다.

$$B_i = g(l_i, Z_i)$$

여기서 B_i는 복수의 복지프로그램 참여로부터 얻은 편익이며, Z_i는 편익기준에 기초한 편익수준을 결정하는 개인적인 특성 즉, 사전 복지 소득과 가족 구조 등이다. 여기서는 사전과 사후 복지 소득뿐만 아니라 사전과 사후의 사건 소득을 비교하는 것이 중요하다. 역시 사전 사건 소득(Pre-event income)과 기대된 소득을 비교해야 하는데 여기서 개인은 사건들이 일어나지 않았을 때의 소득이다.

이들 두 방정식의 스위칭회귀모형으로부터 얻은 결과의 추정은 복수의 복지프로그램의 목표효율성을 측정하는 데 활용된다. 목표효율성의 계산된 결과에 기초하여 미국의 복지개혁에 보다 정당하게 이해하여 프로그램의 효과를 평가할 수 있다.

제3장 시사점

　산업구조의 고도화 및 지식정보화 사회로 이행하는 과정에서 소득격차의 확대에 따라 필연적으로 발생하는 빈곤층에 대한 관심이 높아지고 있다. 본 연구는 외환 위기 이후 대두된 실업문제와 급격한 경제상황 변화에 상대적으로 큰 영향을 받는 빈곤층의 경제활동상태에 주목하여 이들 계층이 노동시장에 여하히 참여하여 활동할 수 있는 기제가 무엇인가에 관심을 두고, 경제활동상태 결정요인과 현재 상태에서 지원제도의 근간이라 할 수 있는 고용보험 사업 중 직업훈련과 실업급여의 효과성을 분석하였다. 분석자료는 한국노동패널(1998~2001) 자료와 고용보험 DB(상실자, 실업자재취직훈련, 실업급여 등)를 이용하였다.

　본 연구의 결과는 다음과 같이 요약될 수 있다. 첫째, 빈곤의 결정요인 분석에서는 빈곤이 개선되고 있지 않다는 사실과 빈곤이 여성, 저학력, 임시직과 일용직 등에서 빈곤가능성이 높게 나타났다. 또한 순차적 모형으로 실업과 빈곤과의 관계를 분석한 결과, 사회보험수급이 실업이 빈곤에 미치는 영향을 줄여 주는 것으로 나타나 정부의 사회보험 정책이 긍정적인 효과로 나타남을 볼 수 있다. 이를 통하여 목표계층에 초점을 맞춘 빈곤 및 실업정책의 추진이 필요함을 알 수 있다.

　둘째, 빈곤층의 경제활동상태 및 그 변화의 결정요인을 분석해 본 결과, 이들 계층에서는 실업에서 취업으로 이행하는 비중이 크게 감소하여 취업여건 및 노동시장 진입이 더욱 악화된 것으로 나타났다. 역시, 남자, 고학력층에서 취업확률이 높게 나타났으며, 사회보험 수급과 직업훈련을 이수하지 않은 경우에 미취업 확률이 높아 이들 계층에 대한 체계화되고 특화된 지원방안의 마련이 필요할 것으로 보인다.

　셋째, 빈곤층의 고용보험 효과 중에서 직업훈련 이수와 실업급여 수급이 재취업 확률에 미치는 영향을 분석한 결과, 직업훈련 참여가 재취업 확률을 높이는 것으로 나타났다. 또한 훈련기간, 훈련직종 등에서 모두 재취업 확률을 높이는 것으로 나타나 직업훈련이 빈곤층의 노동시장 진입에 큰 역할을 하는 것으로 나타났다. 실업급여의 경우에도 실업급여를 받는 경우에 재취업 확률이 높게 나타나 실업급여 또한 빈곤층의 재취업에 긍정적으로 작용하는 것으로 나타났다. 따라서 노동시장 정책의 일환인 직업훈련과 실업급여 제도에 빈곤층이 적극 참여하여 혜택을 받을 수 있도록 빈곤층 자신이나 정부에서도 남다른 노력이 필요하다는 사실을 발견할 수 있다.

넷째, 고용보험의 두 가지 사업을 복지프로그램으로 설정하여 그 효율성을 측정해 본 결과, 직업훈련과 실업급여 모두 참여 전에 비하여 참여한 후에 그 효율성이 높게 측정되어 빈곤층에 적합한 프로그램으로 판단되었다. 다만, 이러한 분석 방법이 다양한 프로그램과 제공되는 복지소득이 분명히 파악될 경우 보다 정확한 평가가 가능하다는 한계는 있으나 현재 이루어지고 있는 고용보험 사업이 효과가 있다는 사실을 확인할 수 있다.

본 연구의 의의는 다음과 같다. 첫째, 빈곤층에 대한 논의와 분석이 그간 많이 이루어져 왔지만 이들이 노동시장에 어떠한 행태를 보이는지에 대한 구체적인 분석이 그리 많지 않았다. 본 연구는 빈곤층에 대한 정의, 타지표와의 관계, 실업과 빈곤의 관계 등 빈곤층이 노동시장에 어떠한 위치를 차지하고 있는지 다양한 측면에서 살펴보았으며, 체계적이고 목표그룹에 초점을 맞춘 정책이 필요함을 확인할 수 있었다.

둘째, 노동시장정책 평가에 대한 논의가 최근 활발하게 진행되고 있음에 비추어 본 연구에서는 복지프로그램 평가 방법을 도입하여 그 성과를 측정해 보았다. 물론 고용보험 자료의 한계상 충분한 접근이 이루어지지는 않았으나 목표효율성이라는 관점에서 고용보험 효과를 평가함으로써 실질적으로 빈곤층에 어느 정도의 혜택이 돌아갔는지를 알 수 있는 분석 결과를 제시하였다.

본 연구가 가지는 한계와 향후 연구과제는 다음과 같다. 첫째, 빈곤층의 특성상 자영업, 미취업 상태에 많이 분포하고, 따라서 이들 계층의 노동시장은 물론 사회에서의 이동에 대한 파악은 많은 제한이 따르게 된다. 따라서 보다 정확한 빈곤층에 대한 정보를 확인하고 분석하기 위해서는 이들이 이동이 보다 분명하게 파악될 수 있는 다양한 정보원에 대한 접근과 활용이 필요하다. 즉, 이러한 한계를 극복하기 위해서는 근로자의 노동시장 및 경제활동과 관련한 사회경제적인 정보가 보다 광범위하게 담겨 있는 국세청의 국세 관련 자료, 건강보험공단 및 국민연금관리공단 자료 등과의 연결을 통한 보다 세부적인 분석이 필요하다.

둘째, 빈곤층의 경제활동상태 변화를 동태적 관점에서 다양한 변수를 도입하여 분석하지 못하였다. 이는 향후 빈곤층 개개인의 빈곤상태 및 경제활동상태 변화를 경로(Path)별로 구분, 유형화하고, 개인 및 가구의 특성을 또한 범주화하여 분석에 반영할 것이다.

셋째, 최근 각종 정책에 대한 효과 분석 연구가 많이 이루어지고 있다. 그리고 평가에 대한 인식의 확대와 필요성 증대로 정량적인 분석이 많이 진행되기 시작하고 있으나 이를 뒷받침할 만한 이론적, 방법적인 발전이 이루어져야 할 것이다. 본 연구는 노동시장정책 평가와 관련하여 복지프로그램 효율성 방법을 도입하여 분석하였으며, 향후 보다 다양한 프로그램 변수를 반영한 분석이 이루어져야 한다는 점에 비추어 그 시발점에서 많은 시사점을 가진다고 할 수 있다.

제2부 빈곤원인과 이행

제1장 은퇴와 노년 빈곤 이행 분석[1]

　본 연구는 노인들이 경험하게 되는 가장 중요한 경제사회적 사건(event)인 은퇴가 노인 빈곤에 미치는 영향에 대해 분석한다. 현재 우리사회는 급속한 고령화를 경험하고 있다. 2000년 65세 이상 인구의 비중이 7%를 넘어서면서 고령화사회(aging society)에 진입하였으며, 2019년에는 14%를, 2025년에는 20%를 넘어설 것으로 전망되고 있는 상황이다. 이와 같은 급격한 고령화의 진행은 노인 인구의 증가와 더불어 노인빈곤 문제를 중요한 사회적 문제로 부각시키고 있다. 금재호·김승택(2001), 안종범·김철희·전승훈(2002) 등의 연구에 따르면 인구 연령 대 중 빈곤층이 차지하는 비중은 60세 이상 노인 연령 대에서 압도적으로 높게 나타나고 있다. 특히 우리나라처럼 사회보장제도의 미성숙으로 인해 은퇴 후 노후소득보장이 충분히 이루어지기 어려운 상황에서는 고령으로 인한 노동시장으로부터의 이탈은 빈곤층으로의 진입가능성을 크게 높일 것으로 전망되고 있다. 따라서 은퇴로 인한 노동소득의 상실이 빈곤에 미치는 영향을 파악한 후 사회보장제도 정비 등 노후소득 대책을 마련하는 정책, 고령자의 노동시장 정책 등 다양한 정책대안이 마련될 필요가 있다.

　외환위기 이후 노동시장의 유연화에 따라 은퇴시기 및 과정이 보다 유연해짐에 따라 은퇴자들이 개인적인 선호와 판단에 근거한 합리적인 은퇴과정과 은퇴결정이 이루어지는지에 대한 논의들이 많이 있어왔다. 일반적으로 은퇴 결정에는 노동시장 구조와 같은 비개인적인 요소와 더불어 가족 등 개인적 요소에 따라 결정되는 다양성이 존재한다. OECD 국가들의 은퇴 연령은 감소하고 있는 추세이나 우리나라의 경우 일본과 더불어 은퇴 연령이 가장 높은 국가로 분류되고 있다. 그러나 이러한 상태도 오래 지속

1) 본 연구는 2006 경제학 공동학술대회(2006. 2. 16~17, 성균관대학교) 노동경제학회 분과에서 전승훈 박사(국회예산정책처 경제분석관)와 함께 발표한 것이며, 유익한 토론을 해주신 김주섭 박사(한국노동연구원)에게 감사드린다.

되기는 어려울 것으로 예상되며, 은퇴 연령이 낮아짐에 따라 필연적으로 수반되는 소득감소와의 관계 또한 분석이 필요한 분야이기도 하다.

기존에 우리나라에서 진행된 빈곤에 관련된 연구를 살펴보면 빈곤 측정, 빈곤 실태, 빈곤의 동학 등에 관한 다양한 연구가 진행되고 있지만, 노인빈곤 자체에 초점을 맞춘 연구는 그리 많지 않은 실정이다. 이에 본 연구에서는 노인빈곤, 특히 노인이 경험하는 중요한 사건인 은퇴에 초점을 맞추고, 이를 통해 향후 노인빈곤 관련 정책대안을 마련하는 데 있어 기초자료로 활용할 수 있을 것이다.

본 연구의 구성은 다음과 같다. 서론에 이어 제Ⅱ장에서는 선행연구를 분석한다. 제Ⅲ장과 제Ⅳ장에서는 「한국노동패널」 자료를 사용하여 은퇴자 실태 및 은퇴결정요인과 노년 빈곤 실태를 파악하고, 제Ⅴ장에서 은퇴와 노년빈곤 이행과정에 대해 살펴본 후 제 Ⅵ장에서 글을 마무리할 것이다.

제1절 선행 연구 분석

은퇴와 관련한 연구는 주로 은퇴 행위, 은퇴 과정, 은퇴결정요인 등이 주요 관심사가 되어 왔다. 은퇴의 정의는 실업과 달리 일자리를 그만 둔 상태가 완전하다는 의미를 가지며(Mutchler et als, 1997), 제도화된 노동시장으로부터의 이탈과정(Gratton, 1996) 등 다양하게 해석되고 있다.

박경숙(2003)은 고령자 은퇴행위의 다양성과 그 원인 규명을 위하여 55세 이상 고령자의 직업, 종사상 지위 변화를 추적하였다. 고령자의 일자리 이동과정은 개인, 가족, 과거 직업력 특성에 따라 유의한 차이가 있으며, 은퇴과정은 노동시장 내부의 불평등, 노동빈곤 문제 등과 밀접한 관계가 있음을 확인하였다. 따라서 은퇴의 제도화, 노동시장, 가족동학 등이 은퇴과정의 다양성에 영향을 미친다고 주장하였다. 장지연(2003)은 은퇴 연령과 결정요인, 은퇴유형 등에 관한 연구 결과, 우리나라 은퇴 연령은 높은 편이며, 연령 증가에 따라 은퇴가능성이 높아지는 것은 당연하지만 그 정도는 대상집단에 따라 다르게 나타났다. 분석 결과 연령 증가에 따라 상용직 임금근로자의 은퇴가능성이 가장 높은 것으로 나타났다.

노인빈곤에 대한 연구는 해외에서 다양하게 이루어지고 있다. 특히 최근 들어 연금제도의 성숙으로 인한 노인소득수준의 향상으로 인하여 노인 빈곤율이 감소하면서 노인빈곤 구성의 이질성에 대한 연구가 주로 이루어지고 있다. 즉, 인종에 따른 노인빈곤의 차이(Pampel, 1998), 성별 및 거주 지역에 따른 노인빈곤의 차이(McLaughlin and Jensen, 1993, 2000), 연령 및 가구구성에 따른 노인빈곤의 차이(Hooyman and Kiyak, 2002) 등에 관한 연구가 활발하게 이루어지고 있다(최현수·류연규, 2003).

그러나 우리의 경우 최근 들어 빈곤에 관한 다양한 연구가 이루어지고 있음[2]에도 불구하고 노인에 초점을 맞춘 연구는 상대적으로 이루어지지 않고 있는 상황이다. 여기서는 우리나라에서 제한적이나마 이루어진 노인 빈곤에 관한 연구를 노인빈곤 실태에 관한 연구, 노인빈곤 원인에 관한 연구, 노인빈곤 대책에 관한 연구로 나누어서 살펴본다. 우선 노인빈곤 실태와 관련한 연구들은 우리나라의 노인빈곤이 광범위하게 존재하며, 노인들의 빈곤추락 위험성이 다른 연령 대의 인구보다 크다는 결과를 제시하고 있다. 김영숙(2002)은 2000년 도시가계조사 원자료를 이용하여 빈곤노인가계의 소득과 지출구조를 분석한 결과 노인가계의 경우 소득 하위 40% 이하에 73.4%의 분포를 나타내어 노인 단독 가계의 대부분이 빈곤계층에 포함된다는 결과를

---

2) 한국의 빈곤 연구는 1980년대 이후 본격적으로 이루어지기 시작하였다. 그 이전에는 빈곤이 너무 광범위하여 빈곤율의 측정이나, 빈곤의 원인 등의 규명은 너무 막연한 것이었고, 광범위한 해결을 위해서는 경제성장에 초점을 맞출 수 없었다. 따라서 빈곤에 관한 연구는 거의 찾아볼 수 없으며, 산업개발정책, 성장이론, 재정 및 금융정책 방향의 연구가 주로 이루어졌다. 즉, 빈곤 자체에 대한 연구는 일정정도 경제성장이 이루어지면서 의의를 가지게 된 것이다. 한편 1990년대 들어서는 전반적으로 삶의 질이 향상되면서 빈곤 문제가 일정정도 관심에서 멀어졌었다. 그러다가 1990년대 중반 외환위기 이후 소득불평등이 심화되고 빈곤층이 증가하면서 빈곤 문제는 다시금 주요 관심사로 부각되기 시작하였다. 최근에는 양극화 문제 해소와 관련하여 빈곤문제가 많이 연구되고 있다.

제시하였다. 최수현·류규현(2003)은 노인빈곤을 타 연령 집단과 비교 분석 하였는데 노인집단의 절대적 빈곤율은 28.44%, 상대적 빈곤율은 34.21%로 아동 빈곤율에 비해 3배 이상 높다는 연구결과를 제시한 바 있다. 이상의 연구는 해외 연구에서 노인 빈곤율이 점차적으로 낮아지고 있다는 연구결과 와는 상반된 결과이다. 이는 연금제도가 성숙되지 않는 등 노인들의 노후소 득보장 사각지대가 아직도 광범위하게 존재하기 때문인 것으로 보인다.

노인빈곤의 원인과 관련해서는 김상호·김형수(2004), 최희경(2005), 원영 희(2005) 등에서 검토된 바 있다. 김상호·김형수(2004a)는 근로능력이 있는 고령 빈곤자의 대부분은 급격한 사회변화과정에서 비자발적으로 노동시장으 로부터 조기강제 퇴직되어 빈곤층으로 전락된 경우라고 밝히고 있다. 최희경 (2005)은 빈곤노인 중 여성을 대상으로 빈곤 원인에 대한 분석을 시도하였 다. 빈곤여성노인들에 대한 심층면접을 토대로 한 분석 결과 여성의 노년기 빈곤은 여성의 노년기 이전에 속해 있던 원가족과 결혼으로 형성한 가족의 빈곤의 영향을 직접적으로 받는 만성적 빈곤의 성격을 가지며, 노년기 이후 에 여성이 경험하는 사별이나 발병 등 특정한 생애사건들이 만성적 빈곤상 태를 더욱 악화시키는 것으로 나타났다. 또한 사회구조적 측면에서 노동시장 에서의 여성의 주변적 위치, 노년기까지 지속되는 가족 내 성역할 부담으로 인한 소득기회 상실, 가정 내 경제적 자원에 대한 통제권 부족 등 불평등한 지위들이 결합하여 여성의 노년기 빈곤을 형성하는 것으로 분석되었다. 원영 희(2005)는 노인빈곤의 원인을 개인적 요인과 사회적 요인으로 구분하여 설 명하고 있다. 개인적 요인으로는 가족의 부양기능 약화, 과다출산과 자녀 양 육의 과다부담, 수명연장에 따른 퇴직 이후 무소득 기간의 장기화 등을 들고 있으며, 사회적 요인으로는 사회적 변동으로 인한 빈곤계층의 형성, 취업기 회의 감소 및 불균등으로 인한 소득의 단절, 그리고 사회보장제도의 미비 등 을 들고 있다. 또한, 우리나라의 경우 급격한 산업화 및 도시화 등과 같은 사 회 변동의 과정에서 빈곤문제가 심화되었기 때문에 사회구조적 맥락에서 살 펴볼 필요가 있으며, 현재의 노인세대는 자녀 교육이나 출가를 위하여 본인 의 노후준비를 하지 못했고, 경제활동이 용이하지 않았으며, 국민연금 제도의 혜택에서도 배제되었다는 점에 주목해야 한다고 주장하고 있다.

빈곤대책과 관련하여 김상호·김형수(2003)는 가족관계 구조가 파편화되고 가족생활의 중심축이 자녀로 이동하는 등 가족에 의한 노인부양은 거의 한계에 직면해 있다는 점에서 국가에 의한 재분배의 확대가 절실하지만, 인구의 고령화를 고려할 때 노인빈곤문제해소를 위한 효과적인 생산적 고령화 정책이 요구된다고 주장한다. 이들은 기초생활보장 대상에서 제외된 빈곤노인을 대상으로 경제적 대응 실태를 알아보기 위해 심층면접을 실시한 결과, 빈곤노인 대부분이 자신의 경제적 문제에 적극 대처하고 있지만, 개인적 한계와 사회적 불리로 인해 경제적 자립이 크게 저해되고 있었다면서 인간중심적 차원에서 근로능력과 기술력을 고려하여 직무교육, 재활교육, 직업훈련을 통해 적합한 기술습득, 그리고 재활서비스가 병행된 재활교육이 구분되어 실시될 필요가 있다고 제시하였다. 또한 제도적 차원에서 고용, 교육, 복지의 One-stop service 기구의 설치, 연령차별금지법 제정, 유연한 고용정책의 장려 등의 노력이 적극 요구된다고 제시하였다.

김상호·김형수(2004)는 노인빈곤대책으로서 제기되고 있는 근로연계복지(workfare)가 노동의 가치를 구현할 구체적인 대책을 세우지 않은 채 근로를 강제한다는 심각한 문제를 내포하고 있기 때문에 근로능력이 있는 고령빈곤자를 불안정한 저임금 노동시장으로 내몰아 국가복지 부담을 줄이려고 한다는 비판을 피하기 어렵다고 제기하고 있다. 또한 사회변동과 그에 따른 가족 내부 구조변화를 고려하지 않은 채 전통적인 가족공동체를 강조하는 가족주의적 복지는 빈곤노인을 공식적으로 배제시키는 것과 다름이 없다고 주장한다.

원영희(2005)는 대부분의 노인이 자구적인 노후보장책을 준비하지 못한 상태에서 노년기를 맞이하고 있지만, 공적인 노후보장제도는 제대로 확립되지 않은 현실에 주목하여, 노인빈곤을 해결하기 위해 소득보장을 내실화하고, 노인의 자활자립을 유도하는 데 주안점을 두어야 할 것이라고 주장한다. 즉 소득보장과 취업 촉진의 원활한 연계를 통하여 생활안정의 기반을 조성함으로써 안정된 노후생활을 보장하는 데 정책적 노력을 기울여야 한다는 것이다. 구체적인 방안으로 경로연금 및 국민기초생활보장제도를 통한 소득보장의 내실화, 근로능력이 있는 빈곤노인들에 대한 일할 수 있는 기회제공, 의료서비스 제도의 개선, 재가복지 및 장기요양서비스 확충 등을 제시하고 있다. 또한, 정부의 노인복지예산 확충을 통해 각종 구빈, 방빈에 대한 재정적 지원이 뒷받침되어야 할 것이라고 주장하고 있다.

이상에서 살펴본 빈곤 관련 연구는 그 수가 양적으로 부족할 뿐만 아니라 노인빈곤의 다양한 측면에 대해 검토하고 있지 못하다는 점에서 한계를 갖고 있다. 특히 노인빈곤의 중요한 원인으로 제시되고 있는 노동시장으로부터의 이탈에 대한 구체적인 연구가 충분히 이루어지지 않고 있다. 이에 본 연구에서는 노인이 경험하는 가장 중요한 사건인 은퇴가 노인빈곤에 미치는 영향을 분석하고자 한다. 이를 통해 노동시장으로부터의 이탈이 노인빈곤에 미치는 영향에 대한 구체적으로 검토할 것이다.

제2절 은퇴 실태

이 장에서는 중고령자의 은퇴 여부 결정에 영향을 미치는 요인이 무엇인지를 살펴본다. 일반적으로 은퇴 여부를 결정하는 데 영향을 미치는 요인으로 크게 두 가지 측면을 고려할 수 있다. 그 하나는 노동공급 측면으로 의중임금(reservation wage)과 실제 수령가능한 시장임금(market wage)의 차이로 결정되는 것이며, 다른 하나는 노동수요 측면으로 정년이나 기업의 고용조정 과정에서 명예퇴직 등 비자발적 퇴직을 들 수 있다. 또한 경기변동과 기술변화 등도 일정 정도 영향을 미친다고 볼 수 있다.

1. 분석 자료

분석에 활용한 자료는 한국노동연구원 제6차(2003년) 한국노동패널조사

(KLIPS) 중 중고령자 부가조사 자료이다. 이 자료는 만 50세 이상의 중고령자[3]를 대상으로 은퇴자의 은퇴생활, 비은퇴자의 은퇴계획 및 노후생활 준비 그리고 가족관계 및 경제적 부양 등에 관한 내용을 담고 있다. 응답자는 모두 3,530명이고, 은퇴자 1,171명과 비은퇴자 1,530명 등으로 구성되어 있다[4]. 은퇴여부에 따른 중고령자는 은퇴했으며, 55~64세인 자(Case 1), 은퇴했으며, 65세 이상인 자(Case 2), 은퇴하지 않았으며, 55~64세인 자(Case 3), 은퇴하지 않았으며, 65세 이상인 자(Case 4)로 구분하여 적용하였다. 이러한 구분은 노년빈곤으로의 이행을 보다 구체적으로 살펴보기 위하여 중고령층을 보다 세분화 한 것이다.

2. 은퇴자 특성 및 은퇴 결정요인

먼저, 은퇴자를 보면 55~64세의 경우 여자의 비중이 높으나 65세 이상은 남자의 비중이 높으며, 55세 이상 모든 연령층에서 중졸 이하, 고졸 등의 순으로 나타났다. 지역은 55~64세는 광역시에, 65세 이상은 도 지역에 많이 분포하는 것으로 나타났으며, 종사상지위는 상용임금근로자가, 고용형태에서는 정규직이, 정년 여부는 없다는 응답이 높고, 자의에 의하여 그만둔 비중도 높게 나타났는데 이는 비은퇴자의 경우도 동일하다. 대부분이 취업활동

---

3) 중고령층은 45세 이상 55세 미만의 중년층과 55세 이상 65세 미만의 고령층을 합친 개념이며, 중고령층이 단순한 생물학적 연령에 의한 구분이 아니라 중고령층이 처한 사회경제적 상황에 대한 불안정한 고용 등과 연계하여 논의할 수 있으며, 고령자고용촉진법 시행령 제 2조 1호에 준고령자는 50세 이상 55세 미만인 자, 고령자는 55세 이상인 자로 정의하고 있어 준·고령자는 50세 이상인 자로 보고 있다.

4) 「한국노동패널」에서는 노동자가 주된 일자리를 그만 두고 일을 하지 않거나, 소일거리 정도의 일만을 하고 있으며, 또한 앞으로도 특별한 변화가 없는 한 소일거리 정도의 일 이외의 일을 할 의사가 없는 상태를 은퇴로 정의하고 있다. 따라서 본 연구에서 사용된 은퇴의 정의는 응답자의 주관적인 평가에 의존하면서도 주 직장으로부터의 이탈, 경제활동참가 여부 등 노동시장 요인을 동시에 고려하고 있다고 장점을 갖고 있다.

을 하고 있으며, 공적연금이나 임대수입, 사회보험 수급 등이 없다고 응답한 비중이 매우 높게 나타났으며, 이 경우 또한 비은퇴자와 유사하다. 비은퇴자를 보면, 남자의 비중이 높으며, 종사상지위에서는 상용임금근로자 다음으로 고용주가 차지하는 비중이 높게 나타났다. 장지연(2003)의 특성 분석 결과와 비교해 보았을 때, 성별로는 남성이, 종사상 지위에서는 상용임금근로자가 차지하는 비중이 높게 나와 본 분석과 동일한 결과를 보여주고 있다.

〈표 1〉 은퇴 여부 및 연령별 특성 분포

(단위: 명, %)

구분		case 1 (은퇴·55~64)		case 2 (은퇴·65~)		case 3 (비은퇴·55~64)		case 4 (비은퇴·65~)	
계		369	100.0	689	100.0	730	100.0	278	100.0
성별	남	179	48.5	377	54.7	464	63.6	162	58.3
	여	190	51.5	312	45.3	266	36.4	116	41.7
학력	중졸 이하	225	61.0	547	79.4	477	65.3	222	79.9
	고졸	95	25.8	78	11.3	181	24.8	37	13.3
	전문대졸	9	2.4	4	0.6	4	0.6	1	0.4
	대졸	36	9.8	55	8.0	55	7.5	17	6.1
	대학원 이상	4	1.1	5	0.7	13	1.8	1	0.4
지역	광역시 이상	222	60.2	329	47.8	371	50.8	104	37.4
	도	147	39.8	360	52.3	359	49.2	174	62.6
종사상 지위	상용	187	54.4	230	40.6	62	49.6	24	52.2
	임시	16	4.7	22	3.9	7	5.6	3	6.5
	일용	43	12.5	77	13.6	10	8.0	4	8.7
	고용주	45	13.1	58	10.3	25	20.0	5	10.9
	자영업자	53	15.4	179	31.6	21	16.8	10	21.7
고용형태	정규직	182	74.0	231	70.2	61	77.2	24	77.4
	비정규직	64	26.0	98	29.8	18	22.8	7	22.6
정년 여부	유	96	26.1	155	22.5	37	26.8	13	25.0
	무	270	73.4	530	77.0	101	73.2	38	73.1
	기타	2	0.5	3	0.4	-	-	1	1.9
그만둔 이유	타의	164	44.6	291	42.3	60	43.5	20	38.5
	자의	203	55.2	397	57.7	78	56.5	32	61.5
취업활동	유	280	75.9	601	87.2	647	88.6	257	92.5
	무	89	24.1	88	12.8	83	11.4	21	7.6
공적연금	유	50	13.6	87	12.6	53	7.3	35	12.6
	무	319	86.5	602	87.4	677	92.7	243	87.4
임대수입	유	54	14.6	74	10.7	31	4.3	17	6.1
	무	315	85.4	615	89.3	699	95.8	261	93.9
사회보험	유	12	3.3	34	4.9	11	1.5	8	2.9
	무	357	96.8	655	95.1	719	98.5	270	97.1

자료: 한국노동연구원(2004), KLIPS 중고령층 부가조사 원자료

은퇴결정요인은 인적경제적 속성(모형3), 제도 및 기타 활동(모형 2), 소득 유무(모형 1) 등으로 구분하여 결정요인을 분석하였다. 분석 결과, 남자일수록 은퇴가능성 낮으며, 연령이 높을수록 은퇴가능성이 높게 나타났으며, 고학력자일수록 은퇴가능성이 높게 나타났으나 유의하지 않았다. 대도시에 살수록 은퇴가능성이 높고, 종사상지위는 상용임금근로자에 비해 임시, 일용, 고용주, 자영자 등 모두가 은퇴가능성이 낮게 나타났다. 이는 상용의 경우 제도적인 제약을 받는 반면, 타 지위에서는 은퇴 여부를 자의적으로 결정하는데 기인하는 것으로 판단된다. 정규직의 경우 은퇴가능성이 낮으며, 타의에 의하여 그만둔 경우나 적극적으로 취업활동을 하고 있는 경우 은퇴확률이 낮게 나타났다.

〈표 2〉 은퇴결정요인 분석(로짓)

변수	모형 1		모형 2		모형 3	
상수항	5.624***	0.600	5.245***	0.582	4.043***	0.300
성별(남자)	-1.629***	0.273	-1.471***	0.268	-1.238***	0.143
연령(~54세)						
55~64세	1.290***	0.239	1.322***	0.237	1.845***	0.167
64~	1.243***	0.190	1.214***	0.188	1.305***	0.125
학력(중졸)						
초졸 이하	-0.237	0.254	-0.224	0.253	-0.171	0.151
고졸	-0.428	1.069	-0.429	1.085	-0.194	0.524
전문대졸	0.212	0.456	0.185	0.446	-0.006	0.225
대졸 이상	1.106	1.020	0.986	1.113	0.533	0.53
지역(광역시)	0.148	0.161	0.123	0.159	-0.058	0.107
종사상지위(상용)						
임시	-4.623***	0.676	-4.564***	0.671	-3.433***	0.361
일용	-4.225***	0.457	-4.117***	0.452	-4.481***	0.280
고용주	-4.428***	0.433	-4.517***	0.430	-4.310***	0.237
자영자	-4.223***	0.321	-4.208***	0.317	-4.283***	0.195
고용형태(정규직)	-4.359***	0.316	-4.346***	0.314	-4.118***	0.184
종업원 수(70인 이하)	-0.857	0.723	-0.960	0.726	-0.554***	0.308
71~299인						
300~999인	0.418	0.667	0.550	0.659	-0.303	0.380
1,000인 이상	-1.360***	0.432	-1.369***	0.435	-0.448***	0.196
정년(있음)	-0.345	0.447	-0.414	0.446		
그만둔 사유(타의)	-1.519***	0.244	-1.523***	0.243		
취업활동(있음)	-2.210***	0.170	-2.203***	0.169		
소득(근로)	2.192	2.014				
(공적연금)	-0.51	0.394				
(임대수입)	-1.076***	0.351				
(사회보험)	-0.504	0.481				
-2 Log L			4485.893			
N			3,530			

주: *, **, ***는 각각 1%, 5%, 10% 유의수준임
자료: 한국노동연구원(2004), KLIPS 중고령층 부가조사 원자료

제3절 노년 빈곤 실태

1. 자료 구성 및 변수

  자료는 한국노동연구원 제6차(2003년) 한국노동패널조사(KLIPS) 중 중고령자 부가조사 자료와 연결한 제1차~6차까지의 자료이다. 본 연구에 활용하는 한국노동패널조사는 비농촌지역에 거주하는 가구와 가구원을 대표하는 패널표본구성원(5,000가구에 거주하는 가구원)을 대상으로 1년에 1회 경제활동 및 노동시장, 노동이동, 소득 및 소비활동, 교육 및 직업훈련, 사회생활 등에 관하여 추적 조사하는 종단면(longitudinal survey)조사이다. 본 연구에서 활용하는 부분은 6차(1차, 1998년~6차, 2003년)에 걸친 반복적인 조사를 통하여 15세 이상 가구원 개인들의 생애과정에 걸친 변화와 이동, 특히 학교교육, 취업 혹은 노동시장, 노동이동 과정에 해당되는 부분이다.

  본 연구에서는 노동패널의 특성을 살리는 취지에서 원표본가구로 제6차 조사(중고령자 부가조사 포함)까지 응한 응답자 중 제1차 조사에서 가구소득을 빈곤층 구분 기준에 의하여 빈곤층으로 분류된 조사대상이 각 연도 및 제6차 조사 연도까지 동일한 개인조사번호로 연결된 응답자를 분석대상으로 한다.

  일반적으로 빈곤층을 구분할 때에는 두 가지 방법이 많이 사용된다. 첫 번째는 상대적 빈곤개념으로 주로 OECD에서 제시하고 있는 기준이 빈곤측정 기준으로 많이 사용된다. 이 기준은 가구원 수 동등화지수를 이용하여 소득을 조정한 후, 중위소득의 1/2 이하인 가구를 빈곤층으로 정의하는 방법이다. 두 번째 절대적 빈곤의 개념을 사용하는 것으로, 우리나라에서는 주로 최저생계비를 기준으로 빈곤을 측정한다. 최저생계비(Minimim Living Standard)는 건강하고 문화적인 삶을 유지하기 위한 최소한의 비용을 의미한다. 기도 한다.

  본 연구에서는 이상의 두 가지 방법 중에서 최저생계비를 기준으로 빈
곤층을 구분한다. 삶의 질이 높아질수록 절대적 빈곤보다는 상대적 빈곤이
중요해지지만. 현재 노후소득보장대책이 제대로 갖추어지지 않은 상황에서
노후빈곤의 문제는 상대적 빈곤보다는 절대적 빈곤문제가 더 크다고 보여
지기 때문이다. 빈곤층을 구분하는 기준인 최저생계비의 연도별 변화는
〈표 3〉에 소개하였다.

〈표 3〉 최저생계비 변화 추이

(단위: 원, 월)

가구 규모	1인 가구	2인 가구	3인 가구	4인 가구	5인 가구	6인 가구
1998	292,842	487,824	682,151	854,107	972,637	1,093,442
1999	314,574	520,984	716,579	901,357	1,024,843	1,156,441
2000	324,011	536,614	738,076	928,398	1,055,588	1,191,134
2001	333,731	552,712	760,218	956,250	1,087,256	1,226,868
2002	345,412	572,058	786,827	989,719	1,125,311	1,269,809
2003	355,774	589,219	810,431	1,019,411	1,159,070	1,307,904

주: 1) 최저생계비는 국민기초생활보장법 제6조 제2항에 의거. 국민기초생활보장법상
      수급자를 책정하는 기준으로 보건복지부 차관을 위원장으로 하고, 당연직 4인,
      관계전문가 3인. 공익대표자 2인으로 구성된 중앙생활보장위원회의 심의·의
      결을 거쳐 공포함
    2) 1998년 최저생계비는 한국보건사회연구원의 1994년 계측치를 이용하여 추정한
      것임
자료: 보건복지부. 한국보건사회연구원(각 연도). 최저생계비 공표 자료

  한편 본 연구에서는 노년빈곤층의 특성 파악을 위하여 노년인구 중 분석
기간 동안 매년 빈곤층에 해당된 항상 빈곤층과 한해라도 빈곤층에 해당된
경험 빈곤층으로 구분하여 그 특성을 분석한다. 노년빈곤 분석에서 분석대상
이 되는 인구집단에 대하여 정의를 할 필요가 있다. 흔히 고령화사회를 정의
할 때 사용되는 연령기준은 65세이다. 일반적으로 65세 이상의 인구가 전체
인구에서 차지하는 비중 정도에 따라 고령화사회. 고령사회, 초고령사회로
분류한다. 사회복지 분야에서도 노인의 기준도 65세 이상이다. 따라서 본 분
석에서도 노년을 65세 이상으로 규정(Ⅲ장 은퇴 결정요인 분석에서 은퇴하
였고, 65세 이상인 자 - Case3에 해당)하고 이들 계층을 대상으로 분석한다.

2. 노년 빈곤 실태

노년 빈곤 실태를 살펴보기 위하여 먼저 노년층의 빈곤 분포를 살펴보았다. 65세 이상 노년층의 빈곤층 비중은 1998년 52.6%에서 1999년 잠시 감소한 후 점진적으로 증가하여 2003년에는 57.8%로 증가한 것으로 나타났다.

〈표 4〉 노년 빈곤 현황(65세 이상)

(단위: 명, %)

구분	빈곤		비빈곤	
1998 (1차)	540	52.6	486	47.4
1999 (2차)	501	48.4	534	51.6
2000 (3차)	557	52.7	500	47.3
2001 (4차)	536	52.4	486	47.6
2002 (5차)	605	57.5	448	42.5
2003 (6차)	637	57.8	465	42.2

주: 조사대상자 전체에서 차지하는 65세 이상 빈곤층의 비중은 1차 4.2%, 2차 4.4%, 3차 5.5%, 4차 5.9%, 5차 7.1%, 6차 7.9%임(신규조사자 제외)
자료: 한국노동패널조사(1998~2003), 한국노동연구원

분석대상 구분 기준에 따라 노년인구 중 항상 빈곤층과 경험 빈곤층으로 나누어 그 특성을 살펴보았다. 먼저, 항상 빈곤층의 경우 여자가 차지하는 비중이 67.9%로 높게 나타났으며, 학력에서는 초졸 68.6%, 중졸 12.9% 등 저학력자들이 차지하는 비중이 높았다. 가구원 수에서는 5인 비중이 35.7%, 2인 이하 25.7%로 나타났으며, 입주형태에서는 자가가 차지하는 비중이 높게 나타났다. 사회보험은 76.4%가 수혜 받지 못한 것으로 나타났으며, 취업형태에서는 비임금근로자가 59.1%로 높게 나타났다. 직업훈련 경험은 거의 없으며, 가구 내 근로소득자가 있는 비중이 높았다.

반면, 경험 빈곤층의 경우 성별로는 역시 여자가 차지하는 비중이 58.8%로 높게 나타났으며, 학력에서도 또한 초졸이 80.5%로 높게 나타났다. 가구원 수에서는 2인 이하가 차지하는 비중이 높게 나타났으며, 입주형태는 자

가, 사회보험 수혜 비중 역시 낮았다. 취업형태도 비임금근로자 비중이 높았으며, 직업훈련 경험은 항상 빈곤층과 유사하게 매우 낮게 나타났다. 가구 내 근로소득자 유무에서는 있다고 응답한 사람이 65.6%로 나타났으나 항상 빈곤층에 비하여 낮았다.

<표 5> 노년 빈곤의 유형별 특성 분석(65세 이상)

(단위: 명, %)

구분		항상빈곤		경험빈곤	
계		140	10.9	1,150	89.1
성별	남	45	32.1	332	41.2
	여	95	67.9	473	58.8
학력	초졸	96	68.6	926	80.5
	중졸	18	12.9	84	7.3
	고졸	16	11.4	90	7.8
	전문대졸	3	2.1	2	0.2
	대졸	5	3.6	44	3.8
	대학원	2	1.4	4	0.4
가구원 수	2인 이하	36	25.7	784	68.2
	3인	14	10.0	155	13.5
	4인	14	10.0	64	5.6
	5인	50	35.7	82	7.1
	6인 이상	26	18.6	65	5.7
입주형태	자가	118	84.3	645	80.1
	전세	14	10.0	92	11.4
	월세	2	1.4	43	5.3
	기타	6	4.3	25	3.1
사회보험수혜여부	있음	33	23.6	176	21.9
	없음	107	76.4	629	78.1
취업형태	임금	5	22.7	58	30.1
	비임금	13	59.1	103	53.4
	기타	4	18.2	32	16.6
직업훈련경험	참여	1	0.7	1	0.1
	미참여	139	99.3	804	99.9
근로소득자유무	있음	126	90.0	528	65.6
	없음	14	10.0	277	34.4

자료: 한국노동패널조사(1998~2003), 한국노동연구원

제4절 은퇴와 노년 빈곤 이행 과정

1. 노년 빈곤 결정 요인

빈곤층을 구분할 때 일반적으로 그 기준은 가구 소득을 많이 활용한다. 한국노동패널조사에서는 가구 및 개인소득으로 근로, 금융, 부동산, 사회보험, 이전소득, 기타소득 등으로 구분하여 조사하고 있으며, 여기에서도 빈곤의 기준을 가구 전체의 각종 소득을 활용하였다. 분석변수를 보면, 종속변수는 노년층(65세 이상)의 빈곤 여부이며, 독립변수로는 성, 학력, 가구원 수 등 인적속성 관련 변수와 대도시 거주 여부, 주택소유 여부, 사회보험 수급 및 직업훈련 참여 여부 등 기타 사회경제적 변수를 활용하였다.

〈표 6〉 변수 설명

변수 구분	변수명
종속변수	빈곤 여부(노년, 65세 이상)
독립변수	인적속성 - 성, 학력, 가구원 수 기타 변수 - 지역(7대광역시), 주택소유, 사회보험수급, 직업훈련참여

〈표 7〉에서는 로짓 분석을 이용하여 노년층의 빈곤 결정 요인을 추정하였다. 추정은 항상 빈곤층과 경험 빈곤층으로 구분하여 이루어졌다. 항상 빈곤층의 경우, 성별로는 남자가 높게 나타났으며, 학력에서는 전문대졸을 제외하고는 모두 빈곤 가능성이 낮은 것으로 나타났다. 가구원 수에서는 가구원이 적을수록 빈곤 가능성이 높은 것으로 유의하게 나타났으며, 지역별로는 광역시에 거주할수록, 주택을 보유할수록, 사회보험 수급을 받을수록 빈곤 가능성이 낮은 것으로 나타났다. 그러나 직업훈련 참여는 빈곤가

능성을 높이는 것으로 나타났으나 앞의 특성분석에서도 보듯이 참여비율이 극히 낮은 점에 주의할 필요가 있다.

다음으로 경험 빈곤층의 경우, 학력에서는 대부분 음의 부호로 나타났으며, 가구원 수에서는 항상 빈곤층과 마찬가지로 가구원이 적을수록 빈곤 가능성이 높은 것으로 나타났다. 또한 광역시 등 도시지역에 거주할수록, 사회보험 수급을 받을수록 빈곤 가능성은 낮은 것으로 유의하게 나타났다

〈표 7〉 노년 빈곤 결정요인

변수	항상빈곤		경험빈곤	
	계수	S.E	계수	S.E
상수항	2.746***	0.002	-1.902***	0.390
성(남자)	0.373***	0.004	0.210	0.176
학력(초졸) 중졸	-0.596***	0.007	-0.174	0.261
고졸	-0.453***	0.008	-1.458***	0.413
전문대졸	1.829	3.573	-1.311	6.771
대졸	-0.347***	0.012	-0.867**	0.459
대학원졸	-2.605	0.023	-1.369	6.107
가구원(4인) 2인	1.355***	0.004	1.164***	0.384
3인	1.152***	0.007	0.864**	0.419
5인	-0.716***	0.005	-1.315**	0.632
6인	-0.841***	0.006	-0.758	0.595
지역(광역시)	-0.795***	0.003	-0.317**	0.152
주택소유	-0.599***	0.003	-0.084	0.145
사회보험수급	-0.699***	0.005	-0.684***	0.224
직업훈련참여	3.043***	0.521	-1.385	1.077
-2 Log L	959.561		1749.362	
N		1,656		

주: ***는 1%, **는 5%, *는 10% 유의수준에서 유의함
자료: 한국노동패널조사(1998~2003), 한국노동연구원

2. 은퇴와 노년 빈곤 이행

은퇴는 노동시장에서의 이탈을 의미한다. 노후소득보장대책이 충분히 마

련되지 않은 상태에서 은퇴는 안정적인 소득원이 사라지는 것을 의미한다. 이에 따라 소득감소가 필연적이며, 빈곤층으로 추락할 가능성을 높게 만든다. 본 절에서는 은퇴 이후 은퇴라는 사건이 연동하여 노년 빈곤으로 이행하는 과정을 살펴본다. 즉, 은퇴 결정과 뒤를 이은 빈곤으로의 이행 결정요인을 살펴보는 것이다.

가. 모 형

이를 위하여 이변량 프로빗 모형(Bivariate Probit Model)을 사용한다. 이 모형은 노년층의 경우 은퇴와 빈곤이라는 상황 발생이 상호 연계성을 갖는다는 모형을 설정하여 은퇴결정과 빈곤 진입의 상호관계를 추정하는 것이다. 노년의 경우 빈곤층으로 진입하는 다양한 영향요인 중에서 은퇴가 미치는 영향을 구별하여 분석할 수 있는 장점이 있다. 분석을 위한 모형은 다음과 같이 설정한다.

은퇴: $I_1^* = Z_1 \gamma_1 + K \delta_1 + \varepsilon_1$

빈곤: $I_2^* = Z_2 \gamma_2 + K \delta_2 + \varepsilon_2$

여기에서 I_1^*은 은퇴를 나타내고, I_2^*는 은퇴에 이어 빈곤상태에 이른 경우를 나타낸다.

$I_1 =$ 1, 만약 $I_1^* > 0$ (은퇴)

0, 그렇지 않으면 (비은퇴)

$I_2 =$ 1, 만약 $I_2^* > 0$ 그리고 $I_1 = 1$ (은퇴이면서 빈곤)

0, 만약 $I_2^* \leq 0$ 그리고 $I_1 = 1$ (은퇴이면서 비빈곤)

분석에서 사용될 표본은 아래와 같이 독립적인 세 가지의 부표본 (subsample)[5]으로 구성된다.

S_1: 비은퇴, S_2: 은퇴 후 비빈곤, S_3: 은퇴 후 빈곤

전체 표본에 대한 우도함수(likelihood function)는 아래와 같은 형식을 취한다.

$$L = \prod_{S1} [1 - F(Z_1\gamma_1 + K\delta_1)]$$
$$\cdot \prod_{S2} G(Z_1\gamma_1 + K\delta_1, \ -Z_2\gamma_2 - K\delta_1; \rho)$$
$$\cdot \prod_{S3} G(Z_1\gamma_1 + K\delta_1, \ Z_2\gamma_2 + K\delta_2; \rho)$$

이 모형의 추정 가능한 모수(parameters)는 γ_1, γ_2, δ_1, δ_2, ρ인데, 위 식의 극대화 문제를 풀면 $\widehat{\gamma_1}$, $\widehat{\gamma_2}$, $\widehat{\delta_1}$, $\widehat{\delta_2}$, $\widehat{\rho}$과 일치하는 추정치를 구할 수 있다[6].

나. 분석 결과

이변량 프로빗 모형에 사용한 종속변수는 은퇴 여부(은퇴=1)와 은퇴 후 빈곤 여부(은퇴 후 빈곤=1)이다. 설명변수로는 인적속성 및 사회경제적 특

---

5) 부표본은 S_1(비은퇴, 비빈곤), S_2(비은퇴, 빈곤), S_3(은퇴, 비빈곤), S_4(은퇴, 빈곤) 등 네 가지로 구성될 수 있으나, 분석의 초점이 은퇴 경험 여부와 빈곤과의 연관 관계에 맞추어져 있으므로 비은퇴의 부표본은 분석 대상 표본에서 하나의 범주로 묶어서 제시하였다.
6) 이변량 프로빗 순차적 모형(bivariate probit sequential model)을 기초로 한 우도함수이다. 자세한 모형 설명은 An(1993) 및 김철희(2003a) 참조.

성 관련 변수를 사용하였는데 성, 학력, 거주지, 가구원 수, 사회보험 수급 여부, 직업훈련 이수 여부 등이다. 은퇴 방정식에서는 유일하게 성별로 남자가 은퇴 가능성이 높게 나타났으며, 뒤이은 노년 빈곤 방정식에서는 중졸, 전문대졸에서 빈곤 가능성이 낮게, 또 가구원 수가 많을수록 빈곤 가능성은 높게 나타났다.

〈표 8〉 은퇴와 노년 빈곤 Bivariate Probit 추정

변수	은퇴		노년 빈곤	
	계수	표준오차	계수	표준오차
상수항	-2.297	0.339	0.744***	0.446
성(남자)	0.325**	0.186	-0.276	0.245
학력(고졸) 중졸	0.310	0.297	-0.108***	0.391
전문대졸	0.244	0.366	-0.900***	0.481
대졸	0.151	0.126	0.264	0.166
대학원졸	-0.411	0.444	-0.156	0.583
주택소유	0.134	0.180	0.429	0.237
가구원 수	-0.503	0.515	0.504***	0.676
사회보험수혜	-0.175	0.523	-0.749***	0.687
직업훈련참여	-0.136	0.196	0.254	0.257
지역(특별시/광역시)	0.218	0.161	0.275	0.212
Rho(1,2)	2.315			
Log-Likelihood	236.712			
N	1,316		140	

주: ***는 1%, **는 5%, *는 10% 유의수준에서 유의함

제5절 소 결

본 연구는 한국노동패널 6차 연도 중고령층 부가조사 자료를 사용하여 중고령층의 은퇴 결정요인을 분석하였으며, 6차 연도까지 응답한 노년층(65

세 이상)을 대상으로 빈곤 결정요인을 살펴보았다. 또한 이를 기초로 은퇴에서 노년빈곤으로 이행한 사람들을 대상으로 이변량 프로빗 분석을 통하여 은퇴자 중에서 빈곤층으로 이행한 노년층의 결정요인을 분석하였다.

분석 결과, 은퇴 결정요인 분석에서는 남자일수록 은퇴가능성이 낮으며, 연령이 높을수록, 상용 임금근로자일수록 은퇴가능성이 높게 나타났으며, 빈곤 결정요인 분석에서는 항상 빈곤층과 경험 빈곤층 모두 남자, 가구원 수가 적을수록 빈곤가능성이 높게 나타났으며, 광역시 거주, 주택 보유, 사회보험 수급자의 경우가 낮게 나타났다. 은퇴 후 빈곤 이행 가능성 분석에서는 은퇴방정식에서는 남자만이 유일하게 은퇴가능성이 높게 나타났으며, 뒤를 이은 빈곤방정식에서는 중졸, 전문대학졸 등의 학력에서, 사회보험 수혜자들의 빈곤가능성이 낮게 나타났다.

연구의 한계는 첫째, 은퇴에서 빈곤으로 이행하는 과정에 대한 보다 세밀한 분석이 필요하다. 즉, 노동시장에서 은퇴라는 사건 자체가 노년층에서 빈곤으로 이행하는 주요한 요인임에는 틀림없으나 이를 구체적으로 증명할 수 있는 메커니즘에 대한 분석이 지금껏 없었고, 본 연구에서도 상세하게 밝히지 못했다. 따라서 이행과정에 대한 보다 체계적인 연구가 필요하다. 둘째, 자료구성에서 은퇴 여부 및 결정요인을 분석한 중고령자 부가조사(2003년)와 빈곤층을 분석한 자료(1차~6차 조사) 간의 시기적 불일치로 인하여 변수의 연계 관계가 모호하다는 사실이다. 이러한 문제로 인해 이변량 프로빗 분석 결과와 그 해석에 다소 무리가 따르는 것으로 보이며, 조사 시기 문제 해소가 선행되어야 명확한 해석이 가능할 것이다. 이러한 연구의 한계는 후속 연구에서 보완하기로 한다.

제2장 자영업자의 소득파악과 빈곤원인분석[7]

　자영업자(Self-employed)란 흔히 사업소득자와 혼동되는 개념으로 사용
되는데 임금근로자(Wage & Salary workers)와 무급가족종사자(Unpaid
family workers)와 구분되는 개념으로 정확한 의미는 자기 혼자 또는 무급
가족종사자와 함께 자기 책임하에 독립적인 형태로 전문적인 업을 수행하
거나 사업체를 운영하는 사람을 말한다. 우리나라의 자영업자의 비중은 지
속적으로 감소 추세 있다가 외환위기 이후 구조조정을 거치면서 다시 증가
하기 시작하여 2003년 자영업자의 수는 604만 3천명으로 취업자의 27.3%
나 되는데 이러한 자영업자의 비중은 OECD국가나 대만, 홍콩 등 경쟁국
에 비해 상당히 높은 편이다. 문제는 경제활동인구 중에서 자영업자가 차
지하는 비중에 비해 부가가치생산성은 낮다는 것이다. 또한 자영업자의 소
득불평등도 역시 임금근로자에 비하여 상대적으로 심각한 수준으로 문제가
되는 것은 자영업자의 상당수가 영세한 저소득층이며, 빈곤의 위험에 노출
되어 있다는 것이다. 자영업자들은 비교적 정규직 임금근로자보다 낮은 학
력 수준을 가지고 있고 대부분이 서비스업에 종사하며 서비스업 내에서도
도·소매 판매 및 음식·숙박업에 가장 많이 집중되어 있다. 특히 외환위기
이후 임금근로자로 취업하기 어려워 어쩔 수 없이 자영업을 시작한 이가
많다보니 최근 지속된 경제 불황으로 상당수의 자영업자들이 경영난에 처
하면서 이들의 빈곤문제가 심각한 사회문제로 대두되고 있다. 따라서 자영
업자는 사업규모의 영세성과 취약한 경쟁력, 불안정한 취업형태, 낮은 사업
소득 등으로 실업자나 도시빈민으로 전락할 위험에 노출되어 있지만, 이들
을 위한 사회안전망 차원의 제도적 보호 장치는 거의 없는 실정이다. 또한

7) 본 연구는 제7회 한국노동패널학술대회(2006. 2. 2, 서울대 호암교수회관)에서
　김재호 박사(한국방송통신대학교 경제학과)와 함께 발표한 것이며, 유익한 토론
　을 해 주신 임병인 교수(안동대학교 경제학과)에게 감사드린다.

자영업자는 현행 고용보험제도에 포함되지 않아 고용안정 및 능력개발사업 등 각종 고용대책의 사각지대에 방치되어 있는 상태이다. 따라서 본 연구는 최근 사회문제로 대두되고 있는 자영업자의 소득 규모를 유형별로 분석해 보고, 소득 규모를 기초로 하여 빈곤층을 추출하여 빈곤 결정 요인을 파악해 보는 것을 목적으로 한다.

제1절 선행연구 분석

지금까지의 대부분의 자영업자에 대한 연구들은 자영업자의 소득파악과 관련된 정보의 비대칭성문제(asymmetric information problem)로 요약될 수 있다. 임금근로자의 경우 근로소득세가 원천징수되어 투명하게 노출되지만 자영업자의 소득은 개인별로 소득을 신고하기 때문에 실제소득보다 과소신고가 이루어질 가능성이 높다. 이는 세원누출과 함께 임금근로자와의 조세형평성면에도 심각한 문제로 지적되고 있다. 이러한 자영업자의 소득추정방법으로는 소득–소비지출방법이 주로 사용되고 있다. 이런 소득추정에 대한 연구 이외에도 자영업자 가계의 재정상태를 통해 이들의 경제적 상황을 살펴볼 수 있다.

1. 소득–소비지출방법

자영자의 소득파악관련 연구들은 자영업자들의 소비지출을 근거로 이들의 소득을 추정하는 소득–소비지출접근방법을 사용하고 있다. 임주영·정영헌(1995)은 도·소매업 통계조사 보고서의 소매업 매출액과 부가가치세 과세자료를 통해 1990년의 조세탈루율로 41.7%, 1991년에는 44.4%의 조세탈루율을 제시했다. 유일호(1998)는 소득–소비지출방법을 이용하여 사업소득의 탈세규모를 1993년에 74%, 1994년에 52%로 추정했다. 이철인(1998) 역시 소득-소비지출방법으로 「대우패널」을 분석하여 1994년 농·어업분야를 제외한 전 산업에서의 사업소득자의 탈루율을 45% 내외, 1995년에는 52%의 탈루율을 제시하고 있다. 현진권·김용대(2003)에서는 통계청의 「가구소비실태조사」를 이용하여 자영자의 과소신고수준은 1996년에 20.3%였다가 2000년에는 16.5%로 개선된 것으로 보고했다.

〈표 1〉 소득-소비지출방법을 통한 탈루율 추정

연구자	연도	탈루율	자료
임주영·정영헌(1995)	1990	41.7%	도·소매업 통계조사 보고서
	1991	44.4%	
유일호(1998)	1993	74%	소득-소비지출방법
	1994	52%	
이철인(1998)	1994	45%	「대우패널자료」 소득-소비지출방법
	1995	52%	
현진권·김용대(2003)	1996	20.3%	「가구소비실태조사」
	2000	16.5%	

2. 자영업자 가계의 재정상태분석

배미경·백은영(2005)은 1997년과 1998년의 「대우패널자료」를 이용하여 경제위기를 전후로 자영업자가계의 재정상태변화를 살펴보았다. 외환위기 이후 자영업자가계의 소득 대비 소비지출의 비율이 1997년 보다 1998년에 더 높아지고 기준선을 충족하는 비율이 가계의 57%에서 45.5%로 급격히 감소하였으며 소비가 소득을 초과하여 가계의 부채가 증가함을 보여주고 있다. 배준호·홍충기(1998)는 「도시가계조사」와 「대우패널」을 이용하여 우리나라 근로자가구와 자영업자가구의 조세부담 수준과 분포에 차이가 있음을 보여주고 있다. 이들에 따르면 임금근로자가구의 경우 소득세를 중심으로 한 직접세의 부담이 자영업자가구보다 평균 3배 정도가 높고 고소득층에서는 5배의 차이가 난다고 보고 했다. 또한 현진권·나성린(1994)의 26%의 평균적인 차이보다 세부담의 차이가 훨씬 크다고 주장했다.

이처럼 대부분의 연구들이 자영업자의 소득파악이 주로 이루어지는 것은 자영업자의 정확한 소득정보의 부재로 이들의 자영업자 가구의 재정상태를 파악하기 곤란하기 때문이다. 따라서 본 연구에서도 자영업자의 빈곤을 논하기에 앞서 자영업자의 소득파악을 실시하고 그 다음 단계로 추정된 소득을 바탕으로 빈곤층을 추출하여 이들의 빈곤원인을 분석한다.

제2절 연구방법과 자료

1. 연구방법

본 연구는 2단계로 이루어진다. 첫 단계에서는 자영업자의 소득을 파악한다. 빈곤의 연구에서 소득은 필수자료이지만 자영업자의 경우 소득파악이 투명하게 드러나는 임금근로자와 달리 개별적 신고에 의존하기 때문에 소득신고를 낮게 할 가능성이 높고 이는 기존의 연구들에서 입증되고 있다. 따라서 『노동패널』조사에 응답한 대부분의 자영업자의 소득역시 신뢰할 수 없다는 가정하에 자영업자의 빈곤을 살펴보기에 앞서 자영업자의 소득파악을 우선 실시한다. 그 다음 단계에서 추정된 소득을 바탕으로 빈곤층을 추출하고 Bivariate Probit 모형을 통해 소득 하향 신고자의 빈곤층으로의 진입 확률을 분석하여 그 결정요인을 파악한다.

가. 자영업자의 소득추정

자영업자의 소득파악문제는 임금근로자는 비교적 소득과 소비지출자료가 비교적 투명하게 파악되지만 대부분의 자영업자들은 소비지출은 대체로 정확히 보고 되지만 소득은 이 축소보고된다는 가정으로부터 출발한다. 따라서 『노동패널』 조사에 응답한 자영업자의 소득은 하향보고 되어 있고 소비지출은 비교적 신뢰할 수 있다는 가정한다. 이 가정을 바탕으로 임금근로자들의 소득, 주거형태, 가족 수와 같은 미시자료를 이용하여 이철인(1998)의 추정모형을 통해 소비지출행태에 대한 방정식을 추정한다.

$$\log c_{it} = a_t + b_1 age_{it} + b_2 D_{2it} + b_3 D_{3it} + b_4 \log y_{it} + b_5 \log m_{it} + \epsilon_{it}$$

소비지출의 결정요인으로 소득, 주택보유형태, 경제활동 가능연수 그리고 가구원 수를 들 수 있다. 그러나 소득이나 가구원 수는 증가한다고 해서 소비가 선형적으로 비례하여 증가하는 것은 아니다. 소득이나 가구원 수가 증가할 경우 소비는 체감적으로 증가하기 때문에 소비와 소득 그리고 가구원 수에 로그를 취해 회귀식의 적합도를 높여준다. 여기서 추정된 모수값과 자영업자의 소비지출과 주택보유형태, 경제활동 가능연수 그리고 가구원 수를 역으로 이용해서 소득을 추정한다. 이 모형에 사용된 가정의 타당성문제는 이철인(1998)을 참고하기 바란다.

나. 자영업자의 빈곤원인분석

본 연구에서 사용한 빈곤의 개념은 중위소득의 1/2 이하를 기준으로 하는 유사상대 빈곤이다. 이 개념에는 '평균적인 생활수준을 유지하기 위하여 필요한 기본적인 필요의 충족'이라는 개념이 포함되어 있다. 가구의 전체 소득을 파악할 때 가구원 수를 고려하지 않을 수 있어 상이한 가구의 인구 및 사회경제적 특성을 반영하여 각 가구가 동일한 후생을 누리는 동일소득으로 환산하는 것이 필요한데 이를 위한 환산지수를 동등화지수(Equivalent scale)한다. 본 연구에서는 이러한 문제점을 고려하기 위하여 가구원 수의 제곱근을 사용한 OECD가 제시한 가구균등화지수를 사용하였다.

이렇게 OECD균등화지수를 사용한 소득을 바탕으로 자영업자들이 자영업이 아닌 사람들에 비해 빈곤에 처할 가능성이 있는 가를 파악하기 위해 자영업 결정과 자영업 진입 후 빈곤 결정요인 분석에 기초하여 자영업 결정과 빈곤의 상호관계를 이변량 프로빗 모형(Bivariate Probit Model)을 이용하여 분석한다. 즉, 종사상 지위가 자영업으로 진입하는 것과 빈곤이라는 상황 발생이 상호연계성을 갖는다는 모형을 설정하여 자영업 결정과 빈곤 진입의 상호관계를 추정하고자 하는 것이다. 이 모형은 빈곤층으로의 진입에 영향을 미치는 다양한 결정요인 중에서 자영업으로의 종사상 지위 변화가 미치는 영향을 구별할 수 있다는 장점이 있다. 분석을 위한 모형은 아래와 같이 설정한다.

자영업: $I_1^* = Z_1 \gamma_1 + K \delta_1 + \varepsilon_1$

빈곤 : $I_2^* = Z_2 \gamma_2 + K \delta_2 + \varepsilon_2$

여기에서 I_1^*은 자영업을, I_2^*는 자영업 진입에 이어 빈곤 상태에 이른 경우를 나타낸다.

$$I_1 = \begin{cases} 1, \ \text{만약 } I_1^* > 0 \quad (\text{자영 업}) \\ \\ 0, \ \text{그렇지 않으면} \quad (\text{비자영업}) \end{cases}$$

$$
I_2 = \begin{cases} 1, & \text{만약 } I_2^* > 0 \text{ 그리고 } I_1 = 1 \quad \text{(자영업이면서 비빈곤)} \\ \\ 0, & \text{만약 } I_2^* \leq 0 \text{ 그리고 } I_1 = 1 \quad \text{(자영업이면서 빈곤)} \end{cases}
$$

표준화에 의하여, $V(\varepsilon_1) = V(\varepsilon_2) = 1$이 되며, 위의 빈곤식과 자영업식의 공분산 행렬은 아래와 같이 주어진다.

$$
\Sigma = \begin{bmatrix} 1 & \rho \\ \rho & 1 \end{bmatrix}
$$

외생변수로 구성된 Z 벡터는 I_1과 I_2에 영향을 미치는 별도의 변수 벡터를 의미하며, 변수 K는 두 방정식에서 공통으로 포함되는 설명변수이다. P_j의 확률은 자영업, 자영업이면서 빈곤을 표현한 식에 따라, 개별 확률과 함께 아래와 같이 구성된다.

$$
\begin{aligned}
P_1 &= \Pr(I_1 = 0) = \Pr(I_1^* \leq 0) \\
&= \Pr(\varepsilon_1 \leq -Z_1\gamma_1 - K\delta_1) \\
&= 1 - F(Z_1\gamma_1 + K\delta_1)
\end{aligned}
$$

$$
\begin{aligned}
P_2 &= \Pr(I_2 = 0) = \Pr(I_1^* > 0, \ I_2^* \leq 0) \\
&= \Pr(\varepsilon_1 > -Z_1\gamma_1 - K\delta_1, \ \varepsilon_2 \leq -Z_2\gamma_2 - K\delta_2) \\
&= G(Z_1\gamma_1 + K\delta_1, \ -Z_2\gamma_2 - K\delta_2; \rho)
\end{aligned}
$$

$$
\begin{aligned}
P_3 &= \Pr(I_2 = 1) = \Pr(I_1^* > 0, \ I_2^* > 0) \\
&= \Pr(\varepsilon_1 > -Z_1\gamma_1 - K\delta_1, \ \varepsilon_2 > -Z_2\gamma_2 - K\delta_2)
\end{aligned}
$$

$$= G(Z_1 \gamma_1 + K\delta_1, \ Z_2 \gamma_2 + K\delta_2; \rho)$$

여기에서 $F(\cdot)$과 $G(\cdot)$는 표준화된 단일변량(univariate)와 이변량(bivariate) 정규분포함수(normal distribution function)이다. 분석에서 사용될 표본은 아래와 같이 독립적인 세 가지의 부표본(subsample)으로 구성된다.

S_1: 비자영업

S_2: 자영업이면서 비빈곤

S_3: 자영업이면서 빈곤

전체 표본에 대한 우도함수(likelihood function)는 아래와 같은 형식을 취한다.

$$L = \prod_{S1} [1 - F(Z_1 \gamma_1 + K\delta_1)]$$
$$\cdot \prod_{S2} G(Z_1 \gamma_1 + K\delta_1, \ -Z_2 \gamma_2 - K\delta_1; \rho)$$
$$\cdot \prod_{S3} G(Z_1 \gamma_1 + K\delta_1, \ Z_2 \gamma_2 + K\delta_2; \rho)$$

이 모형의 추정 가능한 모수(parameters)는 γ_1, γ_2, δ_1, δ_2, ρ인데, 위 식의 극대화 문제를 풀면 $\widehat{\gamma_1}$, $\widehat{\gamma_2}$, $\widehat{\delta_1}$, $\widehat{\delta_2}$, $\widehat{\rho}$과 일치하는 추정치를 구할 수 있다[8].

이변량 프로빗 모형에 사용되는 종속변수는 자영업여부(자영업=1)와 자영업 진입 후 빈곤 여부(자영업 후 빈곤=1)이다. 설명변수들로는 가구주의 인적 특성 및 사회경제적 특성 관련 변수들이 사용되었다. 자영업 결정방정식 및 자영업 결정 후 빈곤 방정식에 사용된 설명변수는 가구주의 성,

---

8) 즉, 이변량 프로빗 순차적 모형(bivariate probit sequential model)을 기초로 한 우도함수이다.

연령, 연령제곱, 학력, 거주지, 가구원 수, 사회보험 수급 여부, 직업훈련 이수 여부 등이다.

2. 분석자료

가. 분석에 사용될 표본의 추출

통계청 경제활동인구조사에서는 경제활동인구의 종사상 지위의 하나로 자영업자를 분류하여 "유급종사원 없이 자기 혼자 기업이나 농장 등을 경영하는 자, 또는 상점이나 전문적인 직업을 독립적으로 경영하는 자"로 정의하고 있다. 노동부에서는 자영업자(self-employed worker)를 "자기 혼자 또는 무급가족종사자와 함께 자기 책임하에 독립적인 형태로 전문적인 업무를 수행하거나 사업체를 운영하는 사람"으로 정의하고 있다. 『노동패널』 조사에서는 타인, 또는 회사에 고용되어 보수(돈)를 받고 일하는 자를 임금근로자로, 개인 사업, 프리랜서, 가게, 식당 등의 주인 혹은 농림수산업처럼 자기사업을 하는 자를 자영업자라고 정의한다. 만일 자기 사업을 하더라도 회사에서 정해진 임금을 받을 경우는 임금근로자가 된다. 따라서 본 연구에서는 『노동패널』에서 제시한 종사상 지위를 기초로 자영업자를 구분 적용한다.

본 연구에서 사용하는 자료는 『노동패널』 1차에서 7차까지의 개인자료와 가구자료를 사용한다. 개인의 특성치는 6차 자료를 중심으로 가구주의 성, 가구주의 연령, 가구주의 학력, 가구원 수, 거주형태, 경제상태를 확인한다. 또한 『노동패널』에서 소득에 대한 질문이 전년도의 소득과 소비를 질문하기 때문에 2003년의 소득과 소비를 2004년 7차 자료에서 추출한다. 또한 1998년의 1차에서 2003년 6차에 이르기까지의 종사상지위를 분류하여 정리하면 〈표-2〉와 같다.

〈표 2〉 종사상지위에 따른 분류

연도	전체	임금근로자	비임금근로자	고용주	자영업자	무급가족종사자
2003	6,427 (100.0)	4,012 (62.4)	2,415 (37.6)	629 (26.0)	1,301 (53.9)	485 (20.1)
2002	4,522 (100.0)	2,329 (51.5)	2,193 (48.5)	476 (21.7)	1,192 (54.4)	525 (23.9)
2001	5,806 (100.0)	3,742 (64.5)	2,064 (35.5)	466 (22.6)	1,092 (52.9)	506 (24.5)
2000	5,786 (100.0)	3,807 (65.8)	1,979 (34.2)	457 (23.1)	1,034 (52.2)	488 (24.7)
1999	5,915 (100.0)	3,971 (67.1)	1,944 (32.9)	481 (24.7)	988 (50.8)	475 (24.4)
1998	6,181 (100.0)	4,195 (67.9)	1,986 (32.1)	499 (25.1)	1,029 (51.8)	458 (23.1)

매년 임금근로자는 비임금근로자의 2배 정도를 유지하고 있으며, 자영업자는 비임금근로자에서 대략 50% 정도를 차지하고 있다. 이는 전체 경제활동인구에서 대략 15%～20%수준으로 상당히 높은 비중을 차지하고 있다. 이들 중에는 자영업자가 아니다가 자영업으로 이전한 사람들도 있기 때문에 매년 자영업자들의 빈곤상태를 파악하기위해서 매년의 특성을 살피는 것도 의미가 있을 것이지만 그러나 본 연구에서 관심의 대상은 2003년의 가구 중 가구주가 자영업자인 가구의 빈곤이기 때문에 2003년 자료를 이용하여 종사상지위에 따라 가구주의 성, 가구주의 연령, 가구주의 학력, 가족 수, 주거형태 그리고 경제적 상태와 국민연금 가입여부를 평균적으로 살펴보면 〈표-3〉과 같다. 2003년의 천체 취업자는 〈표-2〉에서 6,427명이었지만 이들 중에 1차부터 6차까지 성, 연령, 학력, 가족 수, 주거형태 그리고 경제적 상태에 응답을 한 가구주는 1,145명으로 이들 중 임금근로자는 508명, 비임금근로자는 637명으로 이중에 고용자가 183명, 자영업자가 442명, 무급가족종사자는 12명으로 조사 되었다. 이들의 성별조사는 대부분이 남성이 월등히 높고 연령 면에서는 임금근로자가 43.34세, 고용주가 47.43세, 자영업자가 54.4세 그리고 무급가족종사자가 53.33세로 자영업자의 연령이 가장 높은 수준을 보이고 있으며 임금근로자에 비해 약 10세 정도 높다. 가구주의 학력도 임금근로자는 5.18로, 고용주는 5.49, 자영업자는 4.27 무급가족종사자는 4.58로 자영업자가 가장 낮은 학력을 보였다. 가족 수는 임

금근로자가 3.74명, 고용주가 4.05명, 자영업자가 3.47명 그리고 무급가족종
사자가 4.58명으로 자영업자의 가족 수가 가장 낮았다. 이들의 경제적 상태
를 살펴보면 임금근로자의 경우 3.53, 고용주는 3.38, 자영업자는 3.67 그리
고 무급가족종사자는 3.83이라고 응답하여 대부분이 현재경제상태가 어렵
다고 여기고 있지만, 고용주나 임금근로자에 비해 자영업자와 무급가족종
사자는 비교적 현재의 경제상태가 어렵다고 대답했다. 주거형태를 살펴보
면, 임금근로자가 1.40, 고용주는 1.28, 자영업자는 1.31 그리고 무급가족종
사자는 1.58로 응답하여 고용주의 자가구입비율이 가장 높고 자영업자 임
금근로자, 무급가족종사자 순이다.

  이상의 특징들을 정리하면 자영업자의 경우 평균적으로 남성들이 높은
비율을 차지하고 있으며, 다른 종사상 지위에 비해 연령이 높고 학력이 낮
다. 이런 특징들은 현재의 어려운 경제상태와 밀접한 관련이 있을 것이며
이는 빈곤과도 관련이 있을 것으로 예상된다.

<표 3> 2003년 취업자의 특성

종사상지위	특성	N	평균	분산	종사상지위	특성	N	평균	분산
임금근로자	가구주 성	508	1.07	0.26	자영업자	가구주 성	442	1.11	0.31
	가구주 연령	508	45.34	8.93		가구주 연령	442	54.40	10.86
	가구주 학력	508	5.18	1.34		가구주 학력	442	4.27	1.22
	가족 수	508	3.74	1.09		가족 수	442	3.47	1.29
	주거형태	508	1.40	0.62		주거형태	442	1.31	0.59
	경제적 상태	508	3.53	0.82		경제적 상태	442	3.67	0.82
고용주	가구주 성	183	1.02	0.13	무급가족종사자	가구주 성	12	1.00	0.00
	가구주 연령	183	47.43	8.10		가구주 연령	12	53.33	12.68
	가구주 학력	183	5.49	1.24		가구주 학력	12	4.58	1.83
	가족 수	183	4.05	1.05		가족 수	12	3.83	1.03
	주거형태	183	1.28	0.53		주거형태	12	1.58	0.79
	경제적 상태	183	3.38	0.87		경제적 상태	12	3.83	0.94

  또한 이들의 종사하고 있는 직종을 살펴보면 <표 4>에서 나와 있듯이
전체적으로는 제조업이 26.02%로 가장 높은 비율을 차지하고 부동산, 임대
및 사업서비스업이 15.39%, 교육 서비스업이 13.53%, 도·소매 및 소비자

용품 수리업이 10.37%의 순으로 분포하고 있지만 자영업자는 운수, 창고 및 통신업이 36.2%로 가장 높고 그 다음이 도·소매 및 소비자용품 수리 업이 18.33%, 교육 서비스업이 14.71%의 순으로 분포한다.

〈표 4〉 2003년 전체와 자영업자의 종사 직종비교

분류	전체	자영업자	분류	전체	자영업자
농업 수렵업 및 임업	96(2.87)	4(0.90)	금융 및 보험업	0(0.00)	0(0.00)
어 업	1(0.03)	0(0.00)	부동산, 임대 및 사업서비스업	515(15.39)	33(7.47)
광 업	81(2.42)	1(0.23)	공공행정, 국방 및 사회보장행정	103(3.08)	23(5.20)
제 조 업	871(26.02)	27(6.11)	교육 서비스업	453(13.53)	65(14.71)
전기, 가스 및 수도사업	257(7.68)	37(8.37)	보건 및 사회복지사업	0(0.00)	0(0.00)
건설업	0(0.00)	0(0.00)	기타 공공, 사회 및 개인서비스업	337(10.07)	10(2.26)
도·소매 및 소비자용품 수리업	347(10.37)	81(18.33)	가사 서비스업	4(0.12)	0(0.00)
숙박 및 음식점업	0(0.00)	0(0.00)	국제 및 기타 외국기관	28(0.84)	1(0.23)
운수, 창고 및 통신업	254(7.59)	160(36.20)	합계	3347 (100.00)	

제3절 분석 결과

1. 자영업자 소득추정

자영업자의 소득을 추정하기에 앞서 임금근로자의 소득과 소비 그리고 여러 변수들 간의 관계를 나타내는 『노동패널』제6차 자료와 제7차 자료를 이용하여 소득소비지출함수를 추정해야 한다. 제6차 자료에서 종사상 지위 를 추출하여 임금근로자의 주거상태, 가구원 수를 추출하고 제7차 자료에서 연 소득과 소비지출을 추출하여 다음과 같은 회귀방정식을 통해 〈표 5〉의 계수값들을 추정한다.

[모형 1] 이철인(1998)

$$\log c_{it} = a_t + b_1 age_{it} + b_2 D_{2it} + b_3 D_{3it} + b_4 \log y_{it} + b_5 \log m_{it} + \epsilon_{it}$$

[모형 2] 현진권·나성린(1994)

$$\log c_{it} = a_t + b_1 age_{it} + b_2 D_{2it} + b_3 D_{3it} + b_4 \log y_{it} + b_5 \log m_{it}$$
$$+ b_6 \log m_{it} D_{2it} + b_7 \log m_{it} D_{2it} + b_8 \log y_i D_{2it} + b_9 \log y_i D_{2it} + \epsilon_{it}$$

〈표 5〉 소비지출함의 계수값

변수	모형 1		모형 2	
	계수	표준오차	계수	표준오차
상수항	3.43281	0.10416	3.19517	0.12548
가구주연령	-0.00276	0.000749	-0.00285	0.000749
주거형태 전세	-0.07045	0.01739	0.51202	0.2002
월세	-0.05001	0.02712	0.53591	0.29932
가족 수	0.32082	0.01842	0.34908	0.02797
소득	0.48969	0.01212	0.51538	0.01545
가족 수*전세			-0.00303	0.04036
가족 수*월세			-0.13646	0.05171
소득*월세			-0.07224	0.02633
소득*전세			-0.05948	0.04163
$\overline{R^2}$	0.6297		0.6329	

[모형 1]은 이철인(1998)의 모형으로 가구주의 연령이 높을수록 소비를 줄이고 주거형태가 전세나 월세보다는 주택 자가 소유자의 소비가 높게 나타났다. 그리고 가족 수와 소득에 비례하여 체감적으로 소비가 증가함을 확인할 수 있다. 이는 이철인(1998)에서와 같은 부호를 나타낸다. 하지만 현진권·나성린(1994)에서 사용된 [모형 2]에서는 전세나 월세소유자가 더 많은 소비를 하고 가족 수*전세, 가족 수*월세 그리고 소득*월세, 소득*전

세 모두 음의 부호를 가져 현실적인 설명력이 부족하다. 따라서 본 연구에서는 [모형 1]에서 추정한 소득만을 사용하여 자영업자의 소득을 추정한다. 자영업자의 추정한 소득과 비자영업자의 『노동패널』 신고소득을 종사상 지위별로 정리하면 〈표 6〉과 같다.

〈표 6〉 종사상지위별 소득

구분	임금근로자			고용주		
	N	평균	분산	N	평균	분산
신고소득	508	3807.04	3923.69	183	5846.46	6039.63
신고소비	508	2277.83	1102.88	183	3327.80	1956.25
추정소득						
구분	자영업자			무급가족종사자		
	N	평균	분산	N	평균	분산
신고소득	442	2777.58	4125.61	12	3435.67	3745.04
신고소비	442	1812.30	1015.38	12	2533.00	2102.87
추정소득	442	3022.26	3320.81			

임금근로자는 총 508명으로 평균 3,807만 원의 연소득과 2,278만 원의 소비를 신고했다. 이를 바탕으로 1,812만 원의 연소비를 신고한 442명의 자영업자의 연소득은 3,022만 원으로 추정되었다. 추정된 소득은 신고된 2,778만 원보다 높은 액수이지만 임금근로자에 비해서는 낮은 금액이다. 물론 임금근로자의 신고소득과 자영업자의 추정소득을 비교하는 것은 무리가 있다. 추정과정에서 발생하는 오차로 인해 추정소득이 과잉추정될 수 있기 때문이다. 하지만 그렇다 하더라도 자영업자의 소득은 임금근로자보다 낮을 것이다.

2. 자영업 결정이 빈곤 진입에 미치는 효과

자영업 결정이 빈곤 진입에 미치는 효과를 살펴보기 위해 2003년 임금근로자의 소득과 소비를 2004년 7차 자료를 이용하여 추출하고 이를 이용하여 2003자영업자의 소득을 추정한다. 본 연구에 관심이 있는 것은 자영업자가 빈곤에 처할 가능성과 그 요인을 분석하는 것이기 때문에 자영업자를 다음의 세 분류로 분류한다. 계속 자영업이었던 집단, 한 번이라도 자영업이 아니었지만 2003년에는 자영업이 된 사람 그리고 한 번도 자영업을 해보지 않은 사람으로 분류한다.

〈표 7〉 자영업자 분류

분류	계속자영업자	자영업자가 아니다가 자영업자에 진입	계속비자영업자
빈도	335명	476명	820명
비율	20.54%	29.18%	50.28%

〈표 8〉은 자영업 여부와 자영업 결정 후 빈곤 진입 여부에 대한 Bivariate Probit 모형 추정결과이다. 자영업 결정 방정식에서는 연령, 학력, 지역 특성 등이 유의한 것으로 나타났다. 가구주 연령이 높을수록 자영업이 될 확률이 높았으며, 학력에서는 중졸 이하, 고졸 등 상대적으로 저학력층에서 자영업 확률이 높은 반면, 대학원 졸업 이상에서는 자영업 확률이 낮게 나타났다. 지역별로는 특별시, 광역시 거주자가 자영업이 될 확률이 유의하게 낮게 나타났다. 자영업 후 빈곤결정 방정식에서는 남자일수록 빈곤층으로 진입할 확률이 낮게 나타났으며, 학력에서도 자영업 방정식과 마찬가지로 중졸 이하 저학력층이 자영업 후 빈곤층으로 진입할 확률이 높고, 대학원 이상 고학력층에서는 빈곤 진입 확률이 낮게 나타났다. 그리고 가구원 수가 적을수록 빈곤으로 진입할 가능성이 낮은 것으로 나타났다.

추정결과 ρ값은 유의한 값을 갖는 것으로 나타났다. 이는 종사상 지위 중 자영업 종사자는 자영업 결정 후 빈곤 진입 확률에 양의 영향을 갖고 있음을 의미한다.

<표 8> 자영업과 빈곤의 Bivariate Probit 추정

변수	자영업		빈곤	
	계수	표준오차	계수	표준오차
상수항	-4.409***	1.346	-0.322	1.712
성(남자)	0.784	0.181	-0.447***	0.207
연령	1.377**	0.589	-0.323	0.779
연령제곱	-0.111	0.624	0.559	0.848
학력 중졸 이하	0.659***	0.138	0.422***	0.207
고졸	0.279**	0.011	0.219	0.179
대졸	-0.217	0.256	-0.361	0.352
대학원 이상	-0.917***	0.216	-0.841***	0.490
가구원 수	-0.715	0.432	-0.157**	0.618
사회보험수급여부	0.412	0.231	-5.208	0.824
직업훈련이수여부	-0.458	0.191	-0.387	0.397
지역(특별시/광역시)	-0.278***	0.957	-0.172	0.161
Rho(1,2)	4.587			
Log-Likelihood	-691.7720			
N	1,137		274	

주: ***는 1%, **는 5%, *는 10% 유의수준에서 유의함을 의미.

제4절 소 결

본 연구에서는 자영업자의 소득을 추정하고 자영업 후 빈곤 진입이 순차적으로 발생하는 이변량 프로빗 모형을 통하여 자영업 결정이 빈곤으로의 상태 변화에 어떠한 영향을 미치는지 분석하였다. 자영업자의 소득추정과 관련해서 사용된 소득소비지출방법은 임금근로자와 자영업자의 가구주의 연령, 주거형태, 가구원 수와 같은 가계변수가 동일하다면 소비도 같을 것이라는 가정하에 이루어졌다. 하지만 발생하는 오차의 문제로 소득이 과대추정 될 가능성이 있다. 하지만 과잉추정 되었다 하더라도 자영업자의 평균임금수준은 임금근로자의 평균임금수준보다 낮기 때문에 이들의 빈곤 가능성은 임금근로자보다 높을 것으로 예상되며, 이들에 대한 빈곤진입가능성을 분석하는 것이 의미가 있을 것이다.

자영업자의 소득파악과 관련해서 그들의 종사하는 직종과 상당히 관련이 있을 것으로 예상된다. 전체적으로는 제조업, 부동산임대 및 사업서비스업, 교육 서비스업 그리고 도·소매 및 소비자용품 수리업 순으로 분포하고 있지만 자영업자는 운수, 창고 및 통신업이 가장 높은 비율을 차지하고 그 다음이 도·소매 및 소비자용품 수리업 그리고 교육 서비스업이 분포한다. 이러한 종사직종과 소득신고 간의 관계는 다음연구에서 실시할 예정이다.

자영업 결정이 빈곤으로의 상태 변화에 어떠한 영향을 미치는지 분석한 결과, 자영업 결정은 자영업 진입 후 빈곤으로의 이행 확률을 높이는 효과가 있는 것으로 나타났다. 따라서 종사상 지위로 볼 때 자영업의 비중이 가장 높은 우리나라 노동시장 구조를 고려해 볼 때 자영업자들이 빈곤층으로 진입하지 않도록 다양한 정책 수단을 마련할 필요가 있다. 유의하지는 않게 나타났으나 사회보험 수급과 직업훈련 이수가 자영업이나 빈곤 진입에 음의 영향을 미치는 것으로 나타난 것이 이를 뒷받침한다고 볼 수 있다. 따라서 자영업자 계층에 대한 지속적인 사회정책적인 관심과 지원이 절실히 필요하다.

제3부 취약계층의 직업능력개발

제1장 청년층의 가구 환경과 노동시장 성과[1]

외환위기 이후 소득불평등 심화, 빈곤률 증가 등 분배불균형에 따른 소득계층 간 격차가 커지고 있으며, 이에 대한 정부 차원의 다양한 정책적인 지원에도 불구하고 개선이 크게 이루어지고 있지 못한 실정이다. 특히, 외환위기에 따른 적극적 노동시장정책의 실시에 따라 여러 가지 사업들이 수립되고 집행되었으나 그 효과는 당초 기대에 미치지 못하여 정책 효과 측면에서 비판도 제기되고 있다. 노동시장정책의 일환으로 시행되고 있는 직업훈련 제도 또한 의도한 대로 작동하고 있는지 등 평가에 대한 요구도 대두되고 있다.

본 연구는 가구를 소득계층별로 구분하여 청년층의 특성을 파악하고, 저소득층과 비저소득층으로 구분하여 계층 간 직업훈련 참여 정도를 비교 분석하고, 소득계층별 직업훈련 참여자와 미참여자 간의 취업을 기준으로 한 노동시장성과를 분석하여 계층 간 어떠한 차이를 보이는지 비교 분석하고자 한다.

본 연구에서는 소득계층별 특성(인적속성, 사회·경제적 속성 등) 분포 및 그 차이는 어떠한가, 직업훈련 참여자와 미참여자 간에는 어떠한 차이가 있으며, 소득계층별로 어떠한 결과를 보이고, 그 차이는 무엇을 의미 하는가 등을 연구문제로 삼았다.

연구 내용으로는 먼저 이론 및 방법론적 해석 비교(실증분석 연구 결과 비교 분석)와 소득계층 구분에 관한 논의를 살펴본다. 특히, 여기에서는 현재 노동시장 정책평가 방법으로 논의가 활발한 평가 방법을 이론적으로 구체화시켜서 살펴본다. 다음으로 소득계층별 직업훈련 효과를 분석하는데

1) 본 연구는 제3회 산업·직업별 고용구조조사 및 청년패널 심포지엄(2004. 11. 23, 한국산업인력공단)에서 발표한 것이며, 유익한 토론을 해 주신 이병훈 교수(중앙대학교 사회학과)에게 감사드린다.

여기에는 평균처리 효과 분석을 통하여 취업여부를 기준으로 성과지표를 측정한다. 즉, 성향점수(Propensity score) 및 매칭(Matching Method) 분석 방법을 통하여 소득계층 간 그 효과를 비교하게 된다.

제1절 자료 및 분석 방법

우리나라 청년층의 소득계층별 분포 및 특성과 노동시장에서의 활동 상태를 보다 구체적으로 분석해 볼 수 있는 청년패널 자료를 활용한다. 청년패널조사(youth panel)는 한국산업인력공단 중앙고용정보원에서 「산업·직업별 고용구조조사(WIC-OES)」를 위해 표본 추출된 50,000가구 가운데 10,000가구에 거주하는 15세에서 29세까지의 가구원에 대한 가계 배경, 학교생활, 사회·경제활동 등에 관하여 추적 조사하는 종단면(longitudinal survey)조사이다. 이 조사는 매년 반복적인 조사를 통하여 청년층 개인들의 생애과정에 걸친 변화와 이동, 특히 학교교육, 취업 혹은 노동시장, 노동이동 과정에 해당되는 부분을 상세하게 분석할 수 있다. 본 연구에서 활용하는 부분은 2~3차 연도(2002~2003년) 조사 자료이며, 원표본가구로 제3차 조사에 응한 응답자이다.

〈표 1〉에서 보는 바와 같이 2002년의 전체 응답자 수는 5,402명이며, 3차 연도 조사에도 응답한 수는 2003년에 4,584명으로 나타났다. 이 중 본 분석에 활용된 대상은 2개 연도 모두 응답하였고, 한 번이라도 각 유형에 해당되었던 경험이 있는 사람으로 결측자료(missing data)가 포함된 개인을 제외하고 분석에 활용된 표본은 4,217명이다.

<표 1> 유형별 표본

(단위: 명, %)

구분	2002	2003	상태 경험	상태 지속
중 고	1,402 (26.0)	846 (18.5)	1,201 (28.5)	762 (24.5)
대학 대학원	1,283 (23.8)	1,122 (24.5)	983 (23.3)	668 (21.5)
취업자	1,782 (33.0)	1,744 (38.1)	1,559 (37.0)	1,203 (38.7)
미취업자	935 (17.3)	872 (19.0)	474 (11.2)	474 (15.3)
계	5,402 (100.0)	4,584 (100.0)	4,217 (100.0)	3,107 (100.0)

주: 상태경험은 한 번이라도 각 상태를 경험한 표본을 의미함
자료: 한국산업인력공단 중앙고용정보원(2003), 청년패널 원자료

소득계층 구분 시 적용되는 기준 중에서 특히 저소득층 구분에서는 흔히 두 가지의 개념을 적용하는데 하나는 OECD에서 제시하고 있는 기준으로서 흔히 빈곤층을 구별할 때 적용하는 기준으로 중위소득의 1/2 이하를 사용한다. 즉, 가구소득을 가구원 수의 제곱근으로 나누어서 동등화된 소득을 도출하여 분석에 활용하는 것이다. 다른 하나는 최저생계비인데 최저생계비는 국민이 건강하고 문화적인 생활을 유지하기 위한 최소한의 비용을 의미하며, 기초생활 수급자 선정기준 및 급여수준을 결정하기 위한 근거가 된다.

여기에서는 저임금노동시장의 구분에서 주로 사용하는 방법을 통하여 표본을 추출 한다[2]. 엄밀히 말하면 저소득층과 저임금근로자는 동일한 개념으로 볼 수는 없으나 저소득층의 대부분이 노동시장, 취업시장에서 상대적으로 저임금에 노출되어 있으므로 저임금근로자를 저소득층으로 구분하여 적용할 수 있을 것이다. 여기서는 소득분위를 5분위로 나누어 제시하고 있으나 노동시장 성과 분석에서는 4~5분위를 저소득층, 1~3분위를 비저소득층으로 구분하여 활용한다.

---

[2] 청년패널 3차 연도에는 가구원 수 변수가 없어 이를 가구 data에서 개별 가구원 수를 합산하여 활용하였으나 편차가 크게 나타나 이를 활용한 OECD 기준 적용을 배제하고 연구의 주요 대상인 저소득계층 청소년층을 보다 명확히 하기 위하여 소득 기준 하위 20%를 사용하였다.

저임금노동시장에서는 흔히 〈표 2〉와 같은 기준에 기초하여 두 가지 유형으로 분석대상인 저임금근로자를 정의한다. 즉, 절대임금을 기준으로 분류하여 표준빈곤수준(Standard Poverty Level)을 사용한 구분이 있을 수 있고, 상대적인 임금을 기준으로 적용하여 임금분포의 하위 20%에 해당하는 근로자를 저임금근로자로 분류할 수 있다(Jared Bernstein & Heidi Hartmann, 2000; Gregory Acs, Katherin Ross Phillips, and Daniel McKenzie, 2001). 여기에서는 후자에 해당하는 하위 20%를 적용하고 분석 표본을 추출하였다. 실제로 소득과 임금을 기준으로 두 그룹을 비교해 본 결과, 큰 편차가 발생하지 않았다.

〈표 2〉 저임금근로자의 정의

직무기준(job-based)	근로자 기준(work-based)
ㅇ 노동시장의 분리 - 낮은 유동성 - 평균성장보다 느린 낮은 임금 - 부가급부(fringe benefits)의 제외 - 높은 수준의 노동이동 - 약한 교섭력 - 인종, 성에 기초한 차별	ㅇ 임금 - 절대임금(빈곤수준의 임금) - 상대임금(하위 20%의 임금수준) ㅇ 고용 - 높은 실업률 - 낮은 취업률 ㅇ 교육수준 - 고졸 이하의 학력

자료: Jared Bernstein & Heidi Hartmann(2000), p.17

〈표 3〉에서는 전체 가구를 소득분위별로 구분해 보았다. 2002년의 경우 4분위가 24.2%로 가장 그 비율이 가장 높고, 그 다음으로 1분위, 2분위 순으로 나타난 반면, 2003년에는 2분위가 24.6%로 가장 높고 다음으로 1분위, 5분위 순으로 나타나 소득계층 구성에 변화를 보였다.

한 번이라도 해당 분위를 경험한 경우는 1분위가 가장 높게 나타났으며, 5분위를 경험한 경우가 가장 낮게 나타났는데 이는 상대적으로 저소득층을 경험한 사람의 수가 적었다는 것을 의미한다. 또한 자신이 속한 소득분위를 유지한 사람의 경우 역시 1분위가 많고, 다음으로 5분위로 나타났다. 이는 일단 고소득층이나 저소득층에 속하면 소속 분위를 유지하는 비율이 높은 양극화 현상을 보이고 있으며, 특히 5분위의 경우 저소득층을 탈출하는 비율이 그만큼 낮다는 의미이기도 해 항상 저소득층의 비율이 높다는 해석을 가능하게 한다.

<표 3> 소득분위별 분포

(단위: 명, %)

구분	2002	2003	분위 경험	분위 유지
1분위	1,163 (21.5)	932 (20.3)	1,349 (32.0)	413 (28.0)
2분위	1,020 (18.9)	1,126 (24.6)	1,132 (26.8)	258 (17.5)
3분위	904 (16.7)	781 (17.0)	692 (16.4)	167 (11.3)
4분위	1,306 (24.2)	831 (18.1)	683 (16.2)	278 (18.8)
5분위	1,009 (18.7)	914 (19.9)	361 (8.6)	361 (24.4)
계	5,402 (100.0)	4,584 (100.0)	4,217 (100.0)	1,477 (100.0)

주: 분위경험은 한 번이라도 각 분위를 경험한 표본을 의미함
자료: 한국산업인력공단 중앙고용정보원(2003), 청년패널 원자료

소득계층별 인적속성을 알아보기 위해서 2개년 동안 한 번 속한 소득계층을 그대로 유지하고 있는 사람들의 특성을 <표 4>를 통하여 살펴보았다. 먼저 거주지역을 보면 1~3분위는 대도시가 높은 반면 4~5분위는 지방에 거주하고 있는 비중이 높게 나타났다. 학력에서도 상대적으로 고학력에 해당하는 대졸과 대학원졸이 1분위에 가장 많이 분포하고 있으며, 전문대졸을 포함하여 상대적으로 저학력에 해당하는 고졸 및 중졸 이하는 5분위에서 가장 높은 분포를 보이고 있다.

〈표 4〉 소득계층별 분위유지자의 특성

(단위: 명, %)

구분		1분위	2분위	3분위	4분위	5분위	계
지역	대도시	192 (30.4)	120 (19.0)	83 (13.2)	117 (18.5)	119 (18.9)	631 (100.0)
	지방	221 (26.1)	138 (16.3)	84 (9.9)	161 (19.0)	242 (28.6)	846 (100.0)
	계	413 (28.0)	258 (17.5)	167 (11.3)	278 (18.8)	361 (24.4)	1,477 (100.0)
학력	중졸 이하	1 (12.5)	1 (12.5)	1 (12.5)	2 (25.0)	3 (37.5)	8 (100.0)
	고졸	127 (20.1)	109 (17.3)	77 (12.2)	127 (20.1)	192 (30.4)	632 (100.0)
	전문대졸	67 (21.0)	59 (18.5)	40 (12.5)	70 (21.9)	83 (26.0)	319 (100.0)
	대졸	207 (42.3)	83 (17.0)	42 (8.6)	76 (15.5)	81 (16.6)	489 (100.0)
	대학원졸	11 (37.9)	6 (20.7)	7 (24.1)	3 (10.3)	2 (6.9)	29 (100.0)
	계	413 (28.0)	258 (17.5)	167 (11.3)	278 (18.8)	361 (24.4)	1,477 (100.0)
입주형태	자가	30 (35.7)	27 (32.1)	5 (6.0)	13 (15.5)	9 (10.7)	84 (100.0)
	전세	7 (11.3)	8 (12.9)	11 (17.7)	19 (30.7)	17 (27.4)	62 (100.0)
	월세	0 (0.0)	3 (50.0)	1 (16.7)	0 (0.0)	2 (33.3)	6 (100.0)
	기타	0 (0.0)	0 (0.0)	1 (50.0)	0 (0.0)	1 (50.0)	2 (100.0)
	계	37 (24.0)	38 (24.7)	18 (11.7)	32 (20.8)	29 (18.8)	154 (100.0)
근로소득	유	407 (27.7)	258 (17.6)	167 (11.4)	278 (18.9)	360 (24.5)	1,470 (100.0)
	무	6 (85.7)	0 (0.0)	0 (0.0)	0 (0.0)	1 (14.3)	7 (100.0)
	계	413 (28.0)	258 (17.5)	167 (11.3)	278 (18.8)	361 (24.4)	1,477 (100.0)
금융소득	유	38 (66.7)	6 (10.5)	5 (8.8)	3 (5.3)	5 (8.8)	57 (100.0)
	무	375 (26.4)	252 (17.8)	162 (11.4)	275 (19.4)	356 (25.1)	1,420 (100.0)
	계	413 (28.0)	258 (17.5)	167 (11.3)	278 (18.8)	361 (24.4)	1,477 (100.0)
부동산소득	유	18 (66.7)	6 (22.2)	1 (3.7)	1 (3.7)	1 (3.7)	27 (100.0)
	무	395 (27.2)	252 (17.4)	166 (11.5)	277 (19.1)	360 (24.8)	1,450 (100.0)
	계	413 (28.0)	258 (17.5)	167 (11.3)	278 (18.8)	361 (24.4)	1,477 (100.0)

자료: 한국산업인력공단 중앙고용정보원(2003), 청년패널 원자료

입주형태에서도 1분위에서 자가의 비중이, 5분위에서는 월세와 기타가 차지하는 비중이 가장 높다. 다음으로 각종 소득유무를 보면, 근로소득, 금융소득, 부동산소득 모두에서 1분위에 해당하는 사람들이 가장 높은 분포를 보였다. 이를 통하여 상대적으로 고소득층은 대도시에 거주하고 상대적으로 고학력에 해당하며, 반대로 저소득층은 지방, 저학력, 주거형태에서도 월세 등 열악한 환경에 속해 있다는 빈곤층의 일반적인 특성을 그대로 보

여주고 있다.

소득분위별 직업훈련 참여자 분포를 〈표 5〉에서 보면, 먼저 직업훈련참여가 전반적으로 매우 저조함을 볼 수 있다. 전체 표본 중 미참여자가 93.2%로 대부분을 차지하고 있고, 참여한 적이 있거나 현재 직업훈련을 받고 있는 사람의 비율은 6.8%로 낮게 나타났다. 직업훈련 참여자 이를 분위별로 보면 1분위가 전체 평균보다 높은 8.2%로 나타났으며 나머지 분위는 유사한 비율로 나타났다.

〈표 5〉 분위별 직업훈련 참여자

(단위: 명, %)

구분	참여자		미참여자	
	인원수	비율	인원수	비율
1분위	111	8.2	1,238	91.8
2분위	68	6.0	1,064	94.0
3분위	43	6.2	649	93.8
4분위	44	6.4	639	93.6
5분위	22	6.1	339	93.9
계	288	6.8	3,929	93.2

자료: 한국산업인력공단 중앙고용정보원(2003), 청년패널 원자료

가. 선행연구 논의

최근 노동시장정책과 직업훈련 프로그램에 관한 논의가 활발하게 이루어지고 있다. 이는 높은 실업률이 지속됨에 따라 이들 실업자들이 직업훈련 프로그램에 참여하는 것을 돕고, 현재 고용된 직장을 오래 유지할 수 있는 방법을 모색해 주는 것이 필요하다는 취지에서 정책적인 수요에 의하여 많이 이루어지고 있다. 일반적으로 직업훈련은 인적자원의 고갈을 감소시켜주며, 실업기간 동안의 직업탐색 기술과 고용기간 동안의 직무능력을 강화시켜주는 역할을 수행하지만 개인의 고용성과에 대한 긍정적인 해석과 부정적인 해석이 각각 나올 수 있다.

분석 방법으로 최근 각광받고 있는 것은 훈련 프로그램의 인과효과 (causal effect)를 평가하기 위하여 훈련받은 후의 상태 변화와 훈련을 받지 않은 소위 비교집단(control group) 간이 차이를 분석하는 방법이다.

Reinhard Hujer etc.(1997)는 직업훈련이 개인의 실업기간에 미치는 영향을 연구하였다. 즉, 직업훈련이 재취업에 미치는 영향이 어떠한가를 분석한 것으로 1984년에서 1994년까지 GSOEP(German Socio-Economic Panel) 자료를 사용하였으며, 표본선택문제(sample selection problem)를 해결하기 위하여 훈련이수자 그룹과 적합한 비교그룹을 구분하여 일치연결방법 즉, 매칭방법(matching method)을 적용하였다.

실험적 평가에서 적합한 비교집단의 구성은 분석 자료 선택에서 확률적인 방법을 많이 사용한다. 그러나 여기에서처럼 비실험적 방법의 자료를 사용할 경우, 계량경제학적으로 다른 조정방법 혹은 통계학적 매칭 과정은 가장 적합한 비교그룹을 인위적으로 구성하거나 찾게 된다. 이 경우 처리집단과 비교집단 사이의 모순에 대한 조정에 실패한다면 실질적으로 직업훈련 프로그램의 효과에 대하여 편이(biased)된 판단을 가져 올 수도 있다. 즉, 표본선택편이(sample selection bias)를 갖게 되는 것이다.

여기에서 매칭방법은 임의효과 프로빗 모형(random effect probit model)을 통하여 추정되는 훈련에 참여한 개인의 성향점수(propensity score)와 일치하는 변수를 이용하는 것이다. 또한 일치된 표본의 이산시간 해자드 모형(discrete time hazard rate model)은 실업기간에서 직업훈련의 영향에 접근하는 데 유용하다. 이 연구의 분석 결과, 직업훈련은 유의하게 장기에는 알 수 없으나 단기에는 실업으로부터 취업으로의 전환율을 높이는 것으로 나타났다.

강순희·노홍성(2000)은 한국노동패널자료를 이용하여 Bivariate logit 모형과 Heckman의 표본선택편이모형(Selection bias model)을 통하여 분석한 결과, 과거의 직업훈련 경험이 현재 취업상태에 머물고 있을 가능성에 양(+)의 영향을 미치는 것으로 나타났으며, 임금상승효과에서도 양(+)의 효과를 보이는 것으로 나타났다.

Myoung-jae Lee & Sang-jun Lee(2002)은 우리나라 여성 실업자의 직업훈련효과를 생존분석(Survival analysis)을 이용한 실업기간 분석과 두 집단 간의 Matching을 통하여 직업훈련의 고용효과를 분석하였다. 분석 결과, 직업훈련은 실업 여성의 실업기간을 다소 증가시키고, 고용효과에서도 실업급여를 받은 비교집단에 비해서 약 5% 정도 적은 것으로 나타났다.

나. 이론적 논의

최근 직업훈련 프로그램에 대한 구조화되고 확률적인 평가가 많이 이루어지고 있다. 참여자 전체에서 확률적으로 선택된 부분집합(처리그룹: treatment group)은 훈련프로그램을 이수한 집합에서 할당되고, 다른 참여자들(비교그룹: control group)은 훈련프로그램 집단에서 얻을 수 없으나 그들의 산출은 관찰되고, 처리그룹의 산출과 비교한다.

취업률 혹은 실업기간과 같은 다양한 종류의 결과(outcomes)에서 훈련프로그램의 효과를 결정하려고 하는 것은 훈련의 효과가 실질적으로 무엇을 의미하는지를 분명히 밝히는 데 유용하다. 즉, 비교집단과 동일 혹은 유사한 조건의 사람의 상황(counterfactual situation)에서 훈련에 참여하지 못한 가설적인 경우에 대응하는 동일한 개인의 상태는 훈련후의 개인의 동일한 상태와 비교집단을 만들어서 분석에 활용한다.

성향점수(propensity score)의 추정은 몇 가지 문제점을 안고 있다. 첫째, 표본의 비균형적인 본질이다. 둘째, 참가자 중에는 훈련프로그램의 시작일이 시간의 흐름에 따라 변하는 문제가 발생한다. 만약 이것이 관계가 있는 (시간종속 즉, time-varying) 설명변수라면 훈련프로그램의 시작과 관계가 있고, 비참여자에 대하여 정확하게 정의할 수 없다(Lechner, 1995). 셋째, 훈련에 참여(d)하기 위한 결정에 영향을 미치는 독립변수(covariate)만을 고려할 뿐만 아니라 잠재적 산출(Y^c)도 고려해야 하는데 이것은 훈련프로그램에 영향을 받는 것이 아니기 때문에 외생적(exogenous)이다. 그래서 관련 covariate는 훈련 전 변수이다(Hujer et al, 1997). 이러한 이유로 잠재적 관련 covariate의 선택은 인적자본이론과 관련된 이론적 가설에 의존하기도 하고, 훈련참여자의 다른 실증연구에서 제안된 일치하는 변수를 찾기도 한다(Blundell et al, 1994).

매칭방법의 적용에 있어서 매칭방법의 목적은 각 훈련자와 비훈련자를 선별(select)하기 위해서 전 훈련 특징의 관점에서 가능한 한 훈련자와 비슷한 표본을 선택하고, 훈련이 없는 잠재적 산출(Y^c) 사이의 조건부 독립(conditional independence)과 훈련에 참여(D)하는 것을 결정하는 데 있다.

만약 이것이 정확하게 된다면, 확률적인 실험과 유사하게 평균에서 훈련 참여자와 비교그룹으로 구성된 매칭된 표본을 얻을 수 있다. 결과는 모든 관련 특성에서 구조적으로 다르지 않게 나타난다. 그리하여 실업기간에서 그것이 영향을 측정할 때 훈련의 과정에서의 선택에서 고려할 수 있는 필요를 제거할 수 있다. 매칭에 있어서 중요한 조건은 변수가 성향점수(propensity score, $z'\beta$)로 추정된다는 것이다. 매칭방법의 성공적인 적용은 훈련자와 비훈련자그룹의 성향점수의 분포의 일반적인 지원(common support)의 범위 안에서만 가능하다(Heckman et al, 1996). 분명한 것은 이러한 요구가 훈련자와 비훈련자에 대한 $z'\beta$의 밀도 사이의 가장 많이 그리고 가장 우선적으로 중첩(overlap)되는 것을 요구한다(Hujer et al, 1996, 1997, 1998).

우리가 적용하려는 비실험적 방법[3]은 실제 프로그램에 참가한 집단(treatment group)과 특성이 매우 유사한 집단을 추출하여 소위 비교집단(comparison group)을 만든 후 계량경제 기법을 통하여 이들 간의 차이를

---

3) 이 방법은 사용하는 data의 종류, 적용하는 계량기법에 따라 가정 및 방법이 달라지는데 횡단면 data의 경우 도구변수(instrumental variable)을 사용하는 방법과 관찰이 불가능한 요인에 의하여 selection bias가 존재할 경우 exclusion restriction 즉, 성과 결정 방정식에는 포함되어 있지 않지만 프로그램 참가를 결정해 주는 독립변수가 최소한 하나가 필요한 조건을 충족시키고, Heckman의 2단계 추정방법을 사용하는 방법 등이 있다.

통제하고 프로그램의 효과를 추정하는 것이다. 여기서의 가정은 X와 Z에 대하여 Y_0(프로그램에 참가하지 않은 경우의 소득)와 Y_1(프로그램에 참가한 경우의 소득)의 분포나 평균은 $D=1$ 여부에 관계없이 같다는 것이다. 즉,

$$(Y_1, \ Y_0) \perp (D \mid X, \ Z)$$

따라서

$$E(Y_1 \mid D=1, \ X, \ Z) \ = \ E(Y_1 \mid \ X, \ Z)$$
$$E(Y_0 \mid D=1, \ X, \ Z) \ = \ E(Y_0 \mid \ X, \ Z)$$

이 성립하고, 프로그램에 참가하지 않은 사람의 소득은

$$E(Y_0 \mid D=0, \ X, \ Z) \ = \ E(Y_0 \mid \ X, \ Z)$$

이 된다. 참가한 사람이 만약 참가하지 않았을 경우(conterfactual)의 소득은

$$E(Y_0 \mid D=1, \ X, \ Z) \ = \ E(Y_0 \mid \ X, \ Z)$$
$$= \ E(Y_0 \mid D=0, \ X, \ Z)$$

따라서 프로그램의 효과는 모든 $(X, \ Z)$에 대하여

$$E(Y_1 \mid \ X, \ Z) \ - \ E(Y_0 \mid \ X, \ Z)$$

를 구하면 된다.

위의 식을 추정하기 위해서는 프로그램에 참가하지 않은 사람(compari-son group) 즉, 비교집단을 구성해야 하는데 이를 위해서는 다음의 방법을 사용할 수 있다.

$$d_{ij} = \sum k \ (Z_{ik} - Z_{jk})^2$$

여기서 Z_{ik}는 개인 i의 k 번째 특성(예를 들면, 연령, 학력 등)을 의미하며, i는 처리집단(treatment group)이고, j는 비교집단(control group)이다. 여기서 d_{ij}가 최소화되는 사람을 찾아서 비교집단을 구성하면 된다[4].

비실험적 방법은 실험적 방법에 비하여 비용이 저렴하고, 성과가 단순한 평균비교가 아닌 성과분포를 알 수 있기 때문에 한계효과(marginal effect)를 측정할 수 있는 장점이 있으나 계량경제학적 추정인 까닭에 여러 개의 추정치가 나올 수 있고, 복잡한 절차에 따른 이해의 어려움이 있으며, 어떤 비교집단이 선정되는가에 따라 결과가 민감하게 영향을 받는 단점이 있다. 이상의 두 가지 방법은 모두 대체편이(substitution bias)가 발생하고, 대체효과, 전치효과, 사중손실 등을 고려한 일반균형분석[5]이 아닌 부분균형분석이다.

위에서 설명한 Rosenbaum & Rubin이 공변수(covariates)의 조건부 처리확률로 정의한 성향점수(propensity score)는 프로그램 효과를 추정하는 데 매우 간편한 방법 중의 하나이다.

---

4) 이를 위하여 성향점수(propensity score)를 이용하여, 마할라노비스 거리(maharanobis distance)를 구하게 된다.

5) 노동정책이 어떤 프로그램에 참가한 개인의 효과뿐만 아니라 노동시장 전체에 미친 영향을 평가해야 한다. 이를 위하여 고려해야 할 요소 세 가지를 살펴보면, 먼저 대체효과(substitution effect)는 기존 근로자를 해고하고 지원대상 자격이 되는 근로자로 대체하는 경우, 전치효과(displacement effect)는 정책적인 지원을 받은 기업은 그렇지 못한 기업에 비하여 경쟁력이 떨어지는 경우, 사중손실(deadweight loss)을 어차피 채용되어야 할 인력을 대상으로 정부가 다양한 지원을 하는 경우 등이 있을 수 있다.

이러한 성향점수는 처리집단과 비교집단 간의 비교에 초점을 맞춘 매칭
방법이며, 두 집단 간에 추정된 성향점수가 겹칠 때(overlap) 될 경우에 처
리그룹에 대한 처리효과를 추정할 수 있다(Rajeev H. Dehejia and Sadha
Wahba, 1999).

다. 분석절차

매칭 절차는 다음과 같은 순서에 의하여 진행된다(Lechner, 1995, 1996a,
1996b, 2001; Rosenbaum & Rubin, 1985; Hujer et al, 1997). 첫째, 참가자
표본과 비참가자의 가장 큰 가능한 표본을 선택하고, (월별에 의하여) 참가
자의 분포(distribution)로부터 비참가자에 대하여 프로그램 날짜의 시작을
확률적으로 추출한다.

둘째, 추정된 성향(propensity)[6] $P(T=0 \mid X)$, $P(T=1 \mid X)$을 얻기
위한 이산선택모형(discrete choice model)을 추정하고, 조건부확률값
(conditional probability) $P^{m \mid ml}(X)$을 계산한다.

셋째, $T=l$인 비교그룹에서 관측되는 $T=m$의 그룹에서 각 관측치를
매칭하기 위하여 아래의 과정을 적용한다.

---

6) 처리그룹과 비교그룹 간의 효과 차이를 분석하기 위하여 사용하는 거리측정
(distance measures)은 $X^1 = \{X_1^1, X_2^1, \cdots, X_p^1\}$ 그리고
$X^0 = \{X_1^0, X_2^0, \cdots, X_p^0\}$가 각각 처리집단(cases) N 과 잠재적 비교
집단(potential controls)에 대한 매칭 변수들의 벡터라고 하면 D_{ij} = 처리집단 i^{th}
와 비교집단 j^{th} 둘 사이의 "거리(distance)"라고 한다.
또, D_{ij}에 대한 선택은 아래와 같이 할 수 있다.
즉, $D_{ij} = (X_i^1 - X_j^0) S^{-1} (X_i^1 - X_j^0)$ 여기서 S는 $X's$의 분산-공분
산 행렬(variance-covariance matrix)의 결합된(Pooled) 그룹 안에서 추정된다.
이것을 마할라노비스 거리(Mahalanobis Distance)라고 한다.
$D_{ij} = \mid P(X_i^1) - P(X_j^0) \mid$ 여기서 P는 성향점수(Propensity Score)이며,
매칭변수의 함수로서 표현된다(Erik J. Bergstralh & Jon L. Kosanke, 1995).

(ⅰ) 예측된 확률값이 선택한 하나의 표본과 밀접하게 가까운 표본은 그룹 l에서 관측치를 찾는다. 여기에서 거리(distance)는 마할라노비스 거리 행렬(Mahalanobis distance metric)에 의하여 측정된다. 관측치는 다시 사용될 수 있기 때문에 제거해서는 안 된다.

(ⅱ) 그룹 m에 관측치가 남지 않을 때까지 (ⅰ)과 (ⅱ)를 반복한다.

(ⅲ) m과 l의 모든 조합들(combinations)에 대하여 (ⅰ)~(ⅲ)까지를 반복한다.

넷째, 공변수(covariates)[7]의 균형(balance)에 대하여 검정(test)한다. 만약 공변수가 균형이 되지 못하면 이변량 선택모형(discrete choice model)의 설정(specification)을 재확인하고, 2~4단계를 반복한다.

다섯째, 셋째의 (ⅲ)에서 형성된 비교그룹을 활용하여 표본평균에 의하여 조건부 기대값을 각각 계산한다. 여기서 주의할 점은 동일한 관측치가 같은 표본에서 여러 번 나타날 수 있다는 것이다.

여섯째, 다섯째 단계의 결과를 사용하고, 그들의 공변수 행렬(covariance matrix)을 계산함으로써 처리효과(treatment effect)의 추정치를 계산할 수 있다.

매칭에는 크게 두 가지 방법이 있는데 하나는 Greedy 매칭 방법이고, 다른 하나는 Optimal 매칭 방법이다. 먼저, Greedy 매칭은 2개의 처리그룹(Case)과 5개의 잠재적 비교그룹(potential controls)에서 모든 처리그룹과 비교그룹의 총 거리($M \times N$)를 계산하여 D_{ij}를 구하는 방법이다.

다음으로 Optimal 매칭은 Paul Rosembaum이 처음 사용하기 시작하여 지금은 일반화된 분석 방법이다. 그는 처리-비교 매칭문제에 대하여 최적의 해를 Network flow theory를 사용하여 통계적으로 연구에 활용하였다. Network flow 문제는 최초출발지(source)에서부터 최종도착지(sink)까지 화물을 가장 적은 비용으로 갈 수 있는 방법(route)를 찾는 것을 주요 내

---

7) 프로그램의 효과에 영향을 미칠 수 있는 개인의 모든 특성을 일반적으로 공변수(covariates)라고 하며, 결과에 영향을 미치는 독립변수를 의미한다.

용으로 하고 있다. 이 문제는 화물은 최종목적지에 도착하기 전에 복수의 다양한 중간 기착지(nodes)를 통하여 운반하기 때문에 복잡하다. 또 중간 기착지는 운항경로(arcs, shipping routes)는 물론 각각의 용량, 단위당 운송가격 등과도 밀접하게 연관되어 있다. 여기에서 중요한 것은 최적경로는 반드시 처리(cases)로부터 비교(controls)까지 연결되어야 된다는 것이다. 본 분석에서는 일대일매칭(one-to-one matching)에 해당하는 두 번째 Optimal 매칭 방법을 통하여 분석한다.

제2절 추정 결과

준실험적 방법을 통하여 직업훈련 이수자와 미이수자를 대상으로 적용해 분석해 본 결과, 각 분위별로 매칭 전에는 변수별로 약간의 차이를 보이고 있으나 매칭 후에는 두 집단 관련 변수 간에 거의 차이가 없는 것으로 나타났다. 매칭 이후 직업훈련 참여가 취업에 어떠한 효과가 있는지 즉, 어떠한 영향을 미치는지를 분석해 본 결과 〈표 6〉에서 보는 바와 같이 취업효과 측면에서 대부분의 변수에서 음의 부호로 나타나 직업훈련이 취업에는 큰 효과를 거두고 있지 못한 것으로 나타났다.

그러나 일부 변수에서는 이와 달리 양의 부호로 나타나 직업훈련이 취업에 효과적인 측면도 있는 것으로 나타났다. 즉, 1~3분위에서는 학력 변수 중 대졸 이상에서, 직업에서는 전문가, 기술공 및 준전문가, 4~5분위에서는 학력에서는 고졸, 산업에서는 제조업(광업 포함)에서 양의 기호로 나타나 직업훈련이 취업에 효과적인 것으로 나타났다.

전체적으로 보더라도 상대적으로 고소득층에 해당하는 1~3분위, 그리고 상대적으로 저소득층에 해당하는 4~5분위 모두에서 직업훈련 이수자의 직업훈련의 취업효과는 음의 부호로 나타나 직업훈련의 효과가 크지 않는 것으로 나타났다.

<표 6> 매칭을 통한 직업훈련 이수자의 취업효과 추정

구분	1~3분위		4~5분위	
	차이	t-값	차이	t-값
학력 중졸 이하	-0.034	-2.57	-0.198	-3.59
고졸	-0.010	-0.03	0.928	1.01
전문대졸	-0.012	-5.23	-1.071	-3.93
대졸 이상	0.273	7.12	-2.012	-0.11
산업 농림 수렵업 및 임업 어업	-0.791	-0.99	-0.943	-0.08
제조업(광업포함)	-0.670	-3.23	0.830	1.64
전기가스 및 수도사업, 건설업	-0.005	-1.47	-0.001	-0.12
도소매 및 소비자용품수리업, 숙박 및 음식점업	-0.023	-5.18	-0.077	-3.89
운수창고, 통신업, 금융 및 보험업	-0.101	-2.25	-0.671	-1.32
부동산임대 및 사업서비스업	-0.340	-0.35	-0.385	-3.01
교육 서비스업, 보건 및 사회복지사업, 기타서비스업	-0.078	-0.10	-0.091	-0.23
직업 고위임직원 및 관리자	-0.439	-2.32	-0.001	-0.00
전문가	0.084	2.10	-0.583	-1.05
기술공 및 준전문가	0.196	6.09	-0.401	-5.92
사무직원	-0.632	-3.02	-0.810	-7.85
서비스근로자 및 상품시장판매근로자	-0.011	-3.00	-0.003	-4.39
농업 및 어업숙련근로자	-0.837	-5.12	-0.019	-1.28
기능원 및 관련 기능근로자	-0.818	-6.03	-0.311	-3.09
장치기계조작원 및 조립원	-0.570	-1.12	-0.958	-2.11
단순노무직근로자	-0.801	-1.11	-0.575	-0.05
전체	-0.031	-2.01	-0.016	-1.20

주: 소득분위별 표본의 대표성 확보를 위하여 1~3분위와 4~5분위로 구분

이는 취업에 적합한 조건 즉, 고학력, 전문기술 혹은 기능 습득 등 여러 가지 이유로 이미 노동시장에 1차적으로 용이하게 진입한 사람들이 직업훈련에 참여하지 않았기 때문이라는 추정도 가능하다. 그리고 위의 결과는 해당 훈련직종 및 프로그램별 특성을 고려하지 않은 총량 자료(직업훈련 참여 여부)를 이용하였기 때문에 개별 직종 등 특성별 효과를 분석할 경우 직종별로 다른 결과를 얻을 수도 있을 것이다.

제3절 소 결

　본 연구는 청년층의 직업훈련 참여와 비참여 간의 정책효과를 비교 분석해 봄으로써 그 효과성에 관한 논의를 통하여 노동시장 정책이 그 목표 대상에 어느 정도의 효과를 미치는지와 당초 기대했던 성과를 거두었는지에 대한 효과를 분석하였다. 특히, 직업훈련 프로그램 참여자와 미참여자 간의 프로그램 이수 후 효과를 준실험적 방법을 통하여 비교분석 함으로써 보다 정밀한 차이를 확인할 수 있었다.

　매칭을 통한 직업훈련 효과를 살펴본 결과, 직업훈련은 대부분의 변수에 대하여 취업에 음의 부호로 나타나 효과성이 낮음을 보였다. 그러나 계층별로 일부 변수에서는 양의 부호로 나타나 효과가 있는 것으로 분석되었다. 이러한 분석 결과를 통하여 현재 운영되고 있는 직업훈련은 특화되지 않은 전체를 대상으로 하기보다는 목표집단에 적합한 차별화 된 프로그램을 실시할 필요가 있음을 시사해 준다.

　직업훈련의 효과는 상대적으로 고소득층에 해당하는 1~3분위 계층에서만 일부 직업훈련이 효과가 있는 것으로 나타났다. 즉, 대졸 이상의 학력과 직업에서 전문가와 기술공 및 준전문가에서 양의 부호가 나타났고, 저소득층에 해당하는 4~5분위에서는 학력에서는 고졸, 산업에서는 제조업에서 직업훈련 효과가 있는 것으로 나타나 이러한 결론을 뒷받침 해 준다. 전체로 보면, 모든 소득계층에서 직업훈련의 효과가 음의 부호로 나타나 결과적으로 직업훈련이 취업에 크게 기여하고 있지 못함을 볼 수 있어 이에 대한 실효성 높은 정책적, 제도적인 뒷받침이 필요하다고 볼 수 있다.

　본 연구에서는 전체 표본 대비 직업훈련 참여자 비중이 크게 작아 보다 구체적인 소득계층 간의 노동시장 관련 지표의 효과 측정이 제한적으로 이루어질 수밖에 없었고, 또 세부 직종 혹은 프로그램 유형별 효과를 분석할 수 없는 한계점을 가진다. 이는 향후 연구과제로 남긴다.

제2장 비정규직과 기업 교육훈련[1]

　　인적자원이 국가는 물론 기업 경쟁력의 원천임이 강조되고 있다. 이를
위하여 국가 차원의 기본계획이 마련되고, 이를 뒷받침하기 위한 다양한
정책들이 수립·추진되고 있다. 인적자원은 크게 양성, 활용, 배분 등으로
구분할 수 있다. 문제는 양성된 인적자원이 수요처인 기업에서 얼마나 제
대로 활용되고 있느냐 하는 것이다. 그리고 취업 이후 기업 내부에서 행해
지는 각종 교육훈련이 어느 정도 활성화되고 있고, 그 성과가 어떠하며, 이
를 기업에서 어떻게 활용하고 있는지는 매우 중요한 문제이다. 많은 기업
의 경우, 경영환경 악화 시 가장 먼저 투자 규모를 줄이는 것이 교육훈련
부문임을 여러 자료를 통하여 확인할 수 있다.

　　경제위기 이후 우리나라에서도 비정규근로자[2] 문제가 중요한 사회적 관
심사로 대두되고 있고, 이에 대한 다양한 문제점과 합리적인 대응이 요구
되고 있다. 그러나 기업의 비정규직 고용 및 이들 계층의 인력을 개발하여
활용하는 교육훈련 측면과 관련된 연구는 그리 많지 않은 실정이다.

　　우리나라의 비정규 근로는 그 형태가 다양할 뿐만 아니라 증가속도가
매우 빠르고 그 비중 또한 매우 높게 나타나고 있다. 비정규근로자는 대부
분 임금, 고용안정성, 사회보험 수혜를 비롯한 각종 근로조건 측면에서 취
약성을 갖고 있으며, 직업능력개발을 위한 인적자원개발 부문에서도 사각
지대에 놓여 있다해도 과언이 아닐 것이다. 대부분의 기업들이 여러 가지

---

1) 본 연구는 제3회 사업체패널 학술대회(2006. 2. 10, 서울대 호암교수회관)에서 이
　종구 교수(경희대학교), 이유진 교수(경희사이버대학교)와 함께 발표한 것이며, 유
　익한 토론을 해 주신 박기성 교수(성신여자대학교 경제학과)에게 감사드린다.
2) 사업체패널에서는 비정규직을 (1) 파트타임/시간제, (2) 단기계약직(촉탁직, 단기
　계약 반복), (3) 일시적 고용(대체근로, 일시적 빈자리 충원), (4) 파견근로자, (5)
　용역근로자(제3자가 고용관리 담당), (6) 호출근로자, (7) 소사장과 소사장이 고
　용한 인력, (8) 외주근로자(용역처럼 하되 직접 지휘감독을 받지 않음), (9) 독립
　도급근로자나 프리랜서 등의 유형으로 구분하고 있다.

이유로 비정규근로자에 대하여 인적자본 투자를 하지 않거나 관심을 두지 않고 있으며, 정부의 지원 사업 또한 정규직 전업, 상용 근로자와 실업자, 여성, 고령자, 장애인 등 기타 취약계층에 초점이 맞추어져 있어 비정규직은 스스로 능력개발을 하지 않는 한 직업능력개발의 틀 안에서 배제될 수밖에 없는 실정이다.

　본 연구는 기업의 교육훈련에 초점을 두고 비정규직에 대한 교육훈련 실태 분석을 통하여 비정규직 근로자들의 교육훈련에 영향을 미치는 원인을 분석하는 것이 목적이다. 이를 위하여 첫째, 비정규직의 교육훈련 관련 분포와 특성을 살펴본다. 둘째, 비정규직 근로자들의 교육훈련 참여에 영향을 미치는 요인을 분석한다. 셋째, 이를 통하여 비정규직의 교육훈련 개선을 위한 방안을 제시한다.

제1절 선행연구 분석

　기업의 교육훈련 투자와 관련한 논문은 일부 있으나 비정규직의 교육훈련과 관련된 연구는 그리 많지 않은 편이다. 먼저, 기업의 교육훈련과 관련된 연구는 기업에서 교육훈련 투자에 영향을 미치는 결정요인 분석이 대부분이며, 기업의 고용유연화나 고성과 작업조직 등이 기업의 교육훈련에 어떠한 영향을 미치는지를 분석한 논문들이 있다.

　정재호 외(2004)는 고용유연화가 기업의 교육훈련 투자에 미치는 영향을 분석하였는데 비정규직 고용은 이직률과 초과노동이동률을 증가시키며, 비정규직 고용의 확대는 기업의 교육훈련비 투자를 감소시키는 것으로 분석하였다. 이를 통하여 기업의 고용유연화 전략이 경영환경의 불확실성에 대한 단기주의적인 인력관리 방식임을 주장하였다. 신건권 외(2003)는 기업의 인적자본과 관련된 교육훈련비가 기업의 경영성과에 미치는 영향을 분석하였다. 분석 결과, 교육훈련비의 경우 모든 모형에서 유의적인 양(+)의 영향을 미치는 것으로 나타났고, 기업의 경영성과인 매출총이익률과 경상이익에 양(＋)의 영향을 미치는 것으로 나타났다. 또한 연구개발비와 광고선전비 등은 일부모형에서 음(－)의 영향을 미치는 것으로 나타났다. 류장수(1997)는 우리나라 기업들이 노동자들의 교육훈련에 어느 정도 투자를 해왔고, 그 교육훈련투자가 무엇에 의하여 결정되었는가를 분석하였다. 주요 결과로는 우리나라 기업 대부분이 교육훈련투자 즉, 인력개발투자에 매우 인색한 것으로 나타났으며, 1인당 교육훈련투자 결정함수 추정 결과 기업의 평균임금, 남성노동자의 비중, 연령, 근속연수가 영향을 미치는 것으로 나타났다.

다음으로 비정규직 관련 연구를 보면, 김동배 외(2002)는 사업체패널조사 자료를 이용하여 기업의 비정규직 활용 동기를 분석하였다. 분석 결과, 대규모 기업과 노동조합이 존재하는 기업의 경우 비정규직을 활용할 가능성이 높고, 경제위기 이후 비정규직이 증가한 것으로 나타났다. 단기 이익 압력을 많이 받는 기업들이 비정규직 활용과 증가에 정(＋)의 관계로, 정규직의 고용조정은 비정규직 활용 및 비정규직 증가와 정(＋)의 관계로 나타났다. 성과배분을 실시하는 기업의 경우 비정규직 활용 및 경제위기 이후 비정규직 증가와 정(＋)의 관계가 나타났다. 김주일(2001)은 비정규직 고용을 고용여부, 고용비중, 비중의 증가 등 세 가지 차원에서 영향요인을 분석하였다. 비정규직을 고용하는지 여부는 기업전략, 교육훈련, 조직설계, 조직연령 등에 영향을 받지만, 비정규직의 고용비중은 원가우위전략과 기업의 조직재설계에 주로 영향을 받고, 비정규직 고용의 증가요인은 노동조합 유무에 영향을 받는 것으로 나타났다. 남재량 외(2000)는 우리나라 비정규직이 근로자들에게 막다른 일자리인지 정규직으로 옮겨가는 과정에서 일시적으로 경험하게 되는 곳인지를 분석하였다. 그 결과 비정규직 종사자들은 주로 취약계층에 속한 사람들로서 낮은 직무능력과 기능을 요구하는 분야에 종사하고 있어서 우리나라의 비정규직은 함정일 가능성이 크다고 분석하였다.

〈표 1〉 선행연구 분석

기업의 교육훈련			비정규직		
연구자	자료 및 분석방법	결과	연구자	자료 및 분석방법	결과
정재호 외 (2004)	사업체패널조사 · 고용보험전산망, OLS	초과노동이동률 및 비정규직 고용 증가하면 교육훈련투자 감소	김동배 외 (2002)	사업체패널조사, 로짓	정규직의 고용조정은 비정규직 활용, 증가와 정(+)의 관계. 성과배분기업도 동일한 결과
신건권 외 (2003)	상장기업자료, SUR	교육훈련비가 모든 모형에서 유의적인 양(+)의 영향	김주일 (2001)	인력관리 및 고용조정실태조사(노동연구원), OLS	비정규직 고용은 기업전략, 교육훈련, 조직설계, 조직연령 등에 영향
류장수 (1997)	기업경영자료, 직종별 임금실태조사, OLS	기업의 인력개발투자에 매우 인색, 평균임금, 연령, 근속연수가 교육훈련투자규모에 영향을 미침	남재량 외 (2000)	경제활동인구조사, Markov 이행확률 모형	비정규직 종사자 대부분이 함정에 빠져있으며, 가교로서의 역할은 미약

제2절 자료 및 변수

1. 분석 자료

본 연구에 사용된 자료는 한국노동연구원의 『사업체패널조사』 2차(2003년도), 3차(2004년도) 자료이다. 사업체패널조사는 우리나라 사업체를 대표하는 2,000개의 패널구성 사업체를 대상으로 기업의 고용구조와 노동수요를 체계적으로 파악하고, 이를 통하여 인적자원관리 체계 및 노사관계 현황 등에 대한 정보를 추적 조사하는 종단면 조사이다. 특히, 이 조사는 기업 혹은 사업체 단위의 근로자에 대한 교육훈련 등 인적자원개발 실태를 구체적으로 분석할 수 있어 이와 연계한 정책효과를 크게 제고할 수 있는

정보를 담고 있다. 또한 비정규근로자에 대한 부가조사를 실시하여 비정규
근로자에 대한 활용 및 보상 실태 등을 분석할 수 있다.

사업체패널조사는 인사담당자, 노무담당자, 근로자대표용 설문지로 구성
되어 있다. 본 연구에서는 인사담당자용 설문지와 비정규근로자를 대상으
로 한 부가조사에 포함되어 있는 각종 정보를 활용하였다. 2차년도 자료는
전체 표본 2,276개 중 인사담당자 응답 수 2,005개, 비정규근로자 부가조사
응답 수 1,007개이며, 3차 연도 자료는 전체 표본 2,164개 중 인사담당자
응답 수 2,004개, 비정규근로자 부가조사 응답 수 1,000개 이다. 본 연구에
서 활용한 샘플은 2차 웨이브에 모두 응답한 사업체와 교육훈련 및 비정규
근로자 관련 설문에 응답한 사업체를 대상으로 하였다.

2. 주요 변수 설명

사업체 비정규직의 교육훈련 관련 지표는 비정규직 부가조사의 비정규
직에 대한 직원연수 및 교육훈련 참여 여부를 기본 변수로 사용하였으며,
이외에 1인당 교육훈련비는 사업체패널조사의 교육훈련비를 비정규직 종업
원 수, 정규직 종업원 수 및 이를 합한 전체 종업원 수로 각각 나누어 계
산하였으나 분석에서는 제외하였다. 자료의 제약 상 분석에 활용된 변수는
모두 사업체 특성만을 반영하였다. 비정규직의 교육훈련 여부 외에 독립변
수들로는 상시 종업원 수를 기준으로 한 사업체 규모, 산업, 노동조합 유무
등을 활용하였다.

〈표 2〉 주요 변수 설명

변수명	변수 설명
비정규직의 교육훈련 여부	
1인당 교육훈련비	교육훈련비/비정규직 종업원 수 교육훈련비/정규직 종업원 수 교육훈련비/비정규직＋정규직 종업원 수
비정규직 비율	비정규직 근로자수/전체 근로자 수
노동조합 유무	
사업체 규모	100인 미만/100～299인/300인 이상
산업	제조업/건설업/서비스업(개인, 유통, 사업, 사회)/ 기타(농림어업/광업/전기가스수도)

3. 표본 특성 분석

위에서 살펴본 표본 수와 주요 변수에 대한 정의에 기초하여 구성한 분석
대상 표본 사업체에 대한 특성을 보면 다음과 같다. 전체 근로자 수는 평균
282.9명, 정규직은 255.1명, 비정규직은 27.8명으로 나타났다. 산업별 분포에
서는 제조업이 52.9%, 서비스업이 39.6% 순으로 나타났으며, 사업체 규모는
비중이 유사하고, 노동조합이 있는 사업장이 60.3%로 매우 높게 나타났다.

〈표 3〉 표본 기초통계

변수명	평균(빈도/구성비)	표준편차
전체근로자수	282.9	877.3
정규직	255.1	818.2
비정규직	27.8	160.5
산업 제조업	52.9	
건설업	5.9	
서비스업(개인/유통/사업/사회)	39.6	
기타(농림어업/광업/전기가스수도)	1.6	
사업체규모 100인 미만	35.3	
100～299인	31.8	
300인 이상	32.9	
노동조합 있음	60.3	
없음	39.7	

제3절 분석 결과

1. 비정규직의 교육훈련 실태

비정규근로자에 대한 직원연수나 교육훈련 실시 여부에 대한 응답결과를 살펴보면, 실시한다고 응답한 사업체가 2003년 55.9%에서 2004년 63.2%로 7.4%p 증가한 반면, 실시하지 않는다고 응답한 사업체는 2003년 44.1%에서 2004년 36.8%로 7.4%p만큼 감소한 것으로 나타났다. 이는 비정규직에 대한 직원연수나 교육훈련 기회가 점차 증가하고 있음을 보여주는 것이다. 구체적으로 살펴보면, 실시하고 있는 경우에도 정규근로자와 유사하게 실시한다고 응답한 사업체는 전년 대비 4.0%가 증가했으며, 정규근로자에 비하여 제한된 비정규근로자에게만 기회를 준다고 응답한 사업체도 전년 대비 3.3%증가한 것으로 나타났다. 실시하지 않고 있다고 응답한 경우에도 정규근로자에게만 기회 제공이 3.1%감소했으며, 정규근로자나 비정규근로자 모두에게 기회를 주지 않는 사업체는 4.3%감소한 것으로 나타났다. 정규근로자와 유사하게 기회를 제공하는 사업체 증가율이 높고, 정규, 비정규근로자 모두에게 기회를 제공하지 않는 사업체 감소율이 높은 것은 점진적이나마 비정규직의 교육훈련 상황이 개선되고 있음을 시사한다.

〈표 4〉 비정규직 직원연수 및 교육훈련 실시 현황

구분	2003	2004	비고(증감)
실시, 정규근로자와 유사	319 (38.2)	303 (42.2)	4.0
실시, 제한된 비정규근로자에게만 기회 제공	148 (17.7)	151 (21.0)	3.3
미실시, 정규근로자에게만 기회 제공	270 (32.3)	210 (29.3)	△ 3.1
미실시, 모두 기회 제공 않음	99 (11.8)	54 (7.5)	△ 4.3
계	836 (100.0)	718 (100.0)	

2004년도 비정규근로자 부가조사에서 불합리한 차별적 처우에 대한 질문을 새로이 추가하였다. 여기에는 신입사원 선발 최종 결정, 승진 결정, 교육훈련 기회, 권고사직 등의 항목에 대하여 비교집단을 구성하여 이에 대한 상대적 비중을 묻는 것이다.

교육훈련 기회 부여와 관련한 응답 결과, 대부분 50%를 기준으로 큰 차이를 보이지 않고 있으나 50%를 상회하는 항목은 남성, 미혼 여성, 대학졸업자 등으로 나타났다. 50%를 하회하는 항목으로는 이혼경험자, 장애인, 고연령자, 지방대학 졸업자, 출신지역 고려 등으로 나타나 여전히 취약계층일수록 교육훈련 기회에서도 차별을 받는 것으로 보인다.

〈표 5〉 교육훈련 기회에 대한 차별적 처우

기회 부여 대상	100% 중 교육훈련기회 부여 비중	표준편차	비교 대상
남성	54.9	12.0	여성
미혼 남성	50.2	7.3	기혼 남성
미혼 여성	51.5	9.9	기혼 여성
이혼경험자	48.1	9.2	이혼 무경험자
장애인	45.6	14.3	비장애인
고연령자	44.4	14.1	50세 미만
신규학졸자	50.7	10.0	유사경력소지자
지방대학 졸업자	49.9	6.8	서울소재 대학졸업자
대학졸업자	52.0	9.9	고졸 이하
출신지역 고려	6.6	18.4	출신지역 무관

2. 비정규직의 교육훈련 결정 요인

아래는 종속변수를 비정규직 대상의 직원연수나 교육훈련 실시여부로 한 비정규직의 교육훈련에 미치는 영향을 분석한 것이다. 종속변수는 비정규직 부가조사에서 직원연수나 교육훈련을 실시한 적이 있다고 응답한 경우 1의 값을 부여한 더미변수이다. 분석 결과, 산업별로는 건설업과 기타 사산업에서는 음(-)의 영향을 미치는 것으로 나타났으나 서비스업의 경우 양(+)의 부호로 나타났다. 사업체 규모별로는 300인 이상의 상대적으로 규모가 큰 사업장에서 비정규직에 대한 교육훈련 결정 확률이 높으며, 유의하게 나타났다. 노동조합 유무에서는 음(-)의 영향을 미치는 것으로 나타났다. 이러한 사실에 비추어 볼 때, 비정규직에 대한 교육훈련은 서비스업종과 300인 이상 규모의 사업장에서 교육훈련 실시 가능성이 높은 것으로 분석된다.

〈표 6〉 비정규직의 교육훈련 결정 요인(로짓)

변수명	회귀계수	표준오차
상수항	2.077***	0.162
산업(제조업)		
건설업	-0.208	0.266
서비스업(개인/유통/사업/사회)	0.594***	0.121
기타(농림어업/광업/전기가스수도)	-0.773**	0.423
사업체규모(100인 미만)		
100~299인	-0.481***	0.157
300인 이상	1.489***	0.155
노동조합 유무(있음)	-0.051	0.125
-2 Log L	1931.594	
N	1,686	

제4절 소 결

본 연구는 비정규직에 대한 기업의 교육훈련 결정 요인과 그 가능성을 분석하였다. 분석 결과, 비정규직의 교육훈련은 대부분 음(-)의 영향을 미치는 것으로 나타났으나 서비스업과 300인 이사 사업장 등에서는 정(+)의 부호로 나타나 그 확률이 높게 나타났다. 이 결과는 아직도 많은 부분에서 비정규직의 교육훈련에 대한 참여가 미흡하고, 노동시장의 유연화에 따른 기업의 교육훈련 투자가 차별적으로 행해지고 있음을 반증하는 것이며, 이에 대한 다양한 정책적 대응이 요구된다.

그러나 본 연구는 사업체조사 자료를 분석대상으로 활용함에 따라 비정규직 개인의 특성을 살펴볼 수 없는 한계를 지닌다. 또한 비정규직의 교육훈련 관련 변수가 극히 제한적이어서 이를 분석에 활용하는 데 많은 어려움이 있었다. 이는 많은 연구자들이 시도하고 있는 고용보험 DB와의 연결 분석의 필요성을 알 수 있게 하는 대목이다. 변수 활용이나 설문내용의 제한이 많음에도 불구하고 사업체의 인사노무관리와 교육훈련과 관련한 상세한 자료가 패널화되어 조사되고 있다는 사실은 이 부분 관련 연구에 큰 기여를 하고 있다고 판단된다.

참고문헌

강순희·노흥성(2000), 「직업훈련의 취업 및 임금효과」, 『노동경제논집』 제
　　23권 2호, 한국노동경제학회.

구인회(2001), 「빈곤층의 사회경제적 특성과 빈곤 이행: 경제위기 이후를
　　중심으로」, 『제3회 한국노동패널 학술대회 자료집』, 한국노동연구
　　원·한국노동경제학회.

권혜자(1997), 비정규노동자의 실태와 노동운동, 한국노총 중앙연구원.

금재호·김승택(2001), 「빈곤의 원인에 관한 실증분석」, 『한국노동경제학회
　　2001년 추계학술세미나』, 한국노동경제학회.

금재호·조준모(2000), 실업구조의 변화와 정책과제, 한국노동연구원.

김대일(2000), 「한계적 경제활동참가자와 실업」, 『한국경제의 분석』, 한국
　　금융연구원.

김동배·김주일(2002), 「비정규직 활용의 영향요인」, 『노동정책연구』, 제2
　　권 4호, 한국노동연구원.

김동배·김주섭·박의경(2003), 「고성과 작업관행과 기업 교육훈련」, 『노동
　　정책연구』, 제3권 1호, 한국노동연구원.

김주일(2001), 「비정규직 고용의 영향요인에 관한 연구」, 『경영저널』, 제2
　　권 1호.

김미곤(1997), 최저생계비 계측현황과 정책과제, 한국보건사회연구원.

김상호·김형수(2004), 「빈곤정책과 노인빈곤의 사회적 권리의 비현실화」,
　　「사회복지정책」, 제19집, 한국사회복지학회.

김태성(1996), 「저소득층 소득분배 형태의 변화 추세: 1966-1992」, 『사회복
　　지연구』, 제6호, 한국사회복지학회.

김철희(2001), 「저소득 미취업자의 실업탈출분석과 실업정책에의 시사」, 한국직업능력개발원.

_____(2003a), 빈곤층의 경제활동과 고용보험 효과, 성균관대학교 경제학박사 학위논문.

_____(2003b), 「저소득층의 특성 및 경제활동상태 변화에 관한 연구」, 『제4회 한국노동패널 학술대회 논문집 Ⅱ』, 한국노동연구원·한국노동경제학회.

_____(2003c), 소득계층별 직업훈련 효과 분석, 한국직업능력개발원.

김우영(1999), 실업자의 노동시장 이행분석과 실업대책, 한국노총 중앙연구원.

김일중·최공필(1994), 우리 나라 고용보험제도의 재정추계와 사회경제적 파급효과, 고용보험연구기획단.

김태성(1996), 「저소득층 소득분배 형태의 변화 추세: 1966-1992」, 『사회복지연구』, 제6호, 한국사회복지학회.

남재량·김태기(2000), 「비정규직, 가교인가 함정인가」, 『노동경제논집』, 제23권 2호, 한국노동경제학회.

류장수(1997), 「한국제조업체의 교육훈련투자규모와 결정요인」, 『경제학연구』, 제45권 4호, 한국경제학회.

문형표·유경준(1999), 「실업·복지대책의 향후과제: 생산적 복지를 중심으로」, 『KDI 경제포럼』 제146호.

박경숙(2003), 「55세 이상 고령자의 노동시장 이탈 과정」, 『제4회 한국노동패널 학술대회 논문집 Ⅱ』, 한국노동연구원·한국노동경제학회.

박계홍·권혁수(2002), 「기업의 교육훈련 투자 실적과 성과요인과의 관련성 연구」, 『중소기업연구』, 제24권 3호, 한국중소기업학회.

박순일·최현수·강성호(2000), 빈곤격차 확대요인의 분석과 빈곤·서민생활 대책, 한국보건사회연구원.

박찬용·김진욱(2000), 「경제위기 전후 가구주 특성별 빈곤수준 변화계측」, 『사회보장연구』 제16권 1호.

박찬용·김진욱·김태완(1999), 경제위기에 따른 빈곤수준 및 소득불평등도 변화와 정책방향, 한국보건사회연구원.

박찬용·김연명·김태완(2000), 사회안전망 확충을 위한 소득보장체계 개편 방안 – 소득보장의 사각지대 해소를 중심으로, 한국보건사회연구원.

배미경·백은영(2005), "경제위기를 전후로 자영업자 가계의 재정상태의 변화에 관한 연구", 「여성경제연구」 제2집 제1호.

송호근(2002), 「빈곤노동계층의 노동시장구조와 정책」, 『한국사회학』 제36집 1호, 한국사회학회.

신건권·정군오·김연용(2003), 「교육훈련비가 기업의 경영성과에 미치는 영향에 관한 연구 – 패널분석을 중심으로」, 『회계정보연구』, 제21권, 한국회계정보학회.

신동균(1998), 「최근의 실업구조 분석」, 『고실업시대의 실업대책』, 한국노동연구원.

_____(1999), 1998년 노동력 이동 동향, 한국노동연구원.

안종범·김철희·전승훈(2002), 「빈곤과 실업의 원인과 복지정책의 효과」, 「노동경제논집」, 제25권 제1호. 한국노동경제학회.

안종범·전승훈(2004), "은퇴결정과 은퇴 전·후 소비의 상호작용", 「노동경제논집」, 27권 3호. 한국노동경제학회.

안주엽(2000), 「비정규직의 실태와 과제」, 『임금연구』

원영희(2005), 「노인빈곤 문제와 정책적 대응」, 「도시문제」, 2005년 5월호.

유길상·김복순·성재민(2003), 실업급여 수급자의 특성과 재취업 행태, 한국노동연구원.

유태균·김진욱(1998), 「실업급여 수급권자의 실업탈피에 관한 실증연구」,

『연세사회복지연구』, Vol. 5.

이병희(2000), 「실업자재취직훈련의 재취업 성과에 관한 준실험적 평가」, 『노동경제논집』 제23권 2호, 한국노동경제학회.

이정우·이성림(2001), 「경제위기와 빈부격차: 1997년 위기 전후의 소득분배와 빈곤」, 『국제경제연구』 제7권 제2호.

이정우·황성현(1998), 「한국의 분배문제: 현황, 문제점과 정책방향」, 『KDI 정책연구』 제20권 제1, 2호.

이철인(1998), "패널자료를 이용한 탈루규모의 추정", 「공공경제」, 제3권 제1호, 한국공공경제학회.

이현주(2000), 「빈곤과 차상위계층」, 『보건복지포럼』, 한국보건사회연구원.

이혜경·김진욱(2001), 「한국의 소득분배와 빈곤: 1992-1998년」, 『연세사회복지연구』 6-7권.

장지연(2003), 고령화시대의 노동시장과 고용정책(Ⅰ), 한국노동연구원.

장지연·호정화(2000), 「여성 미취업자의 취업의사와 실업탈출과정」, 『제2회 한국노동패널 학술대회 자료집』, 한국노동연구원·한국노동경제학회.

전승훈·김철희(2005), "은퇴 후 소비변화와 이전소득 효과", 「2005 한국재정·공공경제학회 추계학술대회 논문집」.

정원오(1999), 「저소득계층의 직업훈련효과 결정요인에 관한 연구」, 『사회복지연구』 제14호, 한국사회복지학회.

정재호·이병희(2004), 「고용유연화가 기업의 교육훈련 투자에 미치는 영향」, 『노동정책연구』, 제4권 4호, 한국노동연구원.

정진호(1999), 한국의 직장이동에 관한 연구, 서울대학교 박사학위논문.

정진호·황덕순·이병희·최강식(2002), 소득불평등 및 빈곤의 실태와 정책과제, 한국노동연구원.

정택수·김철희(2001), 2000년 실업자 직업훈련 성과 분석, 한국직업능력개발원.

정형선(1998), 「OECD 국가의 사회안전망」, 『보건복지포럼』, 한국보건사회연구원.

조우현(1998), 노동경제학 – 이론과 개혁정책, 법문사.

조흥식·김진구(2000), 「한국 고용보험제도의 고용효과: 1997~1998」, 『사회복지연구』 제15호, 한국사회복지학회.

통계청(각 연도), 도시가계연보.

최강식(2000), 노동시장정책의 평가방법에 관한 고찰, 한국노동연구원.

최현수·류연규(2003), 「우리나라의 노인빈곤 동향 및 빈곤구성에 대한 연구」, 「한국노년학」, 제23권 제3호.

최희경(2005), 「빈곤 여성 노인의 생애와 빈곤 형성 분석」, 「노인복지연구」, 제27호.

황덕순(2000), 생산적 복지 증진을 위한 노동부문 정책대안 연구, 한국노동연구원.

_____(2001), 피보험자 개인별 관리체계 구축방안, 한국노동연구원.

한국노동연구원(2000), 노동시장정책 평가에 관한 세미나.

_____(2002), 고용보험 중장기 발전계획 수립을 위한 토론회.

_____, 「한국노동패널」 1, 2, 3, 4, 5, 6차 조사자료.

현진권·강석훈(1998), 「한국 소득분배의 국제비교」, 『경제학연구』, 제46집 제3호.

Alberto Abadie and Guido Imbens.(2001), *Simple and Bias-Corrected Matching Estimators for Average Treatment Effects.*

An, Chong-Bum(1991), *Interdependence of Retirement and Labor*

Supply Under the Social Security Program, Ph.D. Dissertation Univ. of Wisconsin- Madison.

_____(1993), "Work Efforts Before and After Retirement Under the Social Security Program", *Public Finance*, Vol. 48, pp.195-208.

_____(2000), Target Efficiency of Multiple Welfare Programs, 56th Congress of the International Institute of Public Finance.

An. C., B. & Robert H. Haveman & B. Wolfe(1993), Teen Out-of-wedlock Birth and Welfare Receipt: The Role of Childhood Event and Economic Circumstances, Vol. 75, No.2.

Atkinson, A. B.(1998), "We must measure poverty", New Stateman, Vol 127, No.4390, London, New Statesman Ltd.

Atkinson, Anthony B. and Micklewright, John(1991), "Unemployment Compensation and Labor Market Transitions: A Critical Review", Journal of Economic Literature. 29. pp. 1679~1727.

Blalock, A. B(1990), Evaluation social programs at the state and local level, Michigan; W. E. Upjohn Institute.

Blackburn, Mckinley L., David E. Bollm, and Richard B. Freeman(1990), "The declining economic posiotion of less-skilled american males", in *A Future of lousy jobs*, edited by Gary Burtless, ashington, DC: Brookings Institution.

Blinder, B. S. "The level and Distribution of Economic well-being." *The American Economy in Transition*, Feldstein M.S. ed, 1980.

Chay, Kenneth Y. and B. Homore(1998), Estimation of semiparametric cesored regression models: an application to changes in black-white earnings inequality during the 1960's, *Journal of Human Resources* 33(1): 4~39.

Chenery, H. *Redistribution with Growth*. Oxford University Press, 1974.

Chu Ke-young & Gupta Sanjeev(1998), Social Safety Nets: Issues and Recent Experiences, IMF.

Damodar N. Gujarati(1995), Basic Econometrics, McGraw-Hill.

Farber, Henry(1998), "Mobility and stability: The dynamics of job change in labor markets" Working paper, Industrial relations section, Princeton University.

Feldstein, M. "*Reducing Poverty, Not Inequality.*" The Public Interest, No.137, 1999.

Gregory Acs, Katherin Ross Phillips, and Daniel McKenzie(2001), Playing by the Rules, but Losing the Game-Americans in Low-income Working Families, *Low-Wage Workers in the New Economy*, The Urban Institute Press.

Grubb, W. Norton, and Paul Ryan(1999), The Role of Evaluation for Vocational Education and Training: Plan Talk on the Field of Dreams, ILO, Geneva.

Harry J. Holzer and Robert J. Lalonde(1999), Job change and job stability among less-skilled young workers, Institute for research on poverty, discussion paper No.1191-99.

Jared Bernstein & Heidi Hartmann, "Defining and characterizing the low-wage labor market." *The Low-Wage Labor Market*, Kelleen Kaye & Demetra Smith Hightingale ed, 2000.

Joshua D. Anguist and Alan B. Krueger(1999), Empirical strategies in labor economics, Orley Ashenfelter and David Card, Handbook of labor economics.

Lancaster, T(1990), The Analysis of Transition Data, New York:

Cambridge University Press.

Laura Larsson(2002), Evaluating social programs: active labor market polices and social insurance, Ubsala Univ. PH. D Dissertation.

McLaughlin, D., and Jensen, C.(1993), Poverty Among the Older Americans: The Plight of non-metropolitan elders, Journals of Gerontology, 48.

Meyer, B. D(1990), Unemployment insurance and unemployment spells, Econometrica 58(4): 757~782.

Miller, S. M and Roby, P. The future of inequality. New York: Basic Books, 1970.

Myoung-jae Lee(1996), Methods of moments and semiparametric econometrics for limited dependent variable models, Springer.

Myoung-jae Lee & Sang-jun Lee(2002), Analysis of job-training effects on Korean Women.

OECD(1994), The OECD Job study, evidence and explanations, part Ⅱ.

_____(1997), Making work pay: Taxation, Benefits, Employment and Unemployment.

_____(2001), Employment Outlook.

Orshansky, M. "Counting the Poor: Another Look at the Poverty Profile." Social Security Bulletin, 28 (1) (January 1965): 3-29.

Pampel, F. C.(1998), Aging, Social Inequality and Public Policy, Thousand O만: Pine Forge Press.

Paul D. Allison(1995), Survival Analysis Using the SAS System, A Practical Guide, SAS Institute Inc.

Reinhard Hujer, Kai-Oliver Maurer and Marc Wellner(1996), The impact of training on unemployment: A survey of microeconometric studies.

_____(1997a), The impact of training on unemployment duration in West Germany - Combining a discrete hazard rate model with matching techniques.

_____(1997b), Estimating the effect of training on unemployment duration in West Germany - A discrete hazard-rate model with instrumental variables.

Robert A. Moffitt(1999), New Developments in Econometric Methods for Labor Market Analysis, Orley Ashenfelter and David Card. Handbook of labor economics.

Robert H. Haveman(1987), Poverty Policy and Poverty Research, The Great Society and the Social Sciences, The University of Wisconsin Press.

Robert H. Haveman and Brain Knight(1998), Then effect of labor market changes from the early 1970s to the late 1980s on youth wage, earnings, and household economic position, Institute for research on poverty, discussion paper No.1174-98.

Rowntree, B. S. *Poverty: A Study of Town life.* London: Macmillan, 1901.

Royalty, Anne(1998), "Job-to-job and job-to-nonemployment turnover by gender and education level", *Journal of labor economics* 16, 392-443.

SAS Institute Inc(1994), SAS/STAT User's Guide.

Smith, A(1776), *An inquiry into the nature and causes of the wealth of Nations.*

Subbarao Kalanidhi, Aniruddha bonnerjee, Jeanine Braithwaite, Soniya Cavalho, Kene Ezemenari, Carol craham and Alan Thompson(1997), *Safety Net Programs and Poverty Reduction: Lesson from Cross-country Experience*, Direction in Development Series, Washington, D. C.: Wrold Bank.

Terry M. Therneau and Patricia M. Grambsch(2000), Modeling Survival Data : Extending the Cox Model, Springer.

Townsend, P. "The Meaning of Poverty." *The British Journal of Sociology*, 18 (3) (September 1962): 210-227.

Veit-Wilson, J. H. "Paradigmes of Poverty: A Rehabilitation of B. S. Rowntree." *Journal of Social Policy* 15 (1) (1986): 69-99.

· 저자 ·

김철희
(金哲喜)

· 약 력 ·

김철희(金哲喜)는 성균관대학교에서 경제학 박사학위를 받았으며, 국회사
무처 국회의원 비서, 노동부 산하 한국노동교육원을 거쳐 현재 국무총리실
산하 한국직업능력개발원 전문연구원과 명지대학교 경영학과 겸임교수로
재직하고 있다. 노동시장(미시계량), 직업훈련(고용보험·정책평가), 사회보
장(고령화·빈곤) 등의 분야에서 활발한 연구와 저술활동을 하고 있다.

· 주요논저 ·

주요 학술논문으로 「빈곤층의 직업훈련과 실업급여 효과 분석」, 「비정규직
과 기업의 교육훈련」, 「청년층의 가구환경과 노동시장 성과」, 「은퇴와 노년
빈곤 이행 분석」 등이 있다.
정책 연구보고서로 인적자원개발 분야의 「국가인력수급 전망과 정책」, 「미
래의 직업세계 조사 분석 연구」, 「국가인적자원개발의 비전과 전략」 등과
직업능력개발 분야의 「중·고령층 직업능력개발 체제 구축」, 「고용구조 변
화와 훈련수요 예측」, 「실업대책 직업훈련 평가」 등이 있다.

한국의 빈곤과 노동시장

· 초판 인쇄	2006년 10월 30일
· 초판 발행	2006년 10월 30일
· 지 은 이	김철희
· 펴 낸 이	채종준
· 펴 낸 곳	한국학술정보㈜
	경기도 파주시 교하읍 문발리 526-2
	파주출판문화정보산업단지
	전화 031) 908-3181(대표)·팩스 031) 908-3189
	홈페이지 http://www.kstudy.com
	e-mail(출판사업부) publish@kstudy.com
· 등 록	제일산-115호(2000. 6. 19)
· 가 격	15,000원

ISBN 89-534-5752-1 93320 (Paper Book)
89-534-5753-X 98320 (e-Book)